金冲及文丛

星火的启示

革命根据地
创建与发展

金冲及 著

生活·讀書·新知 三联书店

Copyright © 2020 by SDX Joint Publishing Company.
All Rights Reserved.
本作品版权由生活・读书・新知三联书店所有。
未经许可，不得翻印。

图书在版编目（CIP）数据

星火的启示：革命根据地创建与发展／金冲及著．—北京：
生活・读书・新知三联书店，2020.6（2024.10 重印）
（金冲及文丛）
ISBN 978－7－108－06749－4

Ⅰ.①星…　Ⅱ.①金…　Ⅲ.①革命根据地－史料－中国
Ⅳ.①K269.06

中国版本图书馆 CIP 数据核字（2020）第 022338 号

特邀编辑	曾　恺	
责任编辑	唐明星	
装帧设计	蔡立国　刘　洋	
责任校对	张　睿	
责任印制	卢　岳	

出版发行　生活・讀書・新知 三联书店
　　　　　（北京市东城区美术馆东街 22 号　100010）
网　　址　www.sdxjpc.com
经　　销　新华书店
印　　刷　北京隆昌伟业印刷有限公司
版　　次　2020 年 6 月北京第 1 版
　　　　　2024 年 10 月北京第 4 次印刷
开　　本　635 毫米 × 965 毫米　1/16　印张 24.5
字　　数　263 千字
印　　数　40,001－43,000 册
定　　价　49.00 元
（印装查询：01064002715；邮购查询：01084010542）

目 录

前 言 1

中华苏维埃共和国的历史地位 5

对创建赣南闽西苏区的思考 16

以全局视角看黄麻起义 103

山东抗日根据地的独特历程 136

游击战为主向运动战为主的转变

  ——从上党战役到平汉战役 243

附 录 287

从迅猛兴起到跌入低谷

  ——大革命时期湖南农民运动的前前后后 289

较量：东北解放战争的最初阶段 329

前 言

"星星之火,可以燎原。"这是毛泽东1930年率领红四军转战赣南闽西时说的一句话。这句话可以使人感受到一股宏伟的气魄:尽管革命最初只是很小的力量,有人甚至提出"红旗到底打得多久"的疑问,他却从中预感到:今天的"星星之火",完全能够燃烧起席卷大地的燎原烈火,夺取最后的胜利。

他充满自信又十分谨慎,不仅具体地指出这种判断的根据所在,而且说的是"可以燎原",而不是"必将燎原"。"可以"是指可能。要把可能转化为现实,需要一定的条件,其中最重要的是主观指导必须符合客观实际。这实在不容易,通常都要在实践中不停息地探索,用心地比较怎样做才能够成功,怎样做就会失败或遭受挫折,从中悟出一些具有普遍意义的道理,从理论上做出新的概括,用以指导下一步的行动,有时还要反复多次才能把事情认识清楚,一步一步地闯出一条符合客观实际的新路子来,使成功的可能转化为现实。中国共产党和人民军队就是这样一步一步走过来的。

这本书收入五篇党史论文,一篇是发表在《党的文献》1999年第6期的《中华苏维埃共和国的历史地位》,一篇是发表在《苏区研究》2017年第3期的《对创建赣南闽西苏区的思考》,一篇是发表在《苏区研究》2018年第5期的《以全局视角看黄麻起义》,

一篇是发表在《抗日战争研究》2017年第1期的《山东抗日根据地的独特历程》，还有一篇是发表在《近代史研究》2018年第2期的《游击战为主向运动战为主的转变——从上党战役到平汉战役》。

这五篇论文的内容看起来似乎没有直接关联：有土地革命时期的，有抗日战争时期的，有解放战争时期的；有的是中国共产党在政治上还不成熟时期的状况，有的是它在政治上基本成熟或已经成熟时期的事情。为什么把它们放在一本书内呢？

其实，这几篇论文探讨的问题是相通的：它们都处在敌强我弱，甚至双方力量悬殊的危急关头，都面对着一系列以往从来没有遇到过的新问题。论文的内容分别涉及前后相续的土地革命、抗日战争、解放战争三个时期，既有不同的历史特点，又有内在的一贯性，比较一下，就能清楚地看到这一点。《中华苏维埃共和国的历史地位》一文论述了中国共产党很早在建立中央革命根据地时，就鲜明地基本确定新中国的国体、政体、社会经济构成、社会改革主张等，这是革命根据地与其他军事割据根本不同的地方。其他几篇论文考察了在不同环境下的革命力量，特别是重要的革命根据地怎样从小到大地发展起来或得到巩固。在这个过程中，都涉及如何准确估量周围环境和敌我双方力量对比的实际情况，如何正确处理军事工作和民众运动的相互关系、如何机动灵活地应对以往没有遇到过的新问题、如何确保党的一元化的集中领导。这些问题都是在实践的探索中逐步明确起来并得到解决的。

"农村包围城市，武装夺取政权"，是中国民主革命的正确道路，也是中国共产党人在革命时期做出的最重要的理论创新。这种理论创新，不是关起门来独自苦思冥想所能产生的，完全来自实践中对周围客观实际情况所做的周密调查和正确分析，而且经过若干曲折，包括对原已做出的部署做出必要的调整，实行新的尝试，从中得出的结论。正如毛泽东在《反对本本主义》中所说："一切结论产生于调查情况的末尾，而不是在它的先头。只有蠢人，才是他一个人，或者邀集一堆人，不作调查，而只是冥思苦索地'想办法'，'打主意'。须知这是一定不能想出什么好办法，打出什么好主意的。"这个批评十分辛辣，又极为中肯。客观事物是复杂而多变的，而人的认识能力常常有一定局限。因此，为了形成正确的认识和判断，很难在很短时间内一次完成，甚至会因判断失误而遭到暂时或局部的挫折，只有投身到实践中去，经过反复的比较和盘算，同时多研究前人在实践中取得的成功或失败的经验教训，才能使自己的认识逐步做到比较符合客观实际，而且有着普遍意义，才会形成真正可靠的理论创新，取得成功。

习近平总书记说："历史是最好的教科书。"历史就是前人实践的记录。看看先辈们如何在复杂的环境中经过反复的摸索一步步形成正确的判断和选择，取得前人从未达到的创造性成果，无疑对我们在新时代的历史条件下从事富有创新性的工作，也有所启示和助益。

这五篇论文中，四篇是近两年所写，第一篇是1999年10月在瑞金举行的一次学术讨论会上针对当时一些不同看法所做的发言。当时没有写成稿子，是《江西日报》根据录音整理发表的，后来稍作修改后刊载在《党的文献》上，所以文章的体裁和另四篇不同。

本书还收入两篇相关的论文作为附录：一篇是发表在《近代

史研究》2004年第6期的《从迅猛兴起到跌入低谷——大革命时期湖南农民运动的前前后后》；一篇是发表在《近代史研究》2006年第4期的《较量：东北解放战争的最初阶段》。前一篇是讲北伐初期开展得如火如荼、在全国产生巨大影响的湖南农民运动，在武汉"分共"后为什么迅速跌入低谷，没有能在此基础上创建规模广阔的革命根据地。后一篇是讲抗战胜利后，在国共美苏之间的复杂较量和整个局势的迅速变化下，人民解放军如何从最初的看重进入大城市到"速从城市及铁路沿线退出，让开大路，占领两厢""工作重心是群众工作""建立巩固的东北根据地"，从而奠定东北解放战争全面胜利的基础。这两篇论文，都同革命根据地问题直接相关，但又不是着重论述如何创建和发展革命根据地，因此作为本书的附录。

中华苏维埃共和国的历史地位[*]

在纪念中华人民共和国诞生五十周年之际,我们自然不能忘记当年在中央苏区瑞金成立的中华苏维埃共和国。下面,我想就有关中华苏维埃共和国的两个重要问题,谈一点个人的理解。

中华苏维埃共和国与中华人民共和国成立的关系

对于一个历史事件,常常随着时间的推移,可以比原来看得更加清楚。对中华苏维埃共和国的历史地位和意义,单单看它在成立的时候做了些什么,在当时起了什么作用,是不够的。如果放在历史的长河中用更长远的眼光去看,它的地位会显得更为清楚。

中华人民共和国的成立,跟俄国的十月革命成立的苏维埃政权相比,有一个很明显的不同。列宁领导的十月革命成立新政权时,几乎党的所有领袖和参加新政权组建的领导人,都没有执政的经验。新任的部长(当时叫作人民委员)到部里去的时候,许多原有的工作人员都跑了,自己又从来没有做过这方面的工作,

---

[*] 这是作者 1999 年 10 月 13 日在江西瑞金召开的"中华苏维埃共和国与新中国五十年"理论研讨会上的讲话。根据录音整理。

只能派赤卫队把那些人找回来，要他们打开保险箱，才能看到过去的档案，工作几乎都得从头开始。而且在十月革命前夜，为了准备起义一直处在非常紧张的状态，新政权一成立，许许多多陌生的、亟待解决的问题摆在面前，这是非常艰难的。中华人民共和国的成立不是这样。中国革命的特点是经过武装斗争在农村先开辟一块一块的根据地，在根据地内建立起政权，又成立过全国性的、统一的苏维埃中央政权。无论在政权建设还是经济建设等方方面面，都已经积累了许多经验，并且培养出一大批各方面的领导干部和管理人才。所以，中华人民共和国成立时就不像俄国十月革命成立苏维埃政权时那样艰难，而能比较顺利地发展起来。当然，这以前的准备也经历了一个发展的过程：由土地革命时期许多地方成立苏维埃政权，到成立中华苏维埃共和国；以后在抗日战争时期、解放战争时期又有各解放区政权的建立，直到中华人民共和国成立。

中华苏维埃共和国是中华人民共和国的"雏形"。什么叫"雏形"？从字面上讲，"雏"是指刚刚孵化出来的小鸟。当它成长壮大后，同原来会有很多相同的地方。雏鸟当然还很不成熟，很不完备，走起路来歪歪斜斜，甚至会摔几跤，但作为鸟的基本特征，这时已经有了，并且孕育着以后发展的可能，不然就不能叫雏鸟了。现在，我们可以看一看，中华苏维埃共和国这个雏形，留给了后人什么？我们可以先从一些大的方面来考察，比如说国体、政体、国民经济成分构成、阶级状况、社会改革等，只要抓住这些重要问题去比较、剖析，就不难看清中华苏维埃共和国与中华人民共和国之间血脉相连的关系。

先谈国体。什么是国体？国体就是政权的阶级性质。《中华苏维埃共和国宪法大纲》是这样讲的:"中华苏维埃政权所建设的是工人和农民的民主专政的国家。"而人民政协通过的起临时宪法作用的《共同纲领》中说:"中华人民共和国为新民主主义,即人民民主主义的国家,实行工人阶级领导的、以工农联盟为基础、团结各民主阶级和国内各民族的人民民主专政。"我们从这两个历史性文献对国体的定义中,会看到它们之间的不同之处。《共同纲领》中有"团结各民主阶级和国内各民族"这句话,而在《中华苏维埃共和国宪法大纲》里没有。因此,《共同纲领》中叫作人民民主专政,而不是叫工农民主专政。但是,我们不能只看到它们的不同的方面,更要看到它们的相同的更基本的方面:第一,在《中华苏维埃共和国宪法大纲》里面,规定占中国人口绝大多数的、被压迫被剥削的劳动大众是苏维埃共和国的主人。他们有选举权、被选举权,有权选出代表来讨论和决定国家和地方的重要事务。这个政府是要为绝大多数民众服务的。这在中国历史上是第一次,以往从来没有过。中华人民共和国成立时,在这个基础上又有扩大,规定要团结各民主阶级和国内各民族,这种发展有主观、客观条件变化的原因,而根本点仍是以工人阶级为领导,以工农联盟为基础。这是在原有基础上的发展,两者之间并不是对立的。第二,关于民主和专政的关系。毛泽东在1949年写《论人民民主专政》时,对这个问题,他并不是突然提出来的。在《中华苏维埃共和国宪法大纲》中就提出了"民主专政"的概念。当时一个重要表现是在选举上。选举的时候,分一个红榜、一个白榜。红榜的人有选举权和被选举权,白榜的人没有,改变了以前用群众大会选举的办法,从实际上严格地把国民和人民区别开来,并不是所有的居民都被赋予同样的权利。

在宪法上明确地把民主与专政的概念提出来了。

这就是国体问题。

再谈政体。毛泽东曾讲过：政体是指政权构成的形式。在中华人民共和国成立前的1948年9月政治局会议上，曾经讨论过新中国成立后采用哪一种政体，是用民主集中制还是议会制？最后决定采取民主集中制，也就是人民代表大会制。当年中华苏维埃共和国的政体所实行的是哪一种制度？很清楚，是民主集中制，而不是议会制。它由有选举权的人投票，先由各村有选举权的人选出乡的苏维埃代表大会代表，然后由乡到县、到省，再由省苏等选出全国苏维埃代表大会代表。《中华苏维埃共和国宪法大纲》和《中央苏维埃组织法》中规定：中华苏维埃共和国之最高政权为全国苏维埃代表大会，在大会闭会期间，全国苏维埃中央执行委员会为最高政权机关，中央执行委员会主席团为中央执行委员会闭会期间的全国最高政权机关；人民委员会是中央执行委员会的行政机关，对中央执行委员会及其主席团负责，并定期向它们报告工作；中央执行委员会下设最高法院。从以上政权构成形式可以看出，作为新中国雏形的中华苏维埃共和国所实行的是民主集中制，而不是什么议会制和三权分立。

毛泽东在《新民主主义论》中写道："国体——各革命阶级联合专政。政体——民主集中制。这就是新民主主义的政治，这就是新民主主义的共和国。"比较一下，可以看到从中华苏维埃共和国到中华人民共和国前后发展的脉络线索。

第三，看一看社会的经济构成。毛泽东在中华苏维埃第二次全国代表大会上说："现在我们的国民经济，是由国营事业、合作社事业和私人事业这三方面组成的。"

当时国营经济很小，工业主要有兵工厂、被服厂、印刷厂、造纸厂，有三十二家工厂，两千多个工人，但苏维埃共和国对它的发展前途抱有很大的希望，并且也积累了初步的经验。1934年刘少奇在《斗争》上写了一篇《论国营工厂的管理》的文章，尖锐地批评了那时存在的问题，如计划到时完不成、质量不能保证、生产的子弹打不出去、炮弹不能爆炸、成本高、大量浪费等。他认为主要是管理问题。他指出：管理问题要从责任制上来解决，厂长应当对全厂的生产和行政负绝对责任，当然事先应该征求党支部和工会的意见，责任要一层一层分解到各个部门、每个工人。同时提出要有科学的计划，要有一整套管理制度，要有成本核算、质量检测制度，可以实行计件工资，等等。这些对国有企业管理的思考，在今天仍具有现实意义。

再看合作社经济。当时农业合作化还没有发展起来，主要是手工业、商业（消费合作社）。

对私人经济也有很多重要规定。这里讲的私人经济，包括农民个体经济和私人资本家经济，还有一些小业主、个体手工业者等。农业在土地制度改革后，主要是农民个体私有制占着主要地位，但有些地方由于劳动力缺乏，出现了"耕山队"，毛泽东提出还是叫"互助组"为好。在苏区内，由于国营经济的力量还很弱，对私人资本十分重视，并且鼓励它的发展。毛泽东在中华苏维埃第二次全国代表大会上讲："应该容许并奖励私人资本家的投资，扩大苏区的这些生产。""同时奖励私人商业，使他们为输出与输入各种必需商品而努力。""应该在苏维埃法律范围之内，尽量鼓励私人资本家的投资，使苏区资本更加活泼。"后来，张闻天任人民委员会主席后，又在《论苏维埃经济发展的前途》一文中提出:"资本主义在苏维埃政权下的部分发展,并不是可怕的。当苏维埃政权没有力量经营国有的大企业,那末利用私人资本来发展苏维埃经济,不能不是目前主要出路之一。这种资本主义的发展,目前不但对于苏维埃政权不是可怕的,而且对于苏维埃政权是有利的。私人资本主义的经济将随着苏区内工商业的发展,而增加它的作用与地位。但是苏维埃政权不是资本主义的崇拜者。"

新民主主义的五种经济成分正是在新的历史条件下从上述这三种经济成分的基础上发展起来的。

第四,阶级分析。当时的苏区主要在农村。阶级分析主要是怎样分析农村阶级的问题。大家所熟悉的毛泽东的《怎样分析农村阶级》,是划分农村阶级的一个纲领性文献。1933年10月《中华苏维埃共和国中央执行委员会关于土地斗争中一些问题的决定》中,又做了进一步的解释。解释中带有历史性的一个发展,就是突出地提出了"富裕中农"的问题,这是一件了不得的事。它指出:"富裕中农,是中农的一部分,对别人有轻微的剥削。"它的剥削量不能超过其全家一年总收入的15%。如果群众不加反对,不超过30%的仍可以富裕中农论。这就从政策上把防止侵犯中农利益的问题解决了,把中农与富农的界限划分开了,保护了中农。《决定》中还提出了劳动与辅助劳动的问题,把富农与地主的区别也规定得很明确:富农是自己参加劳动的,地主是不劳动或只有辅助劳动的。到1947年,全国土地会议后出现过"左"的偏向,严重侵犯了中农利益,并且对地主和富农界限混淆不清。这时候,中共中央又重新发表了毛泽东的《怎样分析农村阶级》,使偏向很快得到纠正。

第五，是进行各方面的社会改革。突出的是婚姻问题，最初通过了《中华苏维埃共和国婚姻条例》，以后又有了《中华苏维埃共和国婚姻法》。《婚姻条例》规定婚姻自由，废除包办、买卖、强迫的婚姻，禁止童养媳。值得一提的是苏维埃共和国中央执行委员会第一次会议就通过了这个《婚姻条例》，而中华人民共和国颁布的第一部法律，也是《中华人民共和国婚姻法》。在教育、文化、卫生、新闻等方面也有重大的改革。

还要说到，毛泽东在中华苏维埃第二次全国代表大会上提出"关心群众生活，注意工作方法"，对党的群众路线的形成和发展，产生了极为深远的影响。

把这些联系起来看，中华苏维埃共和国确实已有新中国的雏形。尽管它还不成熟，不完备，甚至还有这样那样的缺点，但新中国的基本特征在它身上已经有了。这样说，并不是把它说得完美无缺。中华苏维埃共和国是在特定的历史条件下形成的：它是在分散的、小生产的、农村的环境下建立起来的，在苏区内没有大城市，连称得上中等城市的也很少，长汀这样的不大的县城在当时就被称为"小上海"了。因此它还不是真正的全国性的政权；它处在战争的严峻环境下，一切都要服从战争的需要；当时的"左"倾错误在中央占着支配地位，不能不对中华苏维埃共和国中央政府的工作产生相当影响。这些，都毋庸讳言。但是对于它的意义，不能仅从它在当时所起的作用来看，而且要看到，在这个过程中初步积累起管理国家的经验，培养出一批治国安邦的人才，并且在以上所说到的这些方面形成了一种传统。有这种传统和没有这种传统是大不一样的，有了这种传统，人们在以后继承它又发展它，就要容易得多。我们庆祝中华人民共和国成立五十周年时,如果忘掉了红都瑞金,那是不应该的。

中华苏维埃共和国与"左"倾错误的关系

这个问题,对于我们如何实事求是地评价历史,还历史本来面目,十分重要。有一种说法,似乎中华苏维埃共和国的成立是"左"倾路线的产物,因为"左"倾路线急于形成两个政权的对峙,所以才出现这么一个共和国。按照这种说法,就不能把中华苏维埃共和国的历史地位说清楚。

胡乔木在1985年10月19日给中共中央党史领导小组组长杨尚昆和副组长薄一波写过一封信,里面讲道:"对成立中华苏维埃共和国临时中央政府似不能只从消极方面去看。成立中央政府不但对我各根据地、各部分红军加强了合法中枢指挥作用(否则'中央红军'这一名词也缺乏法律根据),在以后对张国焘斗争中的意义不可低估,而且对尔后与东北军、西北军开展统一战线,发表《八一宣言》和在与蒋介石谈判中取得一定的对等地位,和成立各地边区政府,八路军、新四军自成系统也有重要作用。当然,指出当时'左'倾路线的错误是必要的。"胡乔木还说:"左"倾错误应该指出,但不能因此抹杀整个中华苏维埃共和国所起的作用。

中华苏维埃共和国的成立是历史发展的客观需要。在这以前,虽然有中共中央的领导,有时也直接对某部分的红军和根据地发出指示信,但并不是系统的领导,平时直接的领导往往是省委或某一个特委。各个根据地之间也是各行其是。陈毅的《关于红四军历史及其情况的报告》在中央军委的内部刊物上刊出时,编者的按语中也只是说要各地学习他们的经验。各根据地、各路红军没有一个统一的指挥。这种状况本身不能长期存在。特别是随着红军和根据地一步一步有了巨大发展的时候，成立这样一个政府已不能不提到议事日程上来。

1930年2月4日，中共中央发出了关于召开全国苏维埃区域代表大会的通告，指出"苏维埃区域和红军的扩大，的确要成为决定新的革命高潮的主要动力之一"。这是在"立三路线"形成以前的事，主要是客观上随着各路红军和根据地的发展，农村越来越重要，许多事情需要有统一的章法和统一的指挥。以李立三为代表的"左"倾冒险主义是在这年6月中央政治局会议上形成的，9月的中共六届三中全会即已纠正。在六届三中全会的组织决议案中说："完全同意中央政治局立即在苏维埃区域建立中央局的办法，以统一各苏区之党的领导。当省苏维埃临时中央政府建立起来后，苏区中央局应经过党团在政权中起领导作用。"这是在六届三中全会纠正了在实际工作中作为"立三路线"的特征的错误以后，而在1931年1月王明的"左"倾错误在党内取得统治地位以前。中华苏维埃第一次全国代表大会的召开，最初定在1930年11月，后来几度延期，到1931年11月，这是由于反"围剿"战争造成的。所以，不能把中华苏维埃共和国的成立讲成是"左"倾路线的产物，它主要地是客观形势发展趋势产生的需要。

中华苏维埃共和国成立后，对内来说，先后颁布了土地法、劳动法、苏维埃组织法、婚姻法等，使各根据地的苏维埃政权有共同的章程可循。临时中央政府之下的革命军事委员会，可以对各地红军进行统一指挥，虽然这种统一指挥并不经常，但在长征前后却发挥了重要作用。对外来说，可以用中华苏维埃共和国的名义进行对等的交涉或发出公开的号召。中国有句老话："名不正则言不顺，言不顺则事不成。"1933年1月和4月，中华苏维埃共和国两次以临时中央政府和中革军委的名义发表宣言，表明愿在三个条件下同任何武装订立反对日本以及一切帝国主义的战斗的作战协定。10月，潘汉年以临时中央政府及工农红军全权代表的名义同十九路军签订反帝反蒋的初步协定。1935年的《八一宣言》，也是以中华苏维埃共和国中央政府和中共中央名义发表的，对促成第二次国共合作、开始共同抗日的准备产生了巨大作用。

当然，在中华苏维埃共和国时期，也有不少"左"的东西：一个是中华苏维埃共和国成立后，"左"倾领导人在1934年的六届五中全会上提出现在是殖民地道路和苏维埃道路之间谁战胜谁的斗争，是国与国之间的决战，要以堂堂正正的阵势，御敌于国门之外，等等。这些导致了第五次反"围剿"的失利和红军的被迫长征。另一个是在政策上，规定有剥削的人没有选派代表参加政权和政治上自由的权利，扩大了打击面；在土地改革中实行地主不分田、富农分坏田；就是《中华苏维埃共和国劳动法》中规定的八小时工作制，在当时苏区的历史条件下也是无法实现的。对于这些错误的东西，当然应该从中吸取应有的教训。

综上所述，我们应该采取历史的、全面的、具体分析的态度来分析这段历史。要注意到两个区别：一个是中华苏维埃共和国从当时客观局势的发展需要来看是不是应该成立，同它成立后"左"倾领导人对形势做出夸大的分析、鼓吹什么"决战"论等，不能笼统地等同起来，把它们看作一回事，不能因后者而连带地否定前者；另一个是既要看到它在政策上存在着严重的"左"倾错误，又要看到它所坚持的劳动人民翻身做主人、反帝反封建以及前面所说的在国体、政体、国民经济构成、阶级分析、社会改革等重大原则问题上的一系列正确主张，并且要把这两个侧面的主次轻重做出恰当的分析。在当时"左"倾领导人的错误以外，不能忽视还有一些领导人所坚持的正确意见，并且在实际工作中得到一定程度的实行。因此，它的历史性功绩应该是第一位的，它的错误是第二位的。如果不能审慎而恰当地看待这两个区别，就难以对中华苏维埃共和国的历史地位做出正确的评价。

以上只是我个人的理解。如果有不当的地方，请大家批评指正。

对创建赣南闽西苏区的思考

二十多年前，胡绳同志主持编写《中国共产党的七十年》时，对大革命失败到土地革命兴起的交接处提出一个问题：当时中国共产党着重地提出反对"左"倾盲动主义，不久又提出"星星之火，可以燎原"，怎样对这两个方面做出统一的解释和说明？

他提出这个问题，目的自然是为了提醒我们在分析历史的大变动时，不要在强调事情的一个方面时，忽略同时存在的另一个方面，把两者割裂以至对立，那样就不能把复杂问题说清楚，还会造成逻辑上的混乱。

经过他的提醒，这本书编写时注意到了这个问题。但《中国共产党的七十年》毕竟是一本简明读本，不可能就此展开过多的论述。二十多年过去了，胡绳同志提出的这个问题一直还盘旋在我脑中，总想再多说几句，也可以求教于更多的研究者。

双方力量对比的全局考察

当时提出反对"左"倾盲动主义是正确的，因为它符合客观实际；又提出"星星之火，可以燎原"也是正确的，因为它也符合客观实际。事情本来就同时存在这两个方面。

做出重大决策时，正确判断敌我双方力量对比的实际状况极为重要。《孙子兵法》有一句传诵千古的名言:"知己知彼,百战不殆。"如果既不知己又不知彼,只凭主观愿望和热情去蛮干,没有不失败的。客观实际异常复杂,常常包含许多不同侧面,如果不能做出恰如其分的具体分析,只看到双方有利或不利的某一方面,贸然行动,没有不失败的。客观实际总在不断变动中,有利和不利常在不断改变以至相互转化,不是一次观察就能了事。这更要求领导者敏锐地及时察觉,抓住机遇,调整自己的部署,才能做到"百战不殆"。

我们现在来具体考察一下大革命失败后国共双方力量对比的实际状况。

在轰轰烈烈的大革命高潮中,年轻的中国共产党把自己的主要力量放在群众运动方面,除叶挺独立团外几乎没有掌握军队,也没有掌握政权。当国共关系突然破裂时,国内政治局势陡然逆转,革命力量遭受近乎摧毁性的打击。据中共六大所做的不完全统计,从1927年3月到1928年上半年,被杀害的共产党人和革命群众达三十一万多人,其中共产党人两万六千多人。党的组织遭受严重破坏,在许多地方被打散了。中共中央在1927年11月发布的《关于党的组织工作》的中央通告中写道:"武汉反动至今,由五万而降至不及两万。不及两万的党员中,积极的分子至多不过五分之一,而且多半是在那里无计划的无组织的执行个人的英勇斗争。"[1]各地的工会和农民协会到处被查禁或解散。社会上不少人以为共产党已经失败,再也翻不过身来。中国革命从高潮转

---

[1] 中央档案馆编:《中共中央文件选集》第3册,中共中央党校出版社,1989年版,第534页。

入低潮,已成为冷酷的事实。

革命是否已经转入低潮,需要从国共双方当时实际状况来分析和做综合考察。

国民党的力量这时明显得到增强。尽管内部也出现倾轧和冲突,但北伐军在1928年6月先后进入北京和天津,原来隶属或依附北洋军阀势力的旧军队和政客们纷纷投入国民党。退处东北的张学良不久也声明:"服从国民政府,改易旗帜。"[1]北洋军阀统治中国的历史从此结束。以蒋介石为首的南京政府在形式上已经实现全国的统一。西方列强的承认和支持,也增强了它的力量。

应该承认,南京政府成立初期,确实有过一段相对稳定的局面。国内不少人曾对它抱有期待。他们以为,推翻北洋军阀的统治后,它有可能给中国带来和平与统一。为什么会出现这种现象?有几个原因:第一,中国国民党是孙中山创立的,它的革命历史在民众中有着很大的影响。孙中山提出的革命三民主义,主张民族独立、民主和民生幸福,得到许多人的认同。南京政府继续打着孙中山和三民主义的旗号,使不少人在一段时间内对它抱有希望。它在革命的旗帜下同民众痛恨的北洋军阀打过仗并取得胜利,对群众也有相当大的影响。这是不能忽视的。第二,取得名义上的全国统一后,已持续十多年的军阀混战在1929年3月蒋桂战争爆发前暂时停息下来,一些重要铁路相继通车,国内市场活跃起来,民族工商业一度取得明显发展。从当时十六家主要纱厂的纯利增长率来看,1928年的增长率从1927年的6.8%猛增

---

[1] 毕万闻主编:《张学良文集》第1册,新华出版社,1992年版,第150页。

至17.5%，1929年更达到22.3%，而1930年起便大幅度下降了。[1]这使不少人一度很高兴，以为看到了希望，社会秩序一时显得相对平稳。第三，北伐结束时，南京政府的军事力量有了很大扩充。据国民党方面的统计材料，"民国十七年（注：即1928年）七月，国内陆军隶属于国民革命军旗帜之下者，多达二百二十万之众"，其中直接由蒋介石统率的第一集团军为数五十万以上，"不隶属国民革命军旗帜的，是张学良所统东北军，占辽、吉、黑、热，为数亦约三十万"[2]。

事实无情地说明，中国革命已处于低谷，反动力量大大超过共产党领导的革命力量。这是大革命失败后一段时间内双方力量对比中的实际情况。

再来看革命力量方面的情况。

1927年8月7日，中国共产党召开中央委员会紧急会议，确定了实行土地革命和武装反抗国民党反动派的总方针。这是一个正确的方针，给正处在思想混乱和组织涣散中的中国共产党指明了新的出路。为了挽救党和革命，党又先后领导了秋收起义、广州起义。正如毛泽东所说："中国共产党和中国人民并没有被吓倒，被征服，被杀绝。他们从地下爬起来，揩干净身上的血迹，掩埋好同伴的尸首，他们又继续战斗了。"[3]

在敌我力量悬殊的严酷状况下，应该怎样"继续战斗"呢？

---

[1] 参见许涤新、吴承明主编：《中国资本主义的发展史》第3卷，人民出版社，2003年版，第140页。

[2] 刘凤翰：《战前的陆军整编》，"国防部"史政编译室，2002年版，第2、3页。

[3] 中共中央文献编辑委员会编：《毛泽东选集》第3卷，人民出版社，1991年版，第1036页。

并没有现成的办法,只能在实践中独立地探索,这中间难以避免经过某些曲折。这时,在中共中央的指导思想上出现了"左"倾盲动错误。中央临时政治局扩大会议通过的决议案写道:"革命虽然受着屡次很大的失败,而中国劳动民众革命运动的力量不但还有很多很多没有用尽,而且现在刚在重新爆发革命斗争的高潮。""现时全中国的状况是直接革命的形势","现在虽还没有到总暴动的时刻,而党的任务却正在于努力鼓动各地城乡革命的高潮"[1]。

在中共中央和各地领导的工作部署和指导中,充满着"进攻""高潮""总暴动"这一类提法,而那些从实际出发提出的一些正确主张则动不动被斥为"右倾"、怯懦和动摇,导致巨大的损失。

为什么会出现这种"左"倾盲动错误?共产国际的错误指导自然是重要因素,但根本的原因还要从中国共产党自身来找寻。中国共产党从成立到大革命的失败只有六年,它的领导人大多还很年轻,社会经验和政治经验还不多。他们有着满腔的革命热情和不怕牺牲的献身精神,而对中国国情的复杂性和不平衡性缺乏认识。他们刚刚经历过来的波澜壮阔的大革命突然遭受那样惨重的失败,他们一时还不能深刻地理解它,而是急于改变现状。国民党当局的血腥屠杀政策,无数战友的壮烈牺牲,还有一些人的动摇、退缩以至叛变,都激起他们难以遏制的愤怒和憎恨,进行近乎拼命的蛮干。他们不顾主客观条件,只要哪里还

---

[1] 中央档案馆编:《中共中央文件选集》第3册,中共中央党校出版社,1989年版,第452、453、458页。

留有一点革命力量，就要求这些地方组织暴动，而且认为必须主要是工农民众的暴动。亲历其境的李立三在中共六大发言中说："革命遭受了失败，很多的工人遭受屠杀或失业，大多数的群众因疲倦而要休息，但一部分急进分子是不能忍耐的，而走上群众前面去了，这就是盲动主义与强迫罢工的来源。"[1]这个分析是符合实际情况的。

评论历史事件的是非，不仅要看当事人怎么说的，更重要的是要看他们是怎样做的。"左"倾盲动错误的后果是什么？还是看看事实。可以举两个情况并不完全相同而都失败的事件为例：一个是江苏无锡和宜兴的暴动，一个是广东海陆丰根据地的失败。有这两个事例做参照和比较，可以更清楚地看到井冈山斗争和赣南、闽西等革命根据地的成功创建是多么不易，也可以看到它们之间的区别在哪里。

无锡和宜兴都在南京附近的江南地区，国民党当局在这一带驻有重兵，交通又十分便捷，可以很快调集重兵。"卧榻之侧，岂容他人鼾睡"，国民党决不会容忍在这个地区发生暴动。共产党组织和工农运动的基础在这里又都很薄弱，暴动的主客观条件都不具备。

1927年10月中旬，中共江苏省委在上海召开"江南农民暴动行动委员会"会议，确定宜兴、无锡等地要在最短期间内发动农民暴动。国民党当局在宜兴本来并未驻军。11月1日，宜兴在省委特派员万益领导下，两千多农民进城，突然冲入县署和公安局，获枪十余支，释放监狱中的囚犯，镇压土豪劣绅四名，控制

---

[1] 李立三在中共六大的发言记录，1928年6月23日。

县城二十多小时。中共江苏省委第二天就致信宜兴："宜兴一个地方的暴动，应该是掀起江南农民暴动的导火线，客观上全国、全江苏的农民都是需要暴动的。你们决不会孤立。只要你们注意你们的行动是群众的，是彻底走向土地革命的，不是简单几个人的动作，不是一种军事投机，一定有几千几十万的群众，几县几十县的农民随着你们起来，祝你们努力，祝你们成功！"[1]中共中央也致信江苏省委：宜兴已起来，各县即应速起响应。这样的狂热，离客观实际实在太远。

宜兴暴动震惊了南京政府，随即命令驻在京沪一带的黔军、赣军组成的第十三军派兵两营向宜兴开来。暴动的农民缺乏组织，绝大部分在第二天已离城回家。领导暴动的万益等率暴动的基干队伍一百多人撤出县城，遭到商团和税警队堵截，队伍被打散，万益被捕后英勇牺牲。宜兴暴动失败。

无锡和宜兴是近邻。它是原京沪铁路上的重要工业城市，国民党当局对它比对宜兴要重视得多。北伐军第十四军的军部原来就驻在无锡城内。中国共产党在无锡的力量比宜兴大得多，到1927年8月底，已有党员四百余人。当时党的力量主要在无锡四郊的农村，农民协会共有会员三万多人，在郊区农村中享有很大的声势和权力，但在城市中力量很薄弱。1927年10月23日起，城区党组织接连遭到破坏，县委书记王津民、工运部长张杏春等同时被捕，城区机关相继被破获。为了准备无锡暴动，江苏省农委负责人王若飞派徐文雅（徐彬如）到无锡，见到江

---

[1]《中共江苏省委给宜兴的信》，中共无锡市、县委党史办公室，无锡市档案馆编：《无锡革命史料选辑》第3辑，1985年版，第21页。

苏省委特派员、无锡农民革命军总司令、暴动的具体指挥者杭果人。徐文雅回忆杭果人当时对他说："在无锡组织暴动是可以的，但准备工作做得不够。无锡是京沪线上的重镇，乡下虽然没有敌人驻军，可是城里敌人的军队几个小时就可来到，敌人决不允许在他们眼皮底下搞暴动。因此，暴动的前途是不堪设想的。"[1]杭果人把他感到的困难向王若飞说了。他回忆王若飞给他的回答："攻占城市，建立人民政权，原是一件惊天动地的大事，如何会没有困难？只要我们努力，只要我们有信心，就没有办不到的事情。"[2]经江苏省委批准，无锡暴动的计划规定：在宜兴起义后一个星期左右，无锡也发动起义；先从农村着手，组织无锡农民革命军，建立农民武装；占领农村后，立即进攻无锡城。

11月9日晚，在无锡农民革命总司令部统一命令下，东北乡一万多农民革命军发动武装暴动。他们的武器从手枪、军刀到锄、耙、木棍，无所不有。两个小时内占领村镇十三个。一些地主豪绅的住房、仓厅被捣毁，田单、契约、租簿、借据等被焚毁。但由于事情走漏风声，对方已有准备；农民仓促集合起来，缺乏组织和训练，暴动队伍到第二天早晨大多渐渐散去，国民党驻军和水巡队等进入重要村镇搜索。县委负责人和暴动领袖很多被杀，暴动难以坚持下去，就这样结束了。徐文雅、杭果人回到上海，参加中央负责人召开的会议。徐文雅回忆道："会上发生了争执，

---

［1］杭果人、过望春：《无锡农民秋收起义的回忆》，中共无锡市、县委党史办公室、无锡市档案馆编：《无锡革命史料选辑》第3辑，1985年版，第93、94页。

［2］徐彬如：《六十年历史风云纪实》，中国文联出版社，1991年版，第28、29页。

瞿秋白批评我们不该逃跑，骂我们右倾。杭果人和我则认为发动这次暴动就是盲动。瞿秋白责问我，那里有没有群众。我说有。他又问：群众是不是拿着武器？我说是。他说有这两条就不是盲动。我不服，还要争下去。邓中夏怕我再争下去会被开除，就把我拉到一边，劝我不要再争，并要我第二天到他那里工作。"杭果人以后总结无锡暴动失败的教训，说了三条："其原因首先是由于有些领导对敌人估计过于强大，产生恐惧和指挥不力；也有一些领导人，对自己力量估计过高，轻视敌人，未能先行夺取必要的武器，致使广大农民发动起来后不能持久，对革命带来莫大的损失。""其次是全国反革命气焰嚣张，敌我力量相差过大。计划中的城市工作部分，由于县委机关被破坏，县委书记、工运部长都被逮捕，城市的配合工作完全失去了领导，形成孤军作战。""第三，我们在军事上缺少经验……当时的形势是广大群众已经发动，而我们仍然只有四支木壳枪和一支步枪，如何攻城，如何持久，都是迫切需要解决而又一时难以获得解决的问题。由于上述原因，无锡农民秋收起义未能达到预期目的。"[1]

  海陆丰又是另外一种情况。它地处粤东的惠州和汕头之间，南临大海，西北有莲花山脉，居民百万以上。这个地区和宜兴、无锡有很大不同，最重要的在于党的组织和农民运动有着较好的基础。20世纪20年代初，海丰籍的中国共产党早期农民运动领导人彭湃从日本留学回乡，积极发动有组织的反抗地主豪绅的农民斗争。1923年，海丰和陆丰先后成立县总农会，这是全国最先

---

[1] 杭果人、过望春：《无锡农民秋收起义的回忆》，中共无锡市、县委党史办公室、无锡市档案馆编：《无锡革命史料选辑》第3辑，1985年版，第99、100页。

成立的县级农会。三年后,农会会员发展到近二十六万人,并组织起武装农军,是国内农民运动最早且最发达的地方。

1927年4月15日,广东当局发动反共政变。广东的国民党军事力量是很强大的。海陆丰的农军虽有一些武器,但比较简陋,其成员又是不脱离生产的,没有受过严格的军事训练。他们在共产党领导下发动起义,一度占领两县县城,但在当局武力镇压下失败了。不久,李济深和从武汉南下的张发奎部发生大规模冲突,占领海陆丰的国民党军队将三个团北调,留下的兵力空虚。这是一个机会。中共东江特委决定再度在海陆丰发动武装起义。"经过数月的经验,深知不是一发动就可以驱逐或消灭敌人",决定"还在斗争的乡村继续并且扩大争斗","进一步则进攻势力比较弱点的陆丰敌人"。这样先收复了陆丰,海丰的国民党军队随后也被迫撤走了。收复这两个县城后,"政权的性质已比前次进步了。前次是所谓县人民政府,这一回是工农的独裁。各区乡农会宣布接收区乡政权,两县则由各团体产生临时政府"。很大的缺点是:虽然"临时县革命政府一成立即宣布没收土地,交县农会去分配给无地农民,可是没有一点切实的办法,农民虽然听到的,仍然得不到土地"[1]。因此,群众没有能充分发动起来。这时得知国民党方面大军将到,农民严重缺乏弹药,只能退出县城。这是第二次挫折,但实力没有受很大损失。

这年10月初,南昌起义部队在广东东江失败。叶挺部第二十四师的团长董朗率余部一千多人开到陆丰,同中共东江特委

---

[1]《海陆丰苏维埃》,中共海丰县委党史办公室、中共陆丰县委党史办公室编:《海陆丰革命史料》第2辑,广东人民出版社,1986年版,第117—120页。

取得联系，改编为工农革命军第二师第四团，以后扩编为红二师，使海陆丰第三次武装起义有了一支正规的主力队伍。这时，中共临时中央政治局委员彭湃奉命兼任东江特委书记，前来指导海陆丰的斗争，而国民党在广东的两大势力李济深和张发奎在10月底发生公开冲突，没有力量顾及海陆丰地区，这是十分有利的时机。于是，彭湃发布举行海陆丰第三次起义的命令，董朗部和当地农军协同作战，重新占领海丰、陆丰县城和两县大部分区乡。11月13日和18日，陆丰和海丰分别召开全县工农兵代表大会，用差额选举的办法产生两县苏维埃政府。彭湃在海丰县工农兵代表大会上发表演说。他说："土地革命，是共产党目前的第一件要紧的工作。"他要求："大家起来打倒反革命政府，打倒反动军队！杀尽土豪劣绅大地主！把一切契约烧掉！把田坐可以铲去者铲去！这样农民才得着真正的利益。"[1] 大会还通过了《没收土地案》《取消苛捐杂税案》等决议案。"彭湃同志家是大地主，他先把自己家的土地分配了，然后再分配其他地主的土地。"[2] 这是很得人心的，土地改革的推行也能够取得切实的效果。

海陆丰苏维埃政府的创建有着重要意义。它是全国建立最早的第一批县级苏维埃政府，以工农为主体，有着比较明确的施政纲领和工作条例，形成新型的政权体制。在中国，这是一个前所未有的创举。

接着又发生一件重要的事：广州起义失败后，原教导团等起义军余部一千四百多人，在营长叶镛带领下也转入海陆丰地区，

---

[1] 彭湃：《彭湃文集》，人民出版社，1981年版，第281页。
[2] 程子华：《程子华回忆录》，解放军出版社，1987年版，第23页。

整编为红军第四师（叶镛牺牲后由徐向前任师长）。当时一个地区内集中这样多经过训练的革命军事力量是罕有的，人们对它抱有很大希望。

但党组织的领导却有严重失误。当时在红四师的程子华回忆道："那是李立三同志当广东省委书记，曾说：知识分子完了，今后只有依靠工农干部。所以到广州起义失败后，教导团有1200名学生退到海陆丰，没有补充农民，也不吸收俘虏兵，就没有把学生当作干部使用，而把他们编到第四师去当兵。那时不会打游击战争，不管敌军多少，都是打硬仗，后来绝大多数在作战中牺牲了。这里说明，在'左'倾路线的指导下，有了武装，不可能建设好军队和使用武装。"[1]

海陆丰起义顺利发展的局面并没有能维持多久。1928年2月，李济深和张发奎之间的混战结束，李济深在广东的统治暂时稳定下来，开始集中力量对付海陆丰的革命势力。他不敢小视海陆丰的革命力量，以粤军精锐第四军第十一师（师长陈济棠，副师长余汉谋）为进攻海陆丰地区的主力，得到其他粤军、桂军等配合，兵力有几万人，战斗力很强，还有四艘军舰猛烈炮火助攻，整个局势陡然逆转。

客观情况已经发生那么大的改变，双方的力量对比和过去已大不相同，应该怎么办？如果继续以前的做法，不顾一切地同具有巨大优势的敌军硬拼，而不转移到对方力量薄弱和地势有利己方的地区伺机发展，那样做必将导致挫折以致失败。当国民党粤军大举扑来时，徐向前便灵活地把部队转移到山区。这样做是

---

[1] 程子华：《程子华回忆录》，解放军出版社，1987年版，第26、27页。

完全正确的。他后来回忆道:"我们是在平原保不住才进山里来的,敌众我寡,不进山就不能保存现有力量,但特委不同意,提出了'反对上山主义'的口号,非要把部队拉下山区同敌人硬拼不可。""敌人的围攻一天天紧迫,我们的处境一天天困难。部队有耗无补,越打越少。红二师、四师各剩下五六百人,另外有个朝阳独立团几十人枪,就那么点力量。""处境越来越困难,怎么办? 5月间,特委召开会议,讨论行动方针,红二师、四师的领导同志都出席了会议。我们和二师的领导都认为,这个地方南面靠海,东临平原,山也不大,机动余地小,再呆下去不是办法。应当把二、四师的千把人集中起来,拉到粤赣边界去打游击,那里是两省交界的地方,山多山大,有较充分的活动余地,不容易被敌人消灭掉,待看准机会就咬敌人一口,能慢慢地补充和发展自己。这个意见,现在看来是对的。""然而,特委的同志不同意,说是广东各地的地主民团很厉害,走不过去,要部队回到海丰去。"[1]不顾实际情况而强行回到不利环境去的后果,是可想而知的。海陆丰起义就这样失败了,但东江地区的游击队仍一直在复杂的环境下坚持,直到全国解放。

当时也在海陆丰起义队伍中的陆定一也有一段评论。他说:"幼稚还表现在当时只知前进,不知后退,只知进攻,不知退却。""但当时认识不到,即使认识到了也做不到。因为中央、省委当时整个的指导思想是进攻,而不允许退却。在遭到失败的情况下,实行退却已经是很不容易的了,何况在尚未失败时主动实行战略退却呢。""这说明进攻需要勇气和谋略,退却也同样需要

---

[1] 徐向前:《历史的回顾》(上),解放军出版社,1984年版,第62、63页。

勇气和谋略,甚至需要更大的勇气和谋略。该退的时候就要退。不但善于进攻,而且也善于退却,这是脱离幼稚状态而走向成熟的一个重要标志。"[1]

徐向前对海陆丰起义中的教训也做了一段概括的总结:"回顾这段历史,我觉得教训是深刻的。主要是:第一,在对形势估计上,只看到海陆丰地区的局部'高潮',而忽略了全国革命处于低潮的总特点。那个时候动不动就讲'高潮''进攻',说什么敌人'溃不成军''临死还要踢破三床草席',盲目性很大。因而,对于军阀势力的联合进攻及斗争的艰巨性、长期性缺乏应有准备。敌人的'进剿'来临,步步被动,束手无策。第二,在革命道路问题上,仍是夺取城市为中心的思想作祟,未树立农村包围城市的思想,所谓'反对上山主义',反对去粤赣边界坚持游击战争,便是证明。第三,在军队建设上,没有正确解决主力红军与地方武装的关系。搞根据地,搞游击战,一定要有核心力量。核心就是主力部队。只有不断加强主力部队的建设,使之与地方武装和人民群众的斗争有机结合,才能战胜敌人,发展根据地。而特委的方针却与此相反,失败的命运当然是不可避免的。第四,在游击战的战术上,不懂得避强击弱,有进有退,有游有击,而是硬碰硬,搞拼命主义。'以卵击石',焉有成功之理!总之,那个时候我们党还缺乏武装斗争经验,出现这些问题并不奇怪。"[2]

我们不能说创建海陆丰根据地是"左"倾盲动主义的产物。

---

[1] 陆定一:《陆定一文集》,人民出版社,1992年版,第857页。
[2] 徐向前:《历史的回顾》(上),解放军出版社,1984年版,第66、67页。

海陆丰起义有它重要的历史贡献，但是它的失败，特别是在处境已十分不利的情况下提出反对"上山主义"，不能不说是受到"左"倾盲动主义的深刻影响。这是沉重的教训。

总之，无论从敌我力量对比的全局性考察或从苏南和海陆丰这两处的个案剖析中，都不难看出：在革命处于低潮、国民党统治相对稳定、双方力量对比悬殊的情况下，如果不坚决反对和纠正这种"左"倾盲动主义的蛮干，大革命失败后好不容易保存和积累起来的力量可能遭受严重的挫折以致失败。就是像海陆丰那样党组织和群众运动基础较好的地区，也会失败。

那么，为什么有必要提出"星星之火，可以燎原"的论断以消除"红旗能打得多久"的疑问？为什么在一些地区又能够发动起成功的武装起义，建立起大大小小十多个革命根据地，使革命形势重新得到发展？

局部不能脱离全局而存在。即便剖析局部性的问题，也不能只是就事论事地去谈它，而需要把它放在全局中来考察。

事物从来都是复杂的，存在着对立和统一。正确地观察和判断客观形势的发展，既要看到它的一个方面，也要看到它的另一个方面，并且还要看到这两个方面的相互关系和演变趋向，它们在一定条件下是可以相互转化的。

大革命失败后，国民党在全国取得统治的地位，在一段时间内形成相对稳定的局面。这是事实。但事情还有另外一面。至少可以注意到这样几点：

第一，南京政府建立后，中国的半殖民地半封建的社会性质并没有改变，人民苦难深重的境遇也没有改变，世道的不公激起强烈的愤怒，"蓄之既久，其发必速"，有如到处铺着容易燃起烈火的干柴。这样深刻的社会矛盾不经过一场大革命风暴的冲刷是无法消除的。而前此连续几年革命思想的广泛传播,工农群众运动的轰轰烈烈开展,又使大群大群的先进分子开阔了眼界,深信如此恶浊的社会是可以用革命手段把它改变的。这种变化在全国尤其是受过大革命洗礼的南方各省留下的影响谁也无法消除。国民党统治相对稳定的局面只能是一时的,不可能长久持续下去。

第二,中国是一个幅员辽阔、人口众多的大国,"东方不亮西方亮,黑了南方有北方",革命力量有着宽广的回旋余地。南京政府虽然有着两百多万军队,由于脱离民众,能够直接控制和重兵驻守的只有大城市和主要交通线,留有许多空白点或统治力量薄弱的地区,便于革命力量生存和发展,在山区和边界地区尤其如此。

第三,北伐成功后,虽然号称"统一",其实统治阶级内部派系林立,为了争夺权力和利益的再分配,彼此间不断产生你死我活的分裂和战争。从1929年3月的蒋桂战争开始,这种新军阀内战几乎没有停止过,使南京政府无力他顾。1930年4月至10月,蒋介石同阎锡山、冯玉祥、李宗仁之间的中原大战,阎、冯、李方面投入的军队不下八十万人,蒋介石也出动自己的兵力约六十万人。战争主要在陇海铁路和津浦铁路沿线展开,以河南为主战场,山东为辅战场,历时半年,双方伤亡超过二十四万人。当时在阎部的徐永昌在回忆录中写道:"十九年(1930年)之战,大体上讲亦有可胜之道,亦可以说有五六可胜之道。"[1]以后因张学良率东北军入关助蒋,蒋介石才取得胜利。接着,因囚禁胡汉

---

[1] 徐永昌:《徐永昌将军求己斋回忆录》,传记文学出版社,1989年版,第221页。

民,又发生宁粤分裂。在这样的生死关头,蒋介石无力将自己的主力部队投入在南方同共产党领导的工农红军作战。就是在一省范围内,国民党不同派系也常陷入激烈的混战中,前面说到过海陆丰苏维埃政府的创建正值李济深和张发奎两部粤军的混战。这些,都便于中国共产党能够建立起十几个苏区(即革命根据地),并得到很快发展。

中共中央在六大后已开始注意到在纠正一种错误倾向时又容易走向另一种错误倾向。它在1929年1月给江西省委的信中写道:"因为过去犯了盲动的错误,现在纠正过来,就很容易走到另一错误的方向去,就是和平发展的倾向,省委要严格的依照六次大会的精神,坚决的防止和平发展的倾向。"[1]但是,六大没有把工作中心放在乡村,还是要以城市工作为中心,因此还不能从根本上解决这个问题。

毛泽东在《星星之火,可以燎原》中从实际出发,明白地指出:"犯着革命急性病的同志们不切当地看大了革命的主观力量,而看小了反革命力量。这种估量,多半是从主观主义出发。其结果,无疑地是要走上盲动主义的道路。另一方面,如果把革命的主观力量看小了,把反革命力量看大了,这也是一种不切当的估量,又必然要产生另一方面的坏结果。"[2]他特别强调要正确估量敌我双方的力量对比,把采取积极行动的方向转到反动势力薄弱

---

[1]《中央致江西省委信》,中共江西省委党史研究室等编:《中央革命根据地历史资料文库·党的系统》第1册,中央文献出版社、江西人民出版社,2011年版,第502页。

[2] 中共中央文献编辑委员会编:《毛泽东选集》第1卷,人民出版社,1991年版,第99页。

的农村去,这就把本文一开始提出的问题辩证地说清楚了。

在《井冈山的斗争》那篇给中央的报告中,毛泽东根据一年多实践中的感受,更明确地写道:"一国之内,在四围白色政权的包围中间,产生一小块或若干小块的红色政权区域,在目前的世界上只有中国有这种事。我们分析它发生的原因之一,在于中国有买办豪绅阶级间的不断的分裂和战争。只要买办豪绅阶级间的分裂和战争是继续的,则工农武装割据的存在和发展也将是能够继续的。"[1]

这决定了工农红军这时必须首先向农村进军,以农村为战略发展方向。《中国工农红军第一方面军史》写道:"中国革命的敌人是异常强大的。这个强大敌人的力量集中于大中城市,而广大农村是其统治薄弱的地方。起义后建立的革命武装,只有把进军的方向转向农村,特别是两省或数省交界的山区,方能求得生存和发展。"[2]

中国共产党在土地革命时期成功地建立的革命根据地有十多个,这些从"星星之火"开始的武装斗争,由于有正确的领导,终于汇成"燎原"的烈焰。对这些根据地一一加以论述,不是一篇论文所能担负的。本文准备以赣南、闽西革命根据地的创建为例证,进行一些探讨。

江西南部和福建西部的苏区是土地革命时期最大也最重要的苏区,以后发展成中央苏区,也就是中央革命根据地。为什么它

---

[1] 中共中央文献编辑委员会编:《毛泽东选集》第1卷,人民出版社,1991年版,第57页。
[2] 中国工农红军第一方面军史编审委员会编:《中国工农红军第一方面军史》,解放军出版社,1993年版,第74、75页。

会出现在这个地域，这同双方力量对比的状况有关。看看这里同周围各地域的比较就很容易明白。它北面的江苏、浙江、安徽三省是南京政府的心腹地区；西面的湖北、湖南是1927年和1928年宁汉战争和蒋桂战争时相互争夺和猛烈作战的焦点；南面的广东是国民党的老根据地，李济深、张发奎、陈济棠、陈铭枢等部粤军战斗力都很强。红军比较难在这些地区站住脚跟。即便拿江西和福建两省来说，江西北部的南昌、九江一带和福建东部沿海的福州、厦门一带，国民党也都有相当数量的正规军驻守。而赣南和闽西既经过大革命的洗礼，党组织和工农运动有较好的基础，国民党的军事力量又比较薄弱，自然是创建这片最大的革命根据地的理想场所。

成功地建立起革命根据地的还有鄂豫皖、湘鄂西、赣东北等地区。它们都有两个共同的特点：一是都处在两省或几省的边界地区；二是都属于山区。南京政府和各省当局一时还顾不到它们，同一省内部的军阀间又常存在着矛盾和冲突，难以采取统一的军事行动。因此，虽然它们的发展还不能达到赣南、闽西以及后来的中央苏区的程度，但依然取得很大成功，做出了明显的贡献。

至于没有受到过大革命洗礼的华北、西北、东北、西南等地区，红军便不容易那样大地发展起来。陕甘苏区是北方建立的唯一苏区，也同大革命时期共产党人刘伯坚、邓小平等曾在冯玉祥部西北军中工作播下的火种有关。

土地革命时期各地苏区的创建，如果置于当时国共双方力量对比全局的环境中考察，也许能增加一些具体理解。

创建根据地的地域选择

在敌强我弱的环境中,创建根据地的地域选择至关紧要。只有在条件得当的地域创建起相对巩固的根据地,处于弱势地位的革命力量才能避免在不利条件下的决战,才能持久地保存下来并逐步得到发展。就拿刚才讲到的海陆丰起义来说,当强敌"会剿"时,如果实行"上山主义",把起义部队转移到粤赣边界的山区去,而不是停留在平原同强敌硬拼,成败很可能会有不同。

确定创建革命根据地的地域,一般来说取决于三个条件:一是双方力量对比的状况清晰,也就是敌人实力相对弱和党组织、群众发动的基础相对好;二是地势险要,易守难攻;三是经济上有保障红军和根据地能长期坚持的物质力量。这三条缺少哪一条都不行。

第一条在前面已有所论述,这里对后两个条件再做些简单的说明。

地形在作战中的重要性是不言而喻的。《孙子兵法》中写道:"夫地形者,兵之助也。料敌制胜,计险厄远近,上将之道也。知此而用战者必胜,不知此而用战者必败。"他用了"必胜"和"必败"这样重的话,可见他对"地形"的重要性是极为重视的。克劳塞维茨在《战争论》中写道:"地形对军事行动发生的影响有三个方面:妨碍通行、妨碍观察和对火力的防护。地形的其他一切影响都可以归结到这三个方面来。""对较大的部队的活动和持续时间较长的活动来说,地形就必然会发生影响。对整个军队来说,即使在某一时刻,例如在一次会战中,地形不发生影响的情况也几乎是不可想象的。"[1]

在敌我力量悬殊的情况下,要建立起一块比较巩固的革命根据地,地形的选择就格外重要。毛泽东在《中国革命战争的战略问题》中写道:"红军的数量是少的,红军的武器是差的,红军的粮食被服等物资供给是非常困难的。"[2]地形条件可以在相当程度上弥补红军的这些弱点。

工农红军在江西南部和福建西部创建的革命根据地大体建立在群峰起伏的山区,山路狭窄而曲折,一些险要的隘路常使人有"一夫当关,万夫莫开"的感叹。对方自下而上的仰攻远比熟悉地形、先行抢占有利据点进行自上而下的阻击困难得多。这是早期的工农红军通常都选择山区创建自己的根据地并且能够站住脚跟并得到发展的重要缘由。

选择山区实行武装割据还要考虑到必要的经济条件,就是在这个区域内能够自给自足地取得最低限度的生存条件。否则,不管地势如何险峻,敌人如果长期围困,切断它的对外联系,使你既缺粮又缺水,你也会不战自溃,难以坚持下去。《三国演义》中马谡失街亭的故事,就是众人皆知的例证。

现在,我们可以综合双方力量对比、地形、经济状况这三方面的条件来进行考察。选择赣南和闽西地区,正因为它是这样一个有利于实行较大部队武装割据的地区。

大家都知道,创建赣南、闽西根据地之前,毛泽东率领湘

---

[1] [德]克劳塞维茨:《战争论》第2卷,商务印书馆,1978年版,第464、465页。
[2] 中共中央文献编辑委员会编:《毛泽东选集》第1卷,人民出版社,1991年版,第190页。

赣边界秋收起义部队先在罗霄山脉中段建立起井冈山革命根据地。他在《井冈山的斗争》中写道："广东北部沿湖南江西两省边界至湖北南部，都属罗霄山脉区域。整个的罗霄山脉我们都走遍了；各部分比较起来，以宁冈为中心的罗霄山脉的中段，最利于我们的军事割据。"[1]他为湘赣边特委起草的给中央的信中也写道："以宁冈为大本营，其理由有三：A.此间系罗霄山脉中段，地势极好，易守难攻。B.党在此间是由无组织进为有组织，民众比较有基础（赤卫队、赤色游击队组织了），弃之可惜。C.湘南、赣南只能影响一省，并只及于上游，此间可影响两省并能及于下游。"[2]这里地势确实险峻，主要靠五条羊肠小道上下，在必经的要隘处筑有工事，称为五大哨口，敌人的大部队难以展开，而山上茨坪和大小五井等地又有水田和村庄，可以提供一定数量的给养，确实是十分适宜初始力量还不很大的工农红军作为武装割据的根据地。

  1928年4月下旬，朱德率领南昌起义余部、湘南农军和毛泽东率领的井冈山部队会师，组成工农红军第四军，四次击破江西敌军后，割据地区扩大到宁冈、永新、莲花三个全县，还有吉安、安福、遂川、酃县（注：今炎陵县）各一部，建立起四个县政府，区乡政权普遍建立，在割据区域内的土地大部分已分配。这是井冈山革命根据地的全盛时期。

  但是，井冈山作为革命根据地也有它的局限性。随着主客观

---

[1] 中共中央文献编辑委员会编：《毛泽东选集》第1卷，人民出版社，1991年版，第79页。

[2] 湘赣边特委致省委转中央的报告，1928年4月29日。

条件的变化，它的局限性也一步一步地显现出来。正如胡绳主编的《中国共产党的七十年》所指出的："第一，井冈山山区虽然地势险要，易守难攻，但'人口不满两千，产谷不满万担'。随着红军人数激增，加上国民党军队对这个地区的反复'围剿'和严密封锁，经济上的困难日趋严重，连军民的日常衣食用品也将难以保持必要的供应。第二，井冈山位于湘江和赣江之间的狭长地区，这两条大江都无法徒涉，向南和向北也不易发展，因此军事上缺乏足够的回旋余地。这两个弱点，在初期并不明显，在红军力量逐渐扩大时，便逐渐清楚地暴露出来。"[1]

革命根据地的地域选择条件并不全都一成不变，往往需要随时间推移和环境变化而改变。

这里说的环境变化，并不只是从湘赣边界这一局部来考察，而要把视野放宽些，看一看全国政局的具体变动。1928年10月，国民党成立了替代北洋政府的新政府，由蒋介石任主席，各派系首领暂时取得妥协，分任政府要职。统治集团的内部矛盾，在"北伐胜利"的欢呼声中，一时还没有激化。而原来被他们轻视的工农武装割据却一步步发展起来，引起他们的重视。于是，他们便以更多兵力来对付共产党。1929年1月1日，南京政府任命湘军何键为代总指挥、赣军金汉鼎为副总指挥，调动二十五个团约两万人，分兵五路，进攻井冈山，规模之大是过去不曾有过的。而红四军在彭德怀、滕代远率红五军六个连到井冈山会合后，也只有五千人左右，相当于进攻井冈山的国民党军队的四分之一，双方众寡悬殊，武器、给养等条件更难以相比。红四军面对

---

[1] 胡绳主编:《中国共产党的七十年》，中共党史出版社，1991年版，第108、109页。

前所未有的严峻局面。

在重兵压境的同时，更严重的问题是粮食和冬衣的供应上存在极大困难。井冈山上那点水田，养活人数不多的起义队伍是可以的，但随着部队人数的增加，这些就远远不够了。以前，只能从山下挑粮上山，《朱德的扁担》的故事就是在这时传开的。但井冈山周围经济并不富裕，附近的土豪又打得差不多了，供给来源越来越少。杨克敏在1929年2月25日所写的综合报告中说："红军中的生活与经济是非常之艰难的，拥有数千人众，每个月至少要一万五千元作伙食费，米还是由当地筹办的。""最近两月来，每天每人只发伙食费三分，四分油，四分盐，米一斤四两，三分钱一天的小菜钱，只买的一斤南瓜，洗衣、剃头、穿草鞋、吃烟的零用钱没有发了，士兵生活特别的苦（不论士兵、官长以及地方工作的也是一样）。""所以最近以来士兵生活感觉得不安，当时有一句口号：'打倒资本家，天天吃南瓜'，可以概见士兵的情形，因此士兵动摇起来了，有开小差的，拖枪跑的，下级干部也深感不安。""这个经济问题，要算红军中最困难的问题，也就是边界割据的致命伤。"[1]姚喆回忆："山上很冷，我们没有棉衣棉裤，穿着单衣，赤脚穿草鞋。晚上睡觉，铺间烧一堆火，身上盖些稻草，有的同志用夹被装上稻草，就要算是最漂亮的被子了。"[2]对红四军来说，这种状况不是长久之计，是难以长时间维持下去的。

---

[1]《杨克敏关于湘赣边苏区情况的综合报告》，江西省档案馆编：《井冈山革命根据地史料选编》，江西人民出版社，1986年版，第128—129页。

[2] 姚喆：《留守井冈山》，《回忆井冈山斗争时期》，江西人民出版社，1983年版，第199页。

面对这样双重困难的险峻局势，1929年1月4日，毛泽东在宁冈柏露村主持召开前委、红四军和红五军军委、湘赣边界特委、边界各县委联席会议，紧急讨论应对方针。到会的有六十余人，由于各人经历和所处地位不同，会上意见分歧十分巨大，相持不下。参加会议的江华回忆道："会上发生了激烈的争论：有的主张凭借有利地形，全力据隘死守，就地退敌，以免敌人攻进来，根据地的人民群众遭受摧残；有的则强调敌人力量强大，红军又面临经济给养困难，主张红军全部转移；主张放弃井冈山根据地的意见中，有的主张到湘鄂赣，有的主张到湘南，有的主张到赣南。毛泽东同志分析了各种意见，提出：井冈山根据地一定要守，不能轻易放弃，但也不能死守，必须采取积极行动，以一部分红军守山，坚持内线防御，大部分红军主力出击，钻敌人的空子，迂回敌后，到外围作战。"[1]考虑到当时红四军中"湘南人约占全军人数十分之五"，许多人不愿离家乡更远，部队在井冈山又已坚持斗争一年多，发生"激烈的争论"是很自然的。还有一个因素需要考虑："彭德怀同志他们打游击太辛苦了，想休息。"[2]

面对如此复杂而又必须立刻做出选择的局面，毛泽东的决策是果断的，也是正确的。会议相应地做出了红四军主力下山的决定。接下来的问题是：主力下山后的目标应指向何方？宋任穷回忆道："要向外发展。那么，究竟向哪里发展呢？是向广东发展，还是向江西发展？""当时，了解到的情况是：湘南有何键，是

---

[1] 江华：《追忆与思考》，浙江人民出版社，1991年版，第55—56页。
[2]《朱总司令自传》第6部，孙泱笔记，稿本。

地头蛇；广东的粤系是国民党嫡系武装，力量较强；江西倒是个薄弱环节，（统治江西的）朱培德是云南人，江西部队又大多不是本地的，本地只有一些地主武装。大家认为，相机向赣南、粤闽边界发展比较有利。红四军总前委研究决定，井冈山只留下彭德怀的五军（注：还有原在井冈山、熟悉当地地形民情的王佐部），红四军由毛泽东、朱德、陈毅率领，离开井冈山，向赣南转移，去开辟新的革命根据地。"

宋任穷评论："毛泽东选择湘赣边界罗霄山脉中段的井冈山地区建立根据地是完全正确的。在敌我力量发生变化的新情况下，毛泽东审时度势，又决定分一部分红军主力下井冈山向外发展，开辟新的革命根据地，也是完全正确的。"红四军主力"离开井冈山，向赣南转移"，从当时的情势来看，确实是最好的选择。宋任穷的评论符合辩证的思维：当年在起义部队力量还小时在井冈山建立根据地是完全恰当的；到起义力量已经壮大、需要打开更大局面时，"开辟新的根据地（注：指赣南），也是完全正确的"[1]。

根据柏露会议的决定，"1月14日，毛泽东和朱德率红四军军部、二十八团、三十一团及特务营、独立营，共3600人，从茨坪地区出发下井冈山，向赣南进军"[2]。

红四军主力脱离井冈山向赣南进军，这个决心是很不容易下的。毛泽东在同年3月20日为红四军前委给中共中央的报告中写得很明确："我们自1月14日离开井冈山，主因是经济无出

---

[1] 宋任穷：《宋任穷回忆录》，解放军出版社，1994年版，第37、38页。
[2] 萧克：《萧克回忆录》，解放军出版社，1997年版，第110页。

路。"[1] 杨克敏在此前近一个月的综合报告中这样写道："最近向赣南的原因大部也是为的经济问题——应付敌人的会剿,当然是这次的重要原因,因为四军如果不出发解决经济问题,大多数的群众,有不能领导了的危险。"[2] 看来,采取这样的断然行动,经济问题是直接的"主因",应付敌人"会剿"也是"重要原因"。

  柏露会议上还谈到这次行动对井冈山有"围魏救赵"的作用。从实际情况看,国民党当局这次两省"会剿"使用了二十五个团,红四军主力下山后国民党当局用来追击的只有五个团,没有减轻对井冈山的太多压力。事实上,到1月30日井冈山便失陷了,这次行动并没有起到"围魏救赵"的作用。但是,会上提出"围魏救赵"的说法是可以理解的,因为会上意见分歧、难以统一,而十分危险的局势不容许再做长时间的争辩,必须迅速做出决断,而且如果真能把大批国民党"会剿"军引开,以减轻守山部队的压力,把井冈山根据地保住,岂不很好。总之,这样说可以使一部分坚持不同意见的人减少疑虑,便于接受,但不能把它看作此举的战略目标所在。这种用心,稍有些同长征开始时在部队中一再扬言"冲破南线敌人的封锁,有力地打击敌人,保卫老苏区"[3] 相近似,而时间上更仓促。

  还需要看到,红四军主力下井冈山进军赣南不只是应对经济问题和两省"会剿"的消极被动之举。它又是红四军前委本已在

---

[1] 江西省档案馆、中共江西省委党校编:《中央革命根据地史料选编》(中),江西人民出版社,1982年版,第67页。

[2] 江西省档案馆编:《井冈山革命根据地史料选编》,江西人民出版社,1986年版,第129页。

[3] 杨成武:《杨成武回忆录》(上),解放军出版社,1987年版,第32页。

考虑的在力量发展后打开更大局面的积极行动。可以说，进军赣南和闽西地区，"向外发展，开辟新的革命根据地"，事实上是又一次对武装割据区域做出的新的选择。这个选择，有如宋任穷所说，是完全正确的。

比起井冈山，赣南和闽西地区的局面要开阔多了。即使没有湘军、赣军的"会剿"，随着红军力量的发展壮大，为了有更宽阔的活动空间，产生更大的影响力，红四军主力也应该向这个地区发展。

这个地区的政治状况，在前面已经说过。它的自然环境和经济条件对创建规模更大的根据地也很重要。余伯流、凌步机的《中央苏区史》做过一段很概括的叙述："中国江南地区有两大南北走向的山脉，一为江西、湖南两省之交的罗霄山脉，一为江西、福建两省之交的武夷山脉。两大山脉中段和南段之间，夹着一个广阔的空间，就是江西省的赣西南、赣东南地区，福建省的闽西地区。""境内多崇山峻岭和丘陵山地，密布的河溪间有众多小块盆地，地形复杂，沟壑纵横，山势险峻，道路崎岖。境内有两大水系，赣西南属赣江水系，闽西属汀江水系。""长汀县城与赣江水系的瑞金县城仅一山之隔。""这一广阔地区属亚热带南缘，气候温和，雨量充沛，土地肥沃，物产丰富。境内崇山连绵、林木茂密，不少地方有原始森林，虎豹出没无常。""这一地区较强的自供自给的经济力，无疑为共产党实行工农武装割据、建立革命根据地提供了足够的经济给养和物质保证。"[1]

红四军主力在1月14日凌晨从羊肠小道冒雪下山。从井冈

---

[1] 余伯流、凌步机：《中央苏区史》，江西人民出版社，2001年版，第1—2页。

山下来后，要在预期的这片广阔的土地上建立起巩固的革命根据地，绝不是轻而易举的事情。

这里有一个问题值得注意：红四军下井冈山后向南进军。他们那时已多少得知赣南东固一带党组织和民众武装的基础比较好，而东固在井冈山的正东方向。红四军主力下山后为什么不直接向东渡过赣江朝东固地区推进，而是向南到赣粤边界，东进到罗福嶂，再北进到东固一带，绕了一个很大的圈子？这又涉及地形问题。从井冈山向东，正面对赣江中游。这里江面宽阔，又不能徒涉，背后又有强敌紧追，三千六百多人的队伍无法短时间内在这里抢渡赣江。只有沿江南行，到赣江上游江面狭窄以至源头处，才能过江北上，为此付出不少代价。这种窘境是以后发展壮大了的红军很难想象的。此外，由于井冈山处于赣江和湘江这两条不能徒涉的大河之间，以后几次反"围剿"时在赣南、闽西常用的"诱敌深入"之类的成功战术，要在此时此地应用，不仅兵力不足，从地形来说也不具有足够的回旋空间。这是红四军主力下决心向赣南转移的原因之一。

脱离了井冈山根据地，周围都是陌生的环境，最严重的问题是离开了原来有着鱼水般感情的当地群众。红四军下山的共两个团和两个营。国民党"会剿"军以第二、三、四路军和第一路军的一个旅继续进攻井冈山，而以赣军刘士毅、李文彬两个旅紧紧追击，他们在数量和武器装备上都大大超过红军。陈毅回忆当年所遇到的严重困难："当时红军人生地不熟，常常找不到向导，真是有些寂寞之感。后面白军紧紧追赶，地方土豪劣绅的武装又很强，一走错路便有全军覆没的危险。""当时一般群众不太愿意给我们带路，我们也不敢随便找人当向导。我们找的人，是曾经和北伐有点关系的。"[1]红四军下山后向广东方向南行,再折而沿赣粤边界东进,在一段时间内同中共中央也失去了联系。1929年2月16日中共中央在给广东省委的信中写道:"我们尚未得到朱毛□□□及兄方或广东、江西的报告。实际情况不甚明了。□□我们从目前全国政治军事以及革命的形势推□□□看来,欲朱毛能成为一个大的割据局面,夺取并保持一个地方的政权,目前是很困难。"[2]中共中央给红四军的"二月来信"就是在这种情况下写来的。

红四军下山初期的处境确实十分危险,作战接连受挫。1月23日,红军占领大庾县城,却遭到追敌的悄然合围和突然袭击,部队一度被打乱,遭受不小损失,第二十八团党代表何挺颖坠马牺牲。突围后,红四军沿赣粤边界向东转进,途中遭到不少地主豪绅的民团袭击。1月底,部队在赣粤闽三省边界的江西寻乌县项山圳下村又遭到追敌刘士毅部的偷袭。朱德的夫人伍若兰负伤被俘牺牲。红四军前委给中共中央和福建省委讲到下山后这段艰难的历程时说:"曾三次与追兵接触,均且战且退。2月1日,到闽粤赣三省交界的罗福嶂停脚一天,沿途都是无党无群众的地方,追兵五团紧跟其后,反动民团助长声威,是为我军最困难的时候。"[3]

---

[1] 陈毅:《略谈红四军游击赣南》,《回忆中央苏区》,江西人民出版社,1981年版,第96页。

[2]《中央给广东省委的信》,井冈山革命博物馆编:《井冈山斗争史料选编》,中央文献出版社,2010年版,第108页。

[3]《红四军前委关于攻克汀州及四、五军江西红二、四团行动方针等问题向福建省委和中央的报告》,江西省档案馆、中共江西省委党校编:《中央革命根据地史料选编》(中),江西人民出版社,1982年版,第67、68页。

罗福嶂山区离圳下只有几十里路程,"但要翻过几座大山,又下大雪,路很不好走"[1],所以能暂时摆脱追敌,在这里"停脚一天"。这是一个只有几十户人家的村子,四面是高山,中间是一块狭长的小盆地。红四军前委在罗福嶂召开会议,讨论下一步的行动方向。"此时已有消息证实吉安东固一带的江西红军独立第二团尚在坚持且有发展,就决定逐步向东固转进,以便找到一个有党有革命群众的休息地。"[2]会议还没有结束,得到国民党追兵正准备包围罗福嶂的消息,红四军立刻分两路沿赣闽边界(主要在赣南境内)转而北进。

红四军主力从井冈山下山后,在一个月左右的时间内一直处于被强敌尾追的被动局面,力量受到不少损失。毛泽东在6月1日给中央的报告中写道:"红军第四军一、二、三纵队由大庾失败退至赣南时人数由三千六百减至三千,计损失六百(内有百余名受伤与病,现在东固疗养,实际损失二百)。"[3]可见途中队伍没有得到补充。

从罗福嶂转而北进后,两个重要事件使红四军的处境发生显著变化:一件是大柏地伏击战取得大捷,一件是到达东固同江西红二、四团会师。

大柏地是瑞金以北的山地。红四军绕开瑞金,在2月10日到达那里,正是农历除夕。那里的地形十分有利,有一条五千米

---

[1] 黎崇仁、谢甫鹏:《圳下战斗和罗福嶂会议》,《回忆中央苏区》,江西人民出版社,1981年版,第53页。

[2] 《陈毅传》编写组:《陈毅传》,当代中国出版社,1991年版,第91页。

[3] 中央档案馆编:《中共中央文件选集》第5册,中共中央党校出版社,1989年版,第684页。

长的山间狭道，两侧是山，树林茂密。红军在两侧山上设伏，以一支小部队诱敌。那时正下着细雨，因胜而骄的刘士毅部没有防备，直入口袋式的伏击圈。红军从两侧突然压下，至第二天中午将刘士毅部两个团大部歼灭，获人枪800余。这是红四军下山后的1个来月中取得的第一次大胜利，部队和枪支都得到不少补充，士气大振。粟裕回忆道："我们自大庾之战后，一直比较被动，一度还很吃紧，直到大柏地打了一个胜仗才夺得了主动。"[1]

红四军从大柏地继续向北，进占宁都，得到短暂休整和一些补给，再折向西北，到达东固地区。这个地区在吉安、吉水、永丰、兴国、泰和五县接壤处，周围群山陡峭，地形非常有利。它同井冈山之间隔着万安县。"广州暴动之后，万安暴动就爆发了。万安暴动是全县性，影响到遂川、泰和和赣西南各地，许多地方接着暴动。泰和县城就是万安暴动部队打下来的。""万安暴动失败以后，队伍大都打散了，一部分上了井冈山，一部分来到东固。"[2]这以前，原在外地的共产党员赖经邦、曾炳春、李文林等先后回到东固，在各村秘密发展组织，建立农民协会和武装组织，又争取在这一带活动的以段起凤为首的会党力量，并把段起凤发展入党，打击当地土豪势力，逐步形成江西独立第二团和第四团。江西省委在3月份给中共中央的报告中对赣西的形势写道："乡村方面尤其是红军里面因客观情况特别的好，工作进展也异常的快。红军独立第二团已有枪七百余支（传说已与朱毛合，

---

[1] 粟裕：《粟裕战争回忆录》，解放军出版社，1988年版，第84页。

[2] 《曾山回忆和论述东固赣西南革命根据地》，中共江西省委党史研究室等编：《东固·赣西南革命根据地史料选编》第1册，中央文献出版社，2007年版，第46、47页。

不知确否），最近又成立了独立第四团，有枪二百余支。"[1] 2月20日，红四军和江西独立第二团、第四团举行会师大会。东固地区的原有武装割据有一个特点：没有建立正式的政权机构和赤卫队，但反动势力已被驱逐，地方实际权力掌握在早已成立的农民协会手中。这在敌强我弱而敌军还未顾及到这几县边界山区的情况下，是一种切合实际的有效做法。

到达东固，同红二、四团会师，对一个多月来深受缺少当地党组织和民众直接支持之苦的红四军来说，得到了从容的休息和整顿。杨得志回忆道："对我们这些离开井冈山后一直在转战中的人来说，见到兄弟部队和热情的群众，有了可以停脚的地方，真像到了家一样。"[2] 伤员得到了安置和治疗，红二、四团和当地民众还支援了大批衣服、粮食，改善了红四军的给养，红四军也赠予红二、四团一批枪支和弹药（这两支部队后来发展成红六军）。这块地区，对红四军转战赣南、闽西做出了重要贡献。

那时，又得知国民党军李文彬部追来。毛泽东曾称李文彬部是"赣军最精锐部"。2月25日，红四军撤离东固向东转移，在3月4日攻占广昌；再沿赣闽边界南下，到达瑞金以东的壬田。这里和闽西的长汀只有一山之隔。国民党各省军阀之间矛盾和猜忌很深，这个省的军队如要进入另一个省，需得先经过两省高层之间的沟通，十分不便。因此，红四军翻过武夷山，便在3月11日顺利地进抵长汀境内。

---

[1]《中共江西省委给中央的报告》，中央档案馆、江西省档案馆编：《江西革命历史文件汇集》，1987年版，第69页。

[2] 杨得志：《杨得志回忆录》，解放军出版社，1993年版，第57页。

这是又一次扩大红四军武装割据地域的重大选择。

为了说明红四军为什么要选择进入闽西，先得谈一下闽西的地形和经济条件。闽西地区主要在福建西南部，西与赣南接壤，南与粤东毗邻。地势西北高而东南低，山脉纵横，河流交错，交通不便，偏僻闭塞，村落大部分散布在崇山峻岭中，当时居民约两百五十万人，基本上是分散的小农经济，还经营部分手工业。在地主豪绅和官府的残酷剥削压迫下，农民生活十分贫困，往往铤而走险，奋起反抗，有如干柴，一触即燃。

再看闽西的敌我双方力量对比状况。中国共产党在这个地区有着较好的活动基础。1926年12月，中共广东区委调汕头地委书记罗善培（即罗明）到闽南工作。"罗善培、罗秋天、李联星等往上杭、永定、龙岩、平和一带巡视，及登记各县支部。"[1]（1927年9、10月间，罗善培任闽南特委书记。）在特委推动下，郭滴人、邓子恢等在龙岩，张鼎丞等在永定，傅柏翠等在上杭，开展农民运动，组织农民武装，开展废除苛捐杂税和减租减息的斗争。张鼎丞、邓子恢写道："党利用当时的有利形势，立即在永定县溪南区建立起苏维埃政权和农民武装，领导各乡群众实行土地革命，依靠群众的智慧，创造了'以乡为单位，抽多补少，按人口平分'土地的政策和办法。"[2]闽南特委并曾同南下的南昌起义军取得联系。南昌起义军经过上杭时，罗善培带着上杭党组织干部去见周恩来。他回忆道："他（注：指周恩来）看到我们很高兴，

---

[1] 张鼎丞、邓子恢：《红旗不倒》，《闽西三年游击战争》，福建人民出版社，1960年版，第5页。
[2] 中央档案馆、福建省档案馆编：《福建革命历史文件汇集（省委文件）》1927—1928年（上），1983年版，第2页。

说从汀州到此第一次看到地方党组织前来联系。""周恩来同志要我们地方组织做好后勤工作：一、搞好交通运输；二、供应粮食；三、做好警卫和探听情报；四、收容和医治伤病员。我们完全接受了。"周恩来也同意留下四五十支枪和子弹，给地方党组织在闽西进行武装斗争。红四军入闽前几天，"（1929年）3月8日，朱积垒领导平和农民武装攻进（平和）县城，这是当时全省武装斗争的第一炮"[1]。（一说，1928年龙岩白土乡后田村农民在3月4日举行暴动，打响了福建工农武装起义的第一枪。）这时，罗明已改任中共福建省委书记，闽西特委由邓子恢担任书记。

　　福建的反动军事力量却十分薄弱。北伐前，这里主要由北洋军阀的福建军务督办周荫人部控制。他们拥兵六万多人，但和福建地方势力并没有密切关系，通常被称为"北兵"。北伐开始后，周荫人部溃散北撤；而原驻粤东的北伐军东路军何应钦部长驱直入，击破周荫人部后乘胜北上移师浙江，把投降北伐军的闽军曹万顺等部也带走。陈铭枢部第十一军一度入闽，不久就转往广东。留在福建的只有两支军队：一支是海军总司令杨树庄的四旅海军陆战队，只留在东部沿海的福州、厦门、泉州一带；另一支是号称"新编军"（民军）第一军的谭曙卿部，所辖部队除在闽南的张贞部稍有战斗力外，其他如郭凤鸣、陈国辉、卢兴邦等都是土著军阀，同当地土豪劣绅勾结，各霸一方，为非作歹，民怨沸腾，但互不统属，战斗力都很弱。

　　无论从敌我力量对比状况还是从地形和自然条件来看，乘蒋桂战争爆发、敌人无暇他顾的机会突然移师闽西、扩大武装割据

---

[1] 罗明：《罗明回忆录》，福建人民出版社，1991年版，第66、69页。

地域，都是完全正确的选择。

"从闽西来说，郭凤鸣的匪军有四个团，割据在长汀、宁化、连城、上杭和永定等县；陈国辉的三个团则占据龙岩、漳平和宁洋；而地方土匪钟少葵则霸占武平；此外还有一二百人或三四百人的团匪、刀匪多股。"[1]

红四军入闽，正当蒋桂战争爆发之时，南京政府根本无力顾及福建。对红军来说，首先要解决的是盘踞长汀的福建省防军第二混成旅郭凤鸣部。郭凤鸣是闽西土著军阀，所部是兵痞、土匪、吸鸦片者的混合体，在长汀的兵力只有两个团。他们先盘踞着长汀以南7.5公里的屏障长岭寨。红四军主力在3月14日晨向长岭寨发起总攻。郭部不堪一击，被消灭两千余人，被缴枪约五百支，郭凤鸣被击毙，只有留守长汀的残部在团长卢新铭带领下逃往上杭。当天下午，红四军进占长汀县城，城内郭部全部缴械，还夺得郭凤鸣的两座日本式小型兵工厂和缝制军装的工厂，缴获两千支步枪、几十挺机关枪和三门迫击炮。这是比大柏地大得多的一次军事胜利。

长汀原是汀州府的府治，在闽西是比较繁华富裕的城市，当地甚至把它称为"小上海"。粟裕回忆道："汀州在我们眼中，算是个大城市，人行道有走廊，下雨人们不用打伞。在那里打了土豪，筹了款，每人还发了一块银洋的零用钱。那时，部队补充了棉衣，大家穿上了新衣服，又有了零用钱，生活一下子改善了，

---

[1] 中共龙岩地委党史办公室编：《红四军入闽》，福建人民出版社，1958年版，第10页。

情绪十分高涨。红四军扩大到三千多人。"[1]部队的面貌发生显著变化。红四军帮助当地党组织成立县委，建成秘密的农民协会和工会，还正式选举产生长汀县革命委员会。在解放长汀的鼓舞下，上杭、永定、龙岩、平和等地农民也纷纷组织起来，开展武装斗争。整个闽西地区出现一派生气勃勃的新气象。

汀州战斗的胜利，使红四军前委眼界大大放宽了，对武装割据地域的选择下了新的决心，第一次明确地提出可以在赣南、闽西实行苏维埃政权割据。他们在长汀战斗结束刚六天就给中共中央写信道："前敌委员会决定四军、五军及江西红军第二、第四两团之行动，在国民党混战的初期，以赣南闽西二十余县为范围，从游击战术，从发动群众以至于公开苏维埃政权割据，由此割据区域以与湘赣边界之割据区域相连接。"报告把这个决策作为全局性的问题提请中央进一步考虑，写道："福建全省、浙江全省、赣东赣南两边，统治阶级的军力非常薄弱（在全国来比较），未知中央曾讨论以此三地方为目标，首先创造公开割据的计划否？"[2]这是一个富有战略眼光的全局性见解。

正在这个时候，南京政府同桂系之间的大规模战争正式爆发。这是国内政局的又一次转折变化。蒋介石将江西部队两个师集中到赣北的南昌、九江一带和赣西的吉安、赣州地区，向桂军逼近，赣南地区基本上没有国民党正规部队，这是红军在赣南发展的良好机会。红四军这时对赣南和闽西也有了初步的通盘考

---

[1] 粟裕：《粟裕战争回忆录》，解放军出版社，1988年版，第85页。
[2] 中共中央文献研究室、中国人民解放军军事科学院编：《毛泽东军事文集》第1卷，军事科学出版社、中央文献出版社，1993年版，第54页。

虑，于是便从长汀回师赣南，并准备视情况在赣南、闽西间活动。红四军前委在给中央的上述信中写道："惟闽西赣南区之由发动群众到公开割据，这一计划是决须确立，无论如何，不能放弃，因为这是前进的基础。"这是创建赣南、闽西革命根据地的富有远见的最初设计。

这段话不仅说明了为什么红四军在此时此刻要选择离开已占领的长汀重回赣南，而且把重回赣南后的行动方向，怎样做出选择以及做出这种选择应该根据什么原则，都交代得清清楚楚。红四军下一步的行动，正是根据这幅蓝图来实行的。

红四军在长汀共活动十七天，在4月1日离开长汀开回赣南。乘赣南国民党兵力十分空虚的良机，红四军采取比上次在赣南时大得多的动作，迅速分兵占领了瑞金、雩都（注：即今于都）、兴国等县城和临近各县广大地区，进行筹款和做打土豪分田地、建立党组织的工作，有的地方还建立公开的农会和游击队，在瑞金同从井冈山突围的红五军会师。4月12日，红四军、红五军和雩都民众近万人举行大会，宣布雩都县工农革命委员会成立，这是赣南第一个县级红色政权。以后，红军又到会昌、寻乌、安远等县的农村地区筹款和做地方工作。这样，红军便在赣南打开了一片与前此有明显不同的宏大的新局面，并且同闽西的武装割据和游击活动连通一气。

为什么在赣南已取得这样重大发展的情况下，红四军又掉过头来以主力第二次入闽呢？这也是客观形势变化所决定的。

4月底，蒋桂战争结束，站在蒋介石一边、统治江西的朱培德又集中三个旅向赣南推进，企图围歼红四军主力于赣南地区，而闽西这时又出现有利的新战机。时任红四军支队长的张宗逊回忆道:"到 5 月中旬,粤桂军阀又开始混战,闽西军阀陈国辉、张贞加入粤军讨桂阵营,其主力开赴潮汕作战,一时闽西空虚,龙岩只有陈国辉的留守部队。闽西特委将敌情变化通告红四军,要求红军再到闽西活动。红四军前委决定利用这个有利时机,避开赣敌的进攻,在 5 月 20 日第二次入闽,在长汀、武平和上杭等广大乡村地区筹款和做地方工作,消灭地主武装。这次入闽情况和上次情况不一样了,群众热烈欢迎红军,虽然福建的天气已经很炎热,但部队的情绪特别高涨。"[1]

红四军这次入闽同第一次相比确实有明显的不同:第一,红军主力上次入闽,只停留了十多天,这次却长达九个多月;第二,上次的重要活动在长汀,这次的活动范围几乎遍及闽西各地,影响也大得多。

毛泽东在红四军前委给中共中央的报告中写道:"闽西党有相当基础,群众也好,各县斗争日益发展,前途希望很大,张贞、陈国辉、卢新铭大部入粤,闽西闽南空虚……故此时在闽西一带游击,是最好的机会。"[2]

他们进入福建后,进攻方向首先是龙岩城。毛泽东这份报告说:"我军(第四军一、二纵队)由瑞金不攻汀州,取道直赴龙岩,5 月 24 日到达。龙岩城及其附近坎头市之陈国辉部两营,一特务连,一机关枪连,骤不及备,大部缴械。"[3] 这是一打龙岩,要的就是使对方"骤不及备"。

---

[1] 张宗逊:《张宗逊回忆录》,解放军出版社,1990 年版,第 72 页。
[2] 红四军前委书记毛泽东给中央的报告,1929 年 6 月 1 日。
[3] 同上。

龙岩是闽西另一政治、经济、文化中心，清末是龙岩州的州治。邓子恢写道："龙岩县位于闽西山僻地区，田少人多，粮食常年仅够自给，荒年要靠洋米进口。""因为龙岩地处漳、厦与汀州、赣南交通中枢，货物运转频繁，一般农民除耕田外，很多兼做搬运工人。"[1]盘踞龙岩的福建省防军第一混成旅旅长陈国辉本是打家劫舍的土匪，主力又在粤东地区参加军阀混战，龙岩防务空虚。共产党和农民运动在龙岩都有较好的基础，选择在这里发起进攻是完全正确的。

"三打龙岩城"，是红四军在龙岩地区进行的拉锯战。

第一次攻占龙岩县城后，"因永定有郭凤鸣部黄月波团，有迅速进攻击破之必要，5月26日进攻永定，黄团不战而退上杭"[2]。作战就在龙岩、永定、上杭地区展开。第三次攻打龙岩是6月19日。那时，陈国辉部主力已从粤东撤回，闽西地方革命武装此时已有相当发展。这是一场恶战，红军全歼陈旅主力两千多人，缴获步枪九百多支，还有冲锋枪、重机枪、迫击炮等，使红军实力比以前又有很大增强。在这段时间内，红四军在闽西民兵配合下连克永定、白砂、上杭旧县城等地（在白砂还消灭了卢新铭一个团），开展土地革命斗争，初步形成以龙岩、永定、上杭为中心，包括连城、长汀、武平等地在内的闽西苏区。邓子恢回忆道："从此闽西六个县农民便到处暴动响应，成立革命委员会，实行土地革命。此时，我兼任龙岩革命委员会主席。"[3]红四军

---

[1]邓子恢：《邓子恢自述》，人民出版社，2007年版，第49页。
[2]红四军前委书记毛泽东给中央的报告，1929年6月1日。
[3]邓子恢：《邓子恢自述》，人民出版社，2007年版，第11页。

入闽前，闽西各县的武装不过七百多支枪，红四军入闽后半年内激增到三千六百多支。红四军前委决定将闽西地方部队和部分赤卫队合编为红四军第四纵队，傅柏翠任纵队长（以后由红四军原二十九团团长胡少海接任），李任予任党代表兼政治主任，罗瑞卿任参谋长。

到1929年7月，闽西苏区初步建立。毛泽东对邓子恢说："闽西局面已经大定。"[1]

闽西局势的急遽变化，震动了国民党当局。6月间，蒋介石命令闽粤赣三省国民党军对红四军和闽西苏区进行"会剿"。7月下旬，"会剿"军开始行动。红四军前委认为难以在内线打破"会剿"，决定主力向闽中地区出击，在外线寻机歼敌。但这个选择并不适当。闽中地区敌强我弱，红军出战不利，又撤回闽西。国民党"会剿"军在闽西占领了一些城镇，却不敢贸然深入农村。红四军主力返回闽西后，收复龙岩，在9月21日攻克上杭，全歼守敌两千多人，缴枪一千余支，基本消灭了福建地方部队卢新铭部。接着，又攻克武平县城。这一系列胜利和国内形势的变化，迫使进行"会剿"的国民党军队撤走，打破了三省"会剿"。

中共福建省委给闽西特委和红四军前委的信，充分肯定闽西胜利的意义。信中写道："闽西苏维埃区域有较长期的保障和扩大。闽西的统治阶级郭凤鸣、陈国辉、卢新铭以及豪绅地主的武装先后被朱毛红军及闽西群众击破，乃至消灭。现在全国军阀混战爆发，江西、广东的军队不重向闽西革命区域进攻。福建张贞

---

[1] 邓子恢、张鼎丞：《闽西暴动与红十二军》，《闽西三年游击战争》，福建人民出版社，1960年版，第29页。

与刘和鼎如爆发战争，亦不能去进攻闽西。再者各地因受闽西斗争的影响与军阀战争的痛苦，都日渐革命化。在这样形势之下，闽西苏维埃区域有较长期的保障与扩大的可能。"[1]这些判断是基本正确的。

但是，胜利如被夸大，也会导致做出错误的选择。福建省委在10月6日所写的上述这封信中，传达了中共中央对红四军"斗争路线的前途"所做的错误指示："当此两广军阀混战爆发，广东的北江风云紧迫，东江防地较弱，同时东江丰顺、大埔、五华、兴宁、海陆丰……等地广大工农群众起来作剧烈的斗争时，省委同意中央对前委的指示，朱毛红军全部立开到东江去帮助东江广大群众的斗争。""开往东江并不是放弃闽西，反是要扩大我们的工作到东江，与闽西互相呼应，取得很好的联络，使闽西、东江联成一片。"[2]

这是臆测的优势。时任红四军第二纵队参谋长的郭化若回忆道："中共中央这一指示，是根据9月间广西军人俞作柏、李明瑞发起'两广事件'，以为两广军阀混战，广东空虚，有机可乘，并未深入了解和分析情况就作出的一个很不慎重的决定。"[3]事实上，粤东和闽西有明显的不同：国民党军队在东江驻有蒋光鼐部六个团，全力防守潮汕，战斗力很强；而红四军在闽西补充了不少俘虏兵，部队还来不及完成整编，东江当地游击队的力量还不

---

[1]《中共福建省委给闽西特委及前委的信》，中央档案馆、福建省档案馆编：《福建革命历史文件汇集》1929年（下），1985年版，第329页。

[2] 中央档案馆、福建省档案馆编：《福建革命历史文件汇集》1929年（下），1985年版，第330页。

[3] 郭化若：《郭化若回忆录》，军事科学出版社，1995年版，第21页。

强,双方实力有不小差距。红四军三个纵队在10月19日进入粤东,一度乘虚占领梅县,但在作战中也遭受不小损失,第一、三纵队在梅县战斗中伤亡两百多人,其他减员四百多人,第二纵队在上杭补充的六百名俘虏兵绝大部分逃跑。部队在粤东难以取得进展。两广战争结束,粤军蒋光鼐又率援军赶来。这时,陈毅从上海向中共中央汇报后归来,红四军内部一些争论问题需要解决。于是红军放弃原来准备进入东江地区的计划,经赣南的寻乌、安远地区北撤,在11月23日回到闽西长汀。

进军东江,"使闽西、东江联成一片",不符合当时的主客观条件,是一个错误的选择,教训是深刻的。

回师闽西后不久,12月下旬,红四军党的第九次代表大会就在上杭县古田召开。这次会议在中国共产党历史上有着极为重大的意义。对它,准备在后面再做叙述。

古田会议刚结束,由于红四军主力回到闽西,国民党当局便在1930年1月5日再度发动对红军的"会剿"。这时,赣西南地区的红军和游击队经过几个月的游击战争已经有了很大扩展,并且合编为红六军。据红六军在1月12日的报告称:"红军独立第二团是经过3年的斗争历史,为江西革命武装之基本,它本身有步枪700支。"以后,又有独立第三团、独立第四团、赣西工农游击第一大队、兴国游击大队、赣西工农游击第二大队、红军第三教导队,共有枪一千五百六十支左右,各地赤卫队也有枪三百支左右,已是一个不小的力量。[1]闽西的地方武装赤卫队也迅速

---

[1]《红军第六军的报告》,中共江西省委党史研究室编:《江西党史资料》第7辑,1988年版,第39、40页。

发展，具有相当实力。闽西特委在1月10日给省委的报告中写道："闽西武装共计有四千左右，就龙岩、上杭、永定、连城、长汀各县均已组织一部坚强队伍。作战能力经过这样长久的锻炼后，亦复不差。其中以龙岩四个大队为最好。"[1]这些赤卫队不久合编为红十二军。这种形势下，红四军主力乘赣军后方空虚，又迅速转入赣南。1—2月间，红四军连克广昌、宁都、雩都、乐安、永丰等县县城。（瑞金原由赣军李文彬旅主力驻守，3月间，该旅两团因内讧溃散。4月30日，瑞金县委领导全县暴动队一举夺取县城。[2]）

粗看起来，红军在这一年多时间内仿佛只是不停息地转战在江西、福建两省之间；事实上，他们所到之处都广泛播下革命种子，扎下根来，部队实力得到显著提升，红军和苏维埃运动的面貌也发生了深刻变化，相互间逐步打成一片。古田会议又为红军和苏维埃运动的发展指明了方向，一个更加宏大的新局面将要实现。

1930年2月6日至9日，红四军前委、赣西特委及红五、六军军委联席会议在江西省吉安的陂头召开，会议决定成立红四、五、六军共同前委，以毛泽东为书记，并吸收江西各区地方党的负责人参加，统一对江西、闽西地区红军作战和苏维埃运动的领导。联席会议预言"中国将继俄国苏维埃而出现"，规定"党的主要任务是：1.扩大苏维埃区域，特别提出夺取江西全省的口

---

[1]《中共闽西特委报告第五号》，中央档案馆、福建省档案馆编：《福建革命历史文件汇集（闽西）》1928—1936年，1984年版，第161页。

[2] 中共瑞金市委党史工作办公室编：《瑞金人民革命史》，中央文献出版社，1998年版，第34、37、38页。

号；2.深入土地革命；3.扩大工农武装"，提醒大家"实现这三个任务不是完全不费气力的，它是要从激烈的艰苦的斗争中方能取得，以前所没有的大的艰苦斗争将随革命形势的前进而到来"。联席会议提出："为指导在这斗争局面下的土地革命的深入、政权的建立和武装组织的扩大，有组织最高的领导机关的迫切需要，以前中央任命的指导四军及随四军所到之地的地方工作的前委，应该扩大其任务、变更其组织，担负这一伟大的使命。"[1]赣南、赣西两个特委合并，成立赣西南特委。

3月18日至25日，召开闽西第一次工农兵代表大会，选举产生闽西苏维埃政府，由邓子恢任主席。几乎同时，3月22日至29日，在吉安富田召开中共赣西南第一次党代表大会，选举产生中共赣西南代表大会，由刘士奇任特委书记。大会还决定成立赣西南苏维埃政府，由曾山任主席，以统一赣西南地区红色政权的领导。这以后，红四、六（后改为三军）、十二军合编为红一军团，和彭德怀率领的红三军团会合后组成第一方面军，全军近四万人。他们先是根据中共中央指示攻打长沙，以后回师江西，在10月3日攻下吉安，"打下吉安后，周围的泰和、安福、吉水等几个县城的靖卫团都逃了，我们一一加以占领，赣西南红区连成一片"[2]。这是赣南、闽西革命根据地大发展的时期。

赣南和闽西地域，经过异常艰苦而曲折的革命根据地斗争，终于打开了一个和以前大不相同并且连成一片的局面。这就为下

---

[1]《前委通告第一号》，中共江西省委党史研究室编：《江西党史资料》第7辑，1988年版，第61—63页。
[2]郭化若：《郭化若回忆录》，军事科学出版社，1995年版，第37页。

一步中央苏区的成立奠定了坚实的基础。可以说，当时规模最大、处于中心地位的中央革命根据地实际上已大体形成。有了这样大领域的革命根据地，才谈得上能实行诱敌深入、歼敌于革命根据地内的战略方针，才谈得上主要由游击战向运动战的转变。

一场成功的大革命的形成，不可能总是一帆风顺，总会经过长期的探索，经过成功和遭受挫折的曲折过程，才能一步一步发展和完善起来，在它的初始阶段尤其如此。中国共产党在大革命失败后领导武装斗争和创建革命根据地的初期阶段也是这样。在探索过程中，选择在什么地域创建根据地是一个十分重要的问题，直接关系到它是成功还是遭受挫折乃至失败。需要着重考虑的，有如前面所说：一是有利的敌我力量对比，二是有利的地形，三是能够支持斗争的经济条件。三者中又以正确估量敌我力量对比最为重要，而这种力量对比并非一成不变，有时甚至有剧烈的变化。这种变化，有时是局部的，有时是全局的。由于红军身处偏僻山区，缺少通信手段，消息有时知道得早，有时知道得迟，做出的选择必须及时地根据实际情况做出相应的调整。如果判断得正确，通常就能取得胜利；判断错了，做出错误的选择，就会遭受挫折乃至招致失败。这远不是后人今天想象和议论时那么容易。创建赣南、闽西革命根据地的过程，便是有力的例证。

军事工作和民众运动

中国共产党早期创建革命根据地依靠什么力量？一是军队，二是民众运动。这两者的关系，十分重要，也相当复杂。从创建赣南、闽西革命根据地的实践来看，革命军队是骨干，民众运动是基础。

为什么军队能起骨干作用？它有几个重要特点：第一，一般来说军队在社会上是最有组织的力量。俗话说："军人以服从为天职。"军队有比较严格的纪律约束，行动比较一致。士兵和下级军官大多没有家室之累，这方面的顾虑和牵扯比较少。第二，组成一支军队，必须有相当的武器装备，经受过不同程度的军事训练或具有实际的作战经验，这自然是临时集合起来、只有大刀梭镖、不知如何作战的民众难以相比的。第三，旧军队有着比较固定的饷粮给养，有着比较便利的交通运输条件。

革命军队还有旧军队难以比拟的优势：第一，有着崇高理想或政治觉悟，因而能逐步养成自觉的牺牲精神和铁的纪律，这是旧军队无法做到的。第二，从一开始就极其重视军民关系，把它称为"鱼水关系"。红军在井冈山时就提出"三大纪律，八项注意"，要求部队严格执行，因此被民众看作自己的"子弟兵"。第三，在军队内部实行严格的民主制度。毛泽东在《井冈山的斗争》中写道："红军的物质生活如此菲薄，战斗如此频繁，仍能维持不敝，除党的作用外，就是靠实行军队内的民主主义。官长不打士兵，官兵待遇平等，士兵有开会说话的自由，废除烦琐的礼节，经济公开。""新来的俘虏兵，他们感觉国民党军队和我们军队是两个世界。他们虽然感觉红军的物质生活不如白军，但是精神得到了解放。同样一个兵，昨天在敌军不勇敢，今天在红军很勇敢，就是民主主义的影响。"[1]

---

[1] 中共中央文献编辑委员会编：《毛泽东选集》第1卷，人民出版社，1991年版，第65页。

从创建赣南、闽西革命根据地的过程中可以清楚地看到：红四军和其他革命军队所到之处，除了战胜敌军以外，都起了"宣言书""宣传队""播种机"的作用，推动当地的民众运动蓬勃兴起，使革命根据地逐步扩大，使这些地区的革命斗争能够长期坚持下去，并且不断打开新的局面。如果没有以红四军为主力的革命军队作为骨干，这一切都是无法想象的。

为什么说民众运动是基础？

人民群众是推动历史前进的决定性力量。军队的基础是士兵，革命军人是人民的子弟兵。只有把民众充分动员起来和组织起来，革命军队才有无穷无尽的来源和力量。只有得到广大民众的真诚关怀和支持，革命军队行动和作战所需的种种条件才能得到可靠的保障。红四军在从井冈山下来后的最初一段时间转战在党组织和民众运动基础薄弱的地区，情报不灵，情况不明，部队得不到休息和补充，连伤病员也难以安置，曾陷于十分困难的境地。一旦这种情况得到改变，就如鱼得水，表现出生龙活虎的生气和活力，以后还发展到建立更广泛的统一战线。毛泽东在多年以后还感慨地说："国家不分大小，只要充分动员人民，坚决依靠人民，进行人民战争，任何强大的敌人都是可以打败的。"[1]

这两个方面，哪一个都不能缺少。中国共产党在如何平衡两个方面的问题上也有过经验和教训。

大革命时期，中国共产党还很年轻，缺乏政治经验，把主要力量放在发动和领导轰轰烈烈的民众运动上，忽视了对军队和政权的掌握。一旦昔日的盟友突然翻过脸来，利用手中掌握的军队

---

[1]《人民日报》1967年12月19日。

和政权，对民众进行血腥屠杀，大革命便失败了，革命陷于低潮。这是用鲜血写下的沉痛的悲剧。

毛泽东在 1927 年的八七会议上态度鲜明地指出："从前我们骂中山专做军事运动，我们则恰恰相反，不做军事运动专做民众运动。蒋唐都是拿枪杆起的，我们独不管。现在虽已注意，但仍无坚决的概念。比如秋收暴动非军事不可，此次会议应重视此问题。湖南这次失败，可说完全由于书生主观的错误。以后要非常注意军事，须知政权是由枪杆子中取得的。"[1]

1928 年 7 月 3 日，周恩来在中共六大的军事报告中也谈了"过去军事工作的主要错误"。他说："我们还有一个根本的固定的军事工作方针，就是为了联合战线，不能破坏国民革命军而要帮助国民党巩固国民革命军，这完全由于失掉了无产阶级的独立性和不明白革命转变的前途而得出这样不通的结论。这种巩固国民革命军的工作方针，就是根本取消了我们自己独立的军事工作的意义。"他还说过："我们最大的工作影响是在叶挺的队伍中，如七十三团与二十四师影响尤为广大，我们可以说如果没有这种基础，在南昌暴动我们是不能干的。"[2]

南昌暴动是在中国共产党领导下向国民党反动派打响的第一枪。中国共产党领导下的人民军队，便是在这次起义中诞生。八七会议确定了进行土地革命和武装反抗国民党反动派的总方针。这是党在指导思想上实现的根本性的转变。

---

[1] 中共中央党史资料征集委员会、中央档案馆编：《八七会议》，中共党史资料出版社，1986 年版，第 58 页。
[2] 周恩来在中共六大上的军事报告，1928 年 7 月 3 日。

实现这样一个根本性的转变，自然不是轻易的，不是一步就能完成的。在这以后一段时间内，无论中共中央还是省委的文件中，还出现过一个错误观念：反对所谓"军事投机"或"军事冒险"。它的具体含义是：应该到处组织工人、农民起来武装暴动，不应该重视党领导的正式军队的作用，否则就要被称为"军事投机"或"军事冒险"。

中共中央在1927年8月23日复湖南省委函中写道："从你们的书面报告及□□的口头报告，可见对于长沙附近各重要县份农民暴动的准备非常薄弱，而要靠外面军事力量夺取长沙。这样偏重于军力，好像不相信群众的革命力量，其结果亦只是一种军事冒险。"[1]

这年11月9日《湖南省委游击战争计划》写道："反对新军阀战争之唯一的有效方法，就是打倒新军阀、夺取政权的暴动。但这个暴动又必须要从工农贫民之种种的经济斗争、群众运动着手，而后才不会流于军事冒险、军事投机的错误。因为只有这样，才能造得出有广大群众参加之伟大的、普遍的武装斗争，成功一个工农自己夺取政权的阶级行为。"[2]

江西省委在12月4日给赣西特委的信中，对万安暴动批评的第一条，就是"忽视群众力量而偏重于军事的投机"[3]。

---

[1] 中央档案馆编：《中共中央文件选集》第3册，中共中央党校出版社，1989年版，第350页。

[2] 《中共湖南省委游击战争计划》，中央档案馆、湖南省档案馆编：《湖南革命历史文件汇集（1927年）》，1984年版，第282页。

[3] 《中共江西省委致赣西特委信》，中央档案馆、江西省档案馆编：《江西革命历史文件汇集（1927—1928年）》，1986年版，第111页。

他们一再严厉批评"军事投机"和"军事冒险",其实就是把目光集中在各地分散的、多少带有自发性的农民暴动上,而蔑视党领导下的正式军队的作用和建设。对农民暴动自然应该十分重视并且积极加以领导,党领导下的正式军队,不少就是由他们逐步生长成的。但面对武装到牙齿、有军事经验而且数量庞大的国民党正规军的残酷镇压,如果没有相当数量的党领导的正规军作为骨干,只靠分散的没有经过军事训练的农民进行暴动是难以持久的,更不容易取得大的成功。

周恩来在中共六大的军事报告中批评了这种错误倾向。他说:"自南昌事件、八七会议以后,军队中的工作的缺点仍未消灭。从广东暴动之后还有很少一部分的好的保存着,可是仍旧没有正确的观念——如何做兵士运动,如何去改变军队。而新的名词——军事投机却乱用起来,抹杀一切军事工作,反对一切军事准备、军事技术的训练,都目之为军事投机。由那一极端直趋到这一极端,事实上将取消军事工作。这种错误观念继续到现在还有保存者。半年以来的军事:□因为有军事投机这个名词,于是对于军事就不注意了。"[1]

事实上,从井冈山时期说起,就可以看到党所领导的正式军队以及对它的不断改造和进步,对革命根据地发展所起到的骨干作用。当时在毛泽东率领上井冈山的湘赣秋收起义余部的罗荣桓回忆道:"原武昌国民政府警卫团是这支部队的骨干,其余的就是平江、浏阳的农民义勇军,萍乡的工人自卫队,通城、崇阳的

---

[1]周恩来在中共六大上的军事报告,1928年7月3日。

农民自卫军,以及醴陵的起义农民。"[1]警卫团,正式番号是国民革命军第四集团军第二方面军总指挥部警卫团。何长工回忆道:"警卫团实际上是第二次北伐回来后,叶挺独立团一个营为基础扩编的,是张发奎第二方面军的警卫团,也是国民政府警卫团,大约有三千多人。这是我党当时掌握的一支较大的革命武装。由于这支部队受到大革命影响较深,再加上党有意识地把骨干力量不断输送进来,因此,它更倾向革命。"[2]警卫团的团长是共产党员、黄埔二期生卢德铭。团内有不少共产党员,军事指挥员大部分是黄埔军校毕业生。何长工、张宗逊、杨立三、谭希林和井冈山红军早期重要领导人伍中豪、何挺颖、张子清、宛希先、熊寿祺等都在这个团内。罗荣桓、谭政等不久也进入这队伍中。他们原先是奉命参加南昌起义的,但途中遇到阻碍,到达时起义军已离南昌南下,无法赶上。于是,便参加了湘赣边界秋收起义,并且同共产党员余贲民接收当地民团武装组建的平江农军以及与中共浏阳县委书记潘心源领导的浏阳农军会合,随毛泽东从文家市南下,上了井冈山。

井冈山原有袁文才、王佐两支绿林式的"劫富济贫"的农民武装,各有一百五六十人,六十支枪。袁文才在大革命时期参加共产党,担任过宁冈县农民自卫军总指挥。王佐和袁文才是把兄弟,受革命影响后把所部改为遂川县农民自卫军,后来也入了党。他们是当地人,在这一带有着不小的影响。正是在他们的欢迎和支持下,湘赣边界秋收起义部队才在井冈山站住了脚。毛泽

---

[1]罗荣桓:《罗荣桓军事文选》,解放军出版社,1997年版,第560页。
[2]何长工:《何长工回忆录》,解放军出版社,1987年版,第71页。

东当时曾对张宗逊说:"中国革命离不开农民,武装斗争一定要和农民运动相结合,把农民武装起义。中国有广大的农村、众多的农民,只要把他们动员起来,中国革命一定会取得胜利。"[1]

井冈山斗争初期的事实就已清楚地表明:警卫团这样的由中国共产党领导的军队,有如罗荣桓所说"是这支部队的骨干",如果没有这个力量,谈不上能在如此极端险恶的环境中开创出一个新天地来;中国民众的大多数是贫苦的农民,这是成就一切事业的基础,如果没有深入而有力的群众工作,如果不能得到民众的衷心支持,任何斗争都不能持久,更谈不上一步一步走向胜利。这两个方面是相辅相成的,哪一方面都不能忽视。

朱毛会师是井冈山斗争发展进程中的又一件大事。

这次会师正发生在国民党当局集中湘赣两省军队主力向井冈山发动规模远较以往凶猛的进攻时。毛泽东在1928年4月29日为湘赣边特委给中共中央的信中写道:"此间争斗已到很剧烈很阔大的时候了。敌人以十团之众(杨如轩四团、吴尚六团)向我们进攻,地主的挨户团当然在外。茶酃两县的广大的农民群众业已被压下。白色清乡把我们党的组织压得粉碎。""第八军(注:湘军吴尚部)最近与我作战四次,一败三胜,但敌人顽强抵抗,已占领之茶攸只得完全退出,湘南已无寸土。"

朱德、陈毅率领的南昌起义余部,主体是北伐战争中屡建赫赫战功、具有强大战斗力、被称为"铁军"的叶挺独立团。上山时还带来湘南起义时的大批暴动农民,包括萧克等一批干部。红四军就是朱毛会师后建成的。他们的到来大大改善了井冈山斗争

---

[1] 张宗逊:《张宗逊回忆录》,解放军出版社,1990年版,第40页。

的格局。担任过井冈山根据地第一个县级政权——茶陵县工农兵政府主席的谭震林回忆说:"朱德、毛泽东井冈山会师,部队大了,我们才有力量打下永新。当然,在这之前打了茶陵、遂川,也占领了宁冈县城。那时不敢走远,因为国民党来上两个团我们就打不赢。可是朱毛会师后力量就大了。"[1]这就开创了毛泽东所说"边界全盛时期"。

到井冈山斗争后期,毛泽东对必须有相当力量的正式红军的存在和必须极其重视群众工作两者的关系,已经有了相当完整的认识,防止从一种片面性走向另一种片面性。边界的斗争完全是军事的斗争,所谓割据必须是武装的。他说:"相当力量的正式红军的存在,是红色政权存在的必要条件。若只有地方性质的赤卫队而没有正式的红军,则只能对付挨户团,而不能对付正式的白色军队。所以虽有很好的工农群众,若没有相当力量的正式武装,便决然不能造成割据局面,更不能造成长期的和日益发展的割据局面。"[2]但是红军绝不是单纯地打仗,还要担负起做好群众工作的任务。毛泽东从两打茶陵的教训中提出这个问题。谭家述在《回忆茶陵游击队》中回忆道:"会上,毛泽东同志还作了重要讲话,要我们依靠群众,发动群众,做群众工作,不能单纯地打仗,提出了政治建军的'三大任务'(打仗消灭敌人;打土豪筹款子;宣传群众,组织群众,武装群众,帮助群众建立革命政

---

[1]《谭震林同志的谈话》,全国党史资料征集工作会议秘书处、纪念中国共产党六十周年学术讨论会秘书处编:《党史会议报告集》,中共中央党校出版社,1982年版,第24页。

[2] 中共中央文献编辑委员会编:《毛泽东选集》第1卷,人民出版社,1991年版,第50页。

权)。"[1]这是建军原则的重大创新,是中国共产党领导的人民军队同旧式军队的根本区别。它的提出有深远的意义。

对既要极其重视军事工作、应对敌人,又要毫不放松群众工作、充分发动并依靠群众这个根本问题,毛泽东一直保持着清醒的头脑,抓得很紧很紧,并且不断地总结并丰富这方面的经验。在下井冈山后不久,转战赣南、闽西时,他在红四军前委给中央的信中写下了一段十分精辟也十分有名的话:

> 我们三年来从斗争中所得的战术,真是与古今中外的战术都不同。用我们的战术,群众斗争的发展是一天天扩大的,任何强大的敌人是奈何我们不得的。我们的战术就是游击的战术。大要说来是:"分散以发动群众,集中以应付敌人。""敌进我退、敌驻我扰、敌疲我打、敌退我追。""固定区域的割据,用波浪式的推进政策。""强敌跟追,用盘旋式的打圈子政策。""很短的时间,很好的方法,发动很大的群众。"这种战术正如打网,要随时打开,又要随时收拢,打开以争取群众,收拢以应付敌人。三年来都用这种战术。[2]

军队组织上,又有主力部队、地方武装和赤卫队的不同层次:主力部队基本上脱离生产,战斗力和机动性强,可以在较大

---

[1] 谭家述:《回忆茶陵游击队》,《井冈山革命根据地》(下),中共党史资料出版社,1987年版,第169页。

[2] 中共中央文献研究室、中国人民解放军军事科学院编:《毛泽东军事文集》第1卷,军事科学出版社、中央文献出版社,1993年版,第61页。

范围的地域作战，是军事骨干中的骨干；地方武装有不少的武器装备，有相当战斗力，但一般在家乡附近的区域内活动；赤卫队一般不脱离生产，拥有比较落后、简陋的武器，但同当地群众有密不可分的联系，在反抗和牵制敌军方面常起着不可忽视的作用。这种相互配合和补充的机构，是人民军队的重要特点。这种格局，在井冈山斗争时期已经初步形成。

转战赣南和闽西期间，红四军所起的主导和骨干作用自然极为明显。这两个地区又都有着较强的党组织和地方武装。赣南的地方武装有东固由李文林、段起凤等领导的红二团和红四团。闽西的龙岩、上杭、永定等地也有在暴动中形成的具有相当战斗力的地方武装，后来转成闽西暴动委员会，总指挥为福建省委特派员王海萍，副总指挥为张鼎丞、邓子恢、傅柏翠，后编为一个师，下辖三个团。

红四军也好，赣南、闽西的地方武装也好，都十分重视发动群众、组织群众的工作。红四军第一次从闽西返回赣南后，给中共中央的报告写道："我们5月1日（注：4月1日的笔误）退出汀州到瑞金，在瑞金、雩都、赣州（东乡）、宁都、兴国五县作消灭反动武装以发动群众、组织群众的工作，共为45天。""每到一县，每到一地，把队伍分散往各乡，往一乡的队伍再分小支。这样集中分散的，容易于争取群众、对付敌人之计，兼发展不偏于一边，与中央指示的分开游击、统一指挥相合。"[1] 宋任穷写道："据资料统计，当年赣南苏区总人口只有240万人，而参加红军的就有33万人，参加赤卫队、洗衣队等支前作战的约60

---

[1] 红四军前委书记毛泽东给中共中央的报告，1929年6月1日。

万人。中央红军长征出发时有 87000 人，其中赣南籍红军就有五六万人，赣南为革命牺牲的烈士有 108200 余人。"[1]

这样将红军深深地扎根于当地民众中，是他们从井冈山斗争以来一贯的行动方针，既使部队能代表群众的利益和要求，同群众结成像一家人那样的密切关系，又使部队像滚雪球那样有着源源不断的补充源泉。为什么红军面对国民党军队的反复"会剿"，不但能生存下来，而且能不断发展壮大？重要奥秘就在这里。

红军中主力部队、地方武装和赤卫队之间的结构不是一成不变的。随着部队的扩大，在实际战斗锻炼中常常可以看到由地方武装发展成主力部队，由赤卫队、游击队发展成地方武装的事实。赣南地方武装在 1929 年 10 月只有一千九百六十人，枪八百四十支，后来除原已组成的红六军外，又组建了红二十二军和红三十五军。闽西的地方武装，最初已编为红四军第四纵队。红四军西入赣南后，由中共闽西特委领导，建立长汀、龙岩、上杭、永定、连城五县苏维埃政府指挥的赤卫团（独立团），每团三百人至六百人，武器一般是步枪，有相当的战斗力，能在一个县的范围内单独作战；还有脱离生产的游击队，人数从十多人到几十人不等，除土枪土炮外也有一些步枪和手枪。1930 年 5 月，闽西红军正式编为红十二军，共三千多人。

邓子恢、张鼎丞在《闽西暴动与红十二军》中写道："创造主力红军，是建立、巩固和发展革命根据地的一个重要问题。各区、各县的革命武装，都必须有它的中心力量，如果先是一些群众性的自卫武装，由于缺乏严密的组织和必要的训练，临

---

[1] 宋任穷：《赣南人民革命史》，中央党史出版社，1998 年版，第 1 页。

时性大，易聚易散，不易形成战斗力。而这些中心力量，又必须从群众性的武装组织中抽调编成。我军的多数成分是农民。农民的生产方式，决定了他们在思想上有落后的一面。他们勇于拿起武器来保卫自己的土地。可是一旦要他们离开自己的家乡，去为千百万人的土地而战，暂时就想不通了。这就需要有一个提高觉悟的过程。地方武装逐步升级，正是适应创造主力红军的要求而又照顾到群众觉悟的最好办法。"[1]

毛泽东在井冈山斗争时期写出了《中国的红色政权为什么能够存在？》。一年三个月后，在转战闽西、赣南过程中又写出了《星星之火，可以燎原》。"农村包围城市，武装夺取政权"这个中国民主革命进程中最重要的指导思想，就是这样一步一步形成的。它既是思想上的不断发展和深化，也是赣南、闽西和其他根据地革命实践发展中积累的丰富经验在人们头脑中的反应和结晶。

建立政权，巩固并发展革命根据地

看起来有点奇怪：红四军下井冈山后转战赣南、闽西，看起来似乎飘忽不定，流动的范围相当广，在一些重要地域停留的时间也不长，而在日后（特别是古田会议决议中）又以很大的力量来反对流寇思想，把它作为党和红军必须坚持的重要原则，实践也证明这确实是一条极为重要的指导原则。这两者之间是不是存

---

[1] 邓子恢、张鼎丞：《闽西暴动与红十二军》，《闽西三年游击战争》，福建人民出版社，1960年版，第35页。

在相互矛盾的地方?

正确认识此问题的根本原则,是必须坚持一切从实际出发,对具体问题进行具体分析。

当敌我力量悬殊、党和红军在当地民众中还没有扎下根来、地形和经济等条件不利的情况下,绝不能盲目地在某个地域死守死拼,否则等来的只能是失败,这是许多沉痛教训证明了的。

反对流寇思想并不等于反对在任何条件下的流动作战。红军当时正开始从游击战向运动战过渡。游击战有一个"游"字,运动战有一个"动"字,都不是笼统地反对流动作战。在敌强我弱,特别是敌我力量悬殊的情况下,流动作战常常是必要的。细读毛泽东反对流寇主义思想的论述,不难发现它不是一般地反对流动作战,而是要求红军在作战的同时,必须时刻不忘做艰苦的群众工作,使自己能深深扎根在当地民众中,深入了解他们最迫切的愿望和要求,使民众真正认识到红军是代表他们利益的,也认识到他们自己的力量,在此基础上,把他们组织起来,在条件许可的地方建立起人民政权,发展红军,创建或扩大革命根据地。这是红军在极端艰险的环境下能够生存并从小到大地发展的力量源泉,也是"星星之火,可以燎原"的依据。红四军在刚下井冈山那一段日子里,脱离了根据地,得不到当地民众的全力支持,处处遇到原来难以想象的困难,当强敌尾追时多次陷入险境。从这样的比较中,可以清楚地看到有一块巩固的根据地作为依托同没有这样一块根据地作为依托,处境有多么大的不同。

在条件许可时把人民群众自己的政权建立起来,对创建巩固的革命根据地极为重要,是根据地和游击区的根本区别所在。它的作用和意义在于:第一,可以由人民当家做主人,名正言顺地按照人民的意志发号施令，制定各种法规和条例，推行社会、经济、政治、文化等各方面的改革，特别是土地制度的改革。第二，可以通过政权，征收赋税，招募并扩大红军，使红军在财源、粮源、兵源等方面得到可靠的保障。第三，可以推动建立并支持各种民众团体，包括农民协会、工会、妇女团体、青年团体等，把群众充分发动起来，团结一切可以团结的力量，调动各方面的积极因素，形成一片热气腾腾的新气象。第四，逐步担负起民政、工商、财政、交通运输、教育、医疗卫生等管理工作。

徐向前在《历史的回顾》中，曾讲到军队一旦离开根据地而得不到政权支撑时面对的严重困难："我们刚去，感触最深的是吃饭问题。'叫花子要饭'，部队走到哪里，要到哪里。吃了上顿没下顿。因为自己没有政权，不能顺利地筹粮筹款，几万部队的穿衣、吃饭、医药、装备等，很难解决。发动群众也不好办，部队在的时候，把群众发动起来，可是一走，群众就散了。像行云流水一样，扎不下根基。"[1]他所说的状况，有相当的普遍性。

共产党领导的人民政权和旧政府有根本的不同。对政权的认识，也有一个过程。

井冈山斗争时建立的第一个县级人民政权在湖南茶陵，这是在实践探索中形成的。"1927年11月，工农革命军第二次打下茶陵县城。""随后成立了县人民委员会，由部队派了一个县长。这个县政府虽然称为人民委员会，但是仍沿袭旧政府的一套办事制度，旧政府的官吏仍然在县衙门进进出出，工农群众十分不满。毛泽东知道了此事，立即来信指出，由部队派县长是不对的，不

---

[1] 徐向前：《历史的回顾》（下），解放军出版社，1984年版，第641、642页。

能按国民党的那一套办。要召开工农兵代表大会，建立真正代表工农兵利益的工农兵政府。"[1]这样，工农兵各组织都选举出自己的代表，代表们推选茶陵县总工会主席谭震林为茶陵县工农兵政府主席。12月下旬国民党湘军吴尚部重占茶陵，这个政权存在了一个月左右。

对政权问题，毛泽东十分重视。在《井冈山的斗争》中，他专列一节谈这个问题。但当时还处在土地革命早期，这方面的经验还不多，因此他在报告中着重讲了政权工作中存在的问题："县、区、乡各级民众政权是普遍地组织了，但是名不副实。"[2]他指出的问题主要有：缺乏对代表会这个新的政治制度的宣传和教育；遇事贪图便利，不喜欢麻烦的民主制度；初期的政府委员会中，特别是乡政府一级，小地主、富农用骗术钻入了政府委员会，把持一切；许多事情为图省便，党在那里就直接做了，把政权机关搁置一边。这时只是对新的人民政权有了初步的设计。

红四军下井冈山、转战赣南时，由于当时危迫的处境，在先后占领的县城都没有来得及建立政权组织。首次入闽占领长汀后，召开全县工农兵代表会议，选举产生长汀县革命委员会，下设军事、宣传、财政等部，布告废除一切厘捐，没收地主豪绅的土地及财产，坚决肃清反革命分子。这是红四军下山后帮助地方建立的第一个红色政权。但红四军在长汀停留的时间短促，闽西特委书记邓子恢从上杭赶往长汀时红四军已离长汀西

---

[1] 江华：《忆井冈山老战友谭震林》，《回忆谭震林》，浙江人民出版社，1992年版，第9页。

[2] 中共中央文献编辑委员会编：《毛泽东选集》第1卷，人民出版社，1991年版，第71页。

去赣南。因此，长汀革命委员会来不及开展多少活动。尽管如此，在长汀召开的红四军前委扩大会议做出的以赣南、闽西二十余县为范围实行"公开苏维埃政权割据"的行动方针，使这片地域以至以后中央革命根据地的形成有了明确而具体的奋斗目标。

红四军返回赣南后，1929年4月1日在瑞金同彭德怀率领下从井冈山突围西进的红五军会合，并在这一带开展群众工作。4、5月间，红四军主力来到雩都、兴国、宁都，帮助建立起这三个县和一些区、乡的革命委员会。红四军前委在给中共中央的报告中写道："赣南党与群众的基础，以雩都、兴国及赣州东乡比较好。""省委对他们的指挥很稀少。雩都、兴国、宁都三县都有了政权机构（工农兵革命委员会）。"[1]保存下来的《革命委员会组织纲要》中对它们的性质明确规定："革命委员会是工农兵代表会议——苏维埃政府没有产生以前工农兵的政权指挥机关，一切行动都要根据工农兵和贫民的利益来决定的，同时对于小资产阶级和商人利益不加妨碍。"[2]赣南的红色政权建设已粗具规模。

因为不久前在长汀召开的红四军前委扩大会议已经明确要在赣南、闽西实行"公开苏维埃政权割据"，这个地区"党与群众的基础"又较好，这三个县的革命委员会的成立，一开始就和井冈山时期以至长汀革命委员会成立时不同，提出了明确的政纲。当时在兴国的陈奇涵回忆道："毛泽东同志来到兴国城，召开了

---

[1]《革命委员会组织纲要》，中共江西省委党史研究室等编：《中央革命根据地历史资料文库：政权系统》第6册，中央文献出版社、江西人民出版社，2013年版，第1页。

[2]红四军前委给中央的报告，1926年6月1日。

干部会议，传达了中国共产党第六次代表大会的决议，并且鼓励大家：共产党员要成为无产阶级革命的参谋部，每个共产党员对争取群众的观念，要如和尚念'阿弥陀佛'一样深刻，随时都要叨念'争取群众'。毛泽东同志亲自指导成立了兴国县革命委员会，并制订了县革命委员会的政纲：一、推翻国民党统治，成立区、乡工农兵代表会议（苏维埃）。二、没收豪绅地主土地、山林，并分配给无地少地的农民耕种，毁烧田契借约。三、取消国民党的一切苛捐杂税，实行统一的累进税。四、建立地方武装——游击队和赤卫队。五、开展游击战争，打倒贪官污吏，肃清封建势力，保卫县、区、乡的革命政权。"毛泽东同志还制订了《兴国土地法》，主办土地革命干部训练班。"[1]

《兴国土地法》规定："没收一切公共土地及地主阶级的土地归兴国工农兵代表会议政府所有，分给无田地及少田地的农民耕种使用。"[2]这比《井冈山土地法》规定的没收一切土地归苏维埃政府所有，是一个富有创造的进步。

前面说过，这年5月间蒋桂战争将要结束，而粤桂军阀混战又起，闽西龙岩驻军陈国辉部主力开往粤东作战，红四军前委接到闽西临时特委书记邓子恢的来信后，立刻率师二度入闽。

红军这次入闽，同上次相比，闽西的革命力量已有很大发展，当地民众对红四军的了解比上次清楚多了，在闽西已可能创建出成片的武装割据的革命根据地。在当地党组织密切配合下，

---

[1] 陈奇涵：《赣南党的历史》，《回忆中央苏区》，江西人民出版社，1981年版，第10、11页。

[2]《兴国土地法》，江西省档案馆、中共江西省委党校编：《中央革命根据地史料选编》（下），江西人民出版社，1982年版，第364页。

红四军首次攻克龙岩后又在5月25日一举攻克永定县城,建立了永定县革命委员会,由张鼎丞任主席;6月3日,再克龙岩,成立龙岩县革命委员会,由邓子恢任主席。"部队进行大规模的近距离分兵,广泛发动群众,建立地方武装,开展了分田运动,并很快将长汀、上杭、永定、龙岩、连城等县的红色区域连成一片。"[1]赣南、闽西革命根据地的布局已大体形成。

不仅如此。红四军第一次入闽,在长汀只停留十七天就转移了。重入赣南后,尽管规模和工作格局比以前大得多,但主力在这里的活动只有四十多天,一切都显得匆忙。而第二次入闽,红四军主力在这里活动了七个多月,这是下井冈山后活动时间最长的。还有一点很值得注意:这年6月下旬红四军第七次代表大会后,毛泽东没有继续担任前委书记,而以红四军前委特派员的身份,集中力量指导闽西的地方工作。中国共产党在闽西的群众工作和政权建设出现了许多新的创造和进展。

7月8日,毛泽东和蔡协民、江华、曾志等受前委委托,从龙岩到上杭蛟洋指导中共闽西第一次代表大会的召开。大会原定是11日开幕,"后因前委出席大会代表毛泽东同志指出,从事各种调查(土地、政治、党务、武装群众与政治组织、物价、洋货侵入与农业破产等),费去一礼拜之久,至7月20日,大会才开幕"[2]。

大会从7月20日开到29日。会议通过的《苏维埃政权决议

---

[1] 曾志:《一个革命的幸存者》,广东人民出版社,1999年版,第97页。
[2] 《闽西代表会议情形》,中央档案馆、福建省档案馆编:《福建革命历史文件汇集(闽西特委文件)》,1984年版,第90页。

案》，是一篇新型的代表群众利益的工农兵政权的宣言书。它初步总结了以往政权建设实践中的经验教训，旗帜鲜明地指出："苏维埃不是群众大会，不是少数委员会，而是代表会议。苏维埃是新的国家政权形式，是被压迫工农群众自己管理政事，镇压旧的统治政权组织。因此要吸引广大群众参加管理政事，与群众发生密切的联系。它不是群众大会，更不是几个领袖包办的委员会，而是由各项职业工人与各界农民群众之间、红军营里直接选出来的代表会议。这个代表会议，它由群众选举的，因民意而撤换，已没有群众大会吵、不好讨论的毛病，又没有少数委员会包办的流弊。群众的意见可以马上提到政府里来，政府的行动也马上可以传到群众中去。这样可以真正代表群众的利益，同时可以引进广大群众参加政治，以造出无产阶级的政治人才。这是苏维埃政权的意义。"

这个《决议案》规定：革命委员会的任务：（1）发动群众斗争；（2）扩大工农会组织；（3）收缴反动武装，组织赤卫队；（4）肃清反动势力；（5）没收反动派财产分与贫民；（6）没收地主阶级土地分给贫民；（7）建立工农兵代表会政权；（8）宣布取消苛捐杂税。上列各项工作须尽可能召集群众大会，经过宣传取得群众基础，并用革（委）会名义明白宣布！[1]

由于大会前进行了一个星期的调查研究，这次大会讨论的都是群众关心、涉及群众利益的问题，通过的决议案有：《土地问题决议案》《苏维埃组织法》《C.Y.问题决议案》《闽西妇女问

---

[1]《中国闽西第一次代表大会决议案》，中央档案馆、福建省档案馆编：《福建革命历史文件汇集（闽西特委文件）》，1984年版，第66—69页。

题决议案》。其中的《土地问题决议案》比兴国的《土地法》又前进了一大步：对大小地主区别对待；对地主也"酌量分与土地"；对富农的土地只没收"自食以外的多余部分"；对中农"不要予以任何的损失"；对大小商店"采取一般的保护政策"；在土地分配上"抽多补少""按人口平均分配"。这样，党的土地改革政策就基本上完备了。会后，闽西在六百多个乡进行土地改革，八十多万贫苦农民分得了土地。

这段时间内，毛泽东以很大力量继续从事社会调查。随他去从事闽西地方工作的曾志回忆道："重视调查研究，掌握第一手资料，是毛委员历来的良好工作作风。在红四军的戎马倥偬时期尚且如此，现在到了地方工作，时间较多，毛委员更是不失时机地开展各种调查研究，思考重要问题。记得在苏家坡，毛委员用好几天的时间开了几场座谈会，每次邀请人数不多，只七八个人，但请来的都是各种各样的人，有商人、小贩，有贫雇农、中农，有老人、年轻人和妇女，根据不同的对象有针对性地了解不同的情况。毛委员主持这样的座谈会、调查会不是一问一答式的，而是开得很生动活泼，像是在唠家常，有说有笑的。""毛委员主持的几次座谈会，我都在边上旁听，有时还帮忙做些搬桌椅、挂黑板、倒开水等杂务。但就是不要我记录，毛委员每次都是亲自记录，每场会下来都要记上好几张纸。"[1]这是他指导工作和亲自起草一些文件的重要依据，也是他几个月后能写出《反对本本主义》这篇名作的一个重要原因。

古田会议后，毛泽东重新回到红四军前委的领导岗位上来，

---

[1] 曾志：《一个革命的幸存者》，广东人民出版社，1999年版，第97页。

他依然强调加强政权建设的极端重要性。1930年1月5日，他在古田给林彪的复信中尖锐地批评林彪"只赞成闽粤赣交界三区域的游击，同时在三区域也没有建立赤色政权的深刻的观念，因之也就没有由这种赤色政权的深入与扩大去促进全国革命高潮的深刻观念"。"你的这种全国范围的包括一切地方的先争取群众、后建立政权的理论，我觉得是与中国革命的形势不适合的。"[1]

在摘引的这短短几句话中，有两点是很值得注意的：一是他把革命政权的建立称为一种"深刻的观念"，并非要待革命在全国范围内取得胜利时再来建立这种新政权，而要在革命发展过程中不断"深入与扩大"革命政权，来"促进全国革命高潮"，把它称作一种必须建立的"深刻观念"；二是在他看来，一种观念是否准确而可行，要根据它是否"适合"于"中国革命的形势"而定，这里已孕育着他在四个月后所写《反对本本主义》的基本思想。尤其值得重视的是他提出了"中国革命斗争的胜利要靠中国同志了解中国情况"这个马克思主义基本原理必须同各国实际相结合的深刻观念。

比较一下就会看到：苏俄十月社会主义革命的胜利，是以主要城市为中心，在武装起义取得胜利后一举建立全国性的新政权。在它以前，只有革命思想的传播、秘密组织的发展和轰轰烈烈的群众运动，没有从事地方革命根据地和政权的建立，这被教条主义者视为不可变更的准则。中国革命胜利的具体过程却并不相同。它在广阔的农村发展起来，当取得军事胜利（以游击战争

---

[1]《毛泽东同志给林彪的信》，中共龙岩地委党史资料征集领导小组、龙岩地区行政公署文物管理委员会编：《闽西革命史文献资料》第3辑，1982年版，第1页。

的胜利开始）后，就在国民党统治薄弱的地区建立起新的人民政权，先是县级政权，再发展为地区级政权（如赣西南苏维埃政府、闽西苏维埃政府的相继成立），这就为以后中央革命根据地的建立奠定了坚实的基础，是一项关系极为重大的创举。

红四军主力重入赣南后，先进入广昌，接着在2月初迅速占领宁都、雩都、乐安、永丰四个县城。3月18日，提出一项重要的决策，那就是由共同前委决定对根据地实行"伴着发展的工作路线"，"伴着原有小块红色区域发展，及成立新的小块红色区域，再促进他去发展，这个观念要深刻地建设起来，因为从前没有过"[1]。时任红四军军委代理书记的熊寿祺5月间在《红军第四军状况》中写道："鉴于过去的经验，'傍着发展有成效，流动游击只徒劳'。四军过去的经验，凡有党或有一点小政权的地方，红军一去，配合起来，傍着这一块区域发展，立刻大得成效，政权也建立了，土地也分配了，群众的武装也扩大了。尤其是这一块分了田的政治影响深入群众，及这一块政权在敌人数次会剿之后不但不消灭，还继续扩大与发展，使群众更能认识它本身的力量而奋勇的斗争起来，更便利而更有实效的扩大赤色区域，达到我们的任务。""因此四军党更坚决的认定，红军游击的原则，唯一的是傍着发展，提出来的口号是'傍着发展，同时扩大，同时深入'。其次才是流动游击，攻打大城市，扩大政治影响，四军一切的行动都集中在这个原则之下。"[2]

---

[1]《前委通过第三号》，江西省档案馆、中共江西省委党校编：《中央革命根据地史料选编》（中），江西人民出版社，1982年版，第491页。

[2] 熊寿祺：《红军第四军状况》，《中央革命根据地历史资料文库：军事系统》第9册，中央文献出版社、江西人民出版社，2015年版，第316、317页。

由于总结了经验，采取正确的工作路线，充分发挥以往已经建立的工作基础的作用（包括已建立的党组织、地方政权的作用和已进行的土地改革的影响），红四军又经过古田会议的教育和整顿，工作发展得很快，局面迅速打开。这时，"蒋阎冯李"间的中原大战在3、4月间正式爆发。国民党无暇他顾，在赣闽一带的国民党军队相继被抽调出境，红军相继攻克南康、大庾、信丰、会昌、瑞金、寻乌等县城。毛泽东还利用这一相对安定的环境进行了系统深入的寻乌调查。在这里，他还写出了《调查工作》这本小册子（后来改名《反对本本主义》）。到1930年秋，红军已同时占领赣南十九座县城和七个县的部分地区。各地苏维埃政权建立后，按照"抽多补少，抽肥补瘦"以及按人口平均分配土地的原则普遍进行土地改革，并初步建立同闽西、湘赣边地区的联系。

闽西地区，同年3月18日至24日在龙岩召开第一次工农兵代表大会，选举产生闽西苏维埃政府，在政府第一号公告中宣布："现在的政权，是无产阶级的政权。现在的政府，是工农兵贫民的政府。不要凭少数人去干，是要大家来共同规划的。望全闽西劳苦的工农群众，随时加以协助和监督为盼。"[1]这次代表大会还通过了《苏维埃政权组织法》《土地法令》《山林法令》《借贷条例》《工会法草案》《劳动法》《优待士兵条例》《商人条例》《取消牙人条例》《取缔纸币条例》《保姻法》《保护老弱残疾条例》《合作社条例》《裁判条例》《暂行税则条例》。能够一下子

---

[1]《闽西苏维埃政府布告第一号》，中央档案馆、福建省档案馆编：《福建革命历史文件汇集（苏维埃）》1930年，1985年版，第89页。

制定出这么多涉及各方面、详细具体的法令条例，确实使人吃惊。9月2日，邓子恢在《政府工作报告大纲》中写道："闽西斗争在三年来长期奋斗中，到了'三·一八'政府成立时，已经有了八县的区域、百万的赤色群众，反动势力大都消灭，武装有了七千多枪，红军成立了五团，人数三千多人。在这一环境之下，政府的策略路线，毫无疑义的是要向外扩大斗争，以推广赤色区域。"[1]

这样，创建赣南、闽西革命根据地的使命可以说胜利实现了。共产党对在革命根据地建立政权的认识和措施越来越完备，从而为中央革命根据地和临时中央政府的建立做了准备。

党内的一场大争论

要成功地创建革命根据地，关键在党，特别是党的指导思想日趋成熟和统一。这同样需要有一个过程。

在创建赣南、闽西根据地时期，特别是第二次入闽、局势开始稳定时，党内发生了一场激烈的大争论，最后形成了决定红军以至中国共产党命运的红四军九大（即古田会议）决议。

怎样看待这场争论：它只是对红四军当时面对的一些具体问题的争论吗？不是。它只是一场个人间的矛盾和冲突吗？更不是。争论的实质不是别的，而是党和红军的关系这个根本问题，也就是怎样把一支主要由农民和游民组成的旧式军队改造成中国

---

[1]《政府工作报告大纲》，中共龙岩地委党史资料征集研究委员会、龙岩地区行政公署文物管理委员会编：《闽西革命史文献资料》第4辑，1983年版，第89页。

共产党领导的新型人民军队。这是中国历史上从来没有过的创举，在这过程中发生争论是不可避免的，如果一切都是平平静静地走过来，倒是令人不可思议的。

毛泽东1936年所写的《中国革命战争的战略问题》的开始部分专列了《中国共产党和中国革命战争》一章，对这个问题做了透彻的说明。

他写道："中国农民群众和城市小资产阶级群众，是愿意积极地参加革命战争，并愿意使战争得到彻底胜利的。他们是革命战争的主力军；然而他们的小生产的特点，使他们的政治眼光受到限制（一部分失业群众则具有无政府思想），所以他们不能成为战争的正确的领导者。因此，在无产阶级已经走上政治舞台的时代，中国革命战争的领导责任，就不得不落到中国共产党的肩上。"

他又写道："只有无产阶级和共产党能够领导农民、城市小资产阶级和资产阶级，克服农民和小资产阶级的狭隘性，克服失业者群的破坏性，并且还能够克服资产阶级的动摇和不彻底性（如果共产党的政策不犯错误的话），而使革命和战争走上胜利的道路。"[1]

1927年8月1日的南昌起义，在共产党领导下，集合党能掌握的武装，向国民党反动派打响了第一枪，在历史上开辟了一个新时期。中国人民解放军把这一天称为"建军节"。红军上井冈山前的三湾改编，在部队中建立党的组织，把支部建在连上，并

---

[1] 中共中央文献编辑委员会编：《毛泽东选集》第1卷，人民出版社，1991年版，第183、184页。

在军队中实行官兵平等的民主制度，为新型的人民军队奠定了初步基础。朱毛会师后，建立了中共前敌委员会领导的中国工农红军第四军。

但是，事物总是存在着矛盾。红四军是共产党领导的革命军队，这是它的根本特征。但它的成员原来大部分是农民，常易过于眷恋乡土和家室，使他们政治眼光受到限制，也难以接受严格的纪律约束，小生产者的极端民主化和绝对平均主义容易流行泛滥；部队的相当部分成员来自北伐时的国民革命军，旧军队中的习惯、观念和做法（如单纯军事观点、不愿做艰苦群众工作以建立根据地的流寇思想、部队管理上打骂士兵的现象等）有不少依然被保留下来。

井冈山时期，这种矛盾暴露得最突出的是1928年在湘南的"八月失败"。当时在红四军第二十九团担任连长的萧克回忆道："二十九团士兵大多为宜章农民，眷恋家乡，难舍故土，从到井冈山后他们常常想打回家乡去，现在部队已进到湘赣边界，特别是听说湖南省委的代表也主张回湘南，二十九团就掀起了一股强烈的回乡情绪。"当打下郴州后，二十九团驻在南门外通向宜章的城关街上。"枪声一响，二十九团各部就拥到街上，没有命令，没有指挥，建制混乱，也不集合，就向南跑，老少和行李担、伙食担夹在部队中乱跑。""这时二十九团基本散了，总共剩下不到200人，约百支枪，只有我连是保持完整建制归队的。"这种情景，中国以往农民战争中也多次出现过。萧克从中得出结论："最重要的教训就是没有克服农民意识。"[1]

---

[1] 萧克：《萧克回忆录》，解放军出版社，1997年版，第100—102页。

军队中士兵和下级军官的思想观念，前后也会有变化：开始时更多是旧军队中封建军阀主义的长期流毒，官兵间没有平等可言；以后随着部队情况的改变，小生产者的极端民主化、绝对平均主义思潮又泛滥起来。陈毅在给中央的红四军党务报告中写道："四军是由国民革命军改造而来，在初期一般官兵同志，皆十足的盲目服从上级，渐渐由党的下层的发动，一般官兵同志渐渐能够讲话发表意见，到最近又犯了极端民主化的毛病，上级的命令未经下级讨论，下级便不执行或者说上级包办，说上级是家长制。军事机关的命令也常有托故不执行的毛病。"[1]那就从一个极端走向另一个极端，这种大幅度的摇摆变化，又正是小生产者的思想特点。

事实表明：纠正党内错误思想的这场争论是不可避免的，只是发生时间的迟早而已。如果不从根本上纠正这些来源于农民和其他小资产阶级出身成分所构成的错误思想，如果部队不能真正被改造成共产党领导的新型人民军队，红四军便不可能担负起中国革命战争给予的历史任务。这是中国历史上从来不曾有过的大胆创新。而领导机关在一段时间内对这些不正确思想却缺乏一致的坚决斗争。

这也难怪。在最初阶段，红四军内还不具备就这些问题展开争论的客观条件。"八月失败"后，国民党当局组织湘赣两省兵力对井冈山革命根据地展开规模空前的第三次"会剿"，并加紧实行经济封锁。下井冈山后，红四军在半年左右时间内，几乎不

---

[1]《陈毅军事文选》，解放军出版社，1996年版，第25页。

停息地转战赣南、闽西,历经艰险,脚跟一时间尚未站稳,怎么可能集中较多力量来处理党内错误思想的问题?

1929年3、4月间,形势发生了重大变化:蒋桂战争爆发。这是国民党内部各派系军阀大混战的开始,国民党统治相对稳定的局面结束了。他们原来用以"追剿"红军的兵力被调去投入自己的内战。红四军因而获得一个比较稳定和适宜发展的环境。朱德在回忆中做了一个对比:"这以前敌人攻击我们的,广东有两个师,朱培德一个师,还有福建的两个师。……在这一段里有三个月,从阳历年出发到大柏地过旧历年,那是顶紧张顶有趣的一段,天天有仗打,团防常常向我们打两枪,那都是常事。"蒋桂战争爆发后,情况就不一样了:"到瑞金同'红五军团'又会合起来,休息了一个时候,这时四面都没有敌人。""慢慢发展到江西宁都、兴国、瑞金、东固,都组织了,到处打开了些土围子,打土豪,分土地,几个月中间转了很宽,沿着兴国、瑞金、东固,工作都做起来了。搞了几个月,那时正是李宗仁、白崇禧和蒋介石作混战的时候。等着混战一过,敌人又来了,不过我们的基础也稳固了。"这年5月19日,红四军根据敌情的变化,第二次进入闽西。朱德回忆说:"我们去打龙岩,打开了,又把永定同时打开。这时我们看到福建山也大,群众也好,非常富足——于是决心就把福建这方面的根据地建立和巩固了。这边苏区很快的发展起来了。只要我们估计敌人一松弛,就分开力量来做群众工作,打土豪。敌人要一大举进攻,就又集拢来对付敌人。"[1]

很明显,红四军只有在一个相对稳定的环境中,在不再是

---

[1]《朱总司令自传》第7部一、二,孙泱笔记,稿本。

"天天有仗打"的条件下，才有可能对积累下来的问题展开争论，才有可能集中力量纠正党内错误的问题。

那时候，红四军官兵的构成成分是怎样的呢？陈毅在当时给中共中央的报告中写道："历史的：贺、叶旧部到现在大半成了干部分子，现在还在当士兵者极少，以官兵夫合计，此项人数约占全军人数十分之二；湘南农军约占全军人数十分之四；历次俘虏敌方士兵所改编的约占十分之二左右；在赣南闽西新招募的约占十分之二。"也就是说：农民和原军人共占80%，新募的占20%。以年龄来计算，"少年（18岁至25岁）约占全军人数十分之六；壮年的（25岁至40岁左右）约占全军人数十分之三；老幼的（16岁以下、40岁以上）约占全军人数十分之一"[1]。也就是说：年轻的、可塑性强的占全军人数的60%。这些都说明：从人员构成来看，在此时抓紧纠正党内错误思想，以建设一支党领导的新型人民军队是极为重要的，也是很及时的。

红四军是5月19日越过武夷山再次入闽的，环境比较安定。没过几天，就在这个月的下旬，党内的一场争论就开始了。这场争论是从苏联回国不久、被派到红四军担任军委书记的刘安恭挑起来的。他从苏联回来，又当了军委书记，影响力自然非同一般。萧克回忆道："形势很好，红四军为什么会发生这些争论，当时我不明白，后来回想起来，起因是打下宁都后，前委决定恢复四军军委，由刘安恭担任军委书记。恢复四军军委对于加强党的领导本来是件好事，但是，新上任的军委书记刘安恭主持

---

[1]《陈毅军事文选》，解放军出版社，1996年版，第18页。

军委会议,作了条规定,让四军党的最高组织前委'只讨论行动问题'。这个决定一提出,许多人就议论纷纷,下级怎么能决定上级的权力范围呢?"[1]刘安恭还在朱德面前进行挑拨,"说前委书记在政治上干预太多了。军队是司令部对外,政治部门不能对外,政治部门不能直接干预军队的事,等等"。"刘安恭不仅如此,还到部队暗中活动。在其他军事干部中游说他的观点,有意制造矛盾。"[2]很明显,为了要使新成立的军委成为新的指导机关,便不能不尽力搜罗军内种种旧的理由来攻击原有的指挥机关——前委。当时担任红四军政治部秘书长并负责办理前委会议事务工作的江华回忆:"这时,原来在井冈山时期即存在的关于红军建设问题又开始议论起来,一些不正确的非无产阶级思想也颇有表露。为了解决这些问题,毛泽东同志利用战斗和行军的空隙,作了不少工作,并多次召开前委扩大会议进行讨论。5月底,胡雷前委会议上对党的工作范围、支部工作等问题争论,意见未能统一。"[3]

尽管如此,毛泽东这时对这个事件还在观察,没有立刻做出判断。6月1日,他在永定胡雷以红四军前委书记名义给中共中央的报告中,详细报告了红四军在赣南和闽西的战斗经过,并且报告:"(广东)东江特委曾到一信给我们,说东江准备暴动,要红军分兵去彼帮助。前委复了他们一信,说不赞成此时举行总暴动,此时只能发动游击战争,红军不能分兵去助。"[4]但对红四军

---

[1]萧克:《萧克回忆录》,解放军出版社,1997年版,第122页。
[2]曾志:《一个革命的幸存者》(上),广东人民出版社,1999年版,第93、94页。
[3]江华:《追忆和思考》,浙江人民出版社,1991年版,第88页。
[4]红四军前委书记毛泽东给中央的报告,1929年6月1日。

内部发生的争论一字未提。

但情况却越来越严重，争论的问题和范围越来越广，把许多过去存在过的分歧重新翻出来，卷入争论的人也越来越多。毛泽东和朱德的意见也不尽一致。萧克回忆当时的情况："争论的焦点开始是要不要设立军委的问题，以后又引发出了许多问题，如对出击湘南的看法，对坚持井冈山斗争和赣南游击的看法，对四军各种制度、政策的看法，而争论最大的是'党应不应该管理一切''要不要一切归支部'，以及有没有流寇主义和军阀残余等等。"萧克写道："这中间，林彪和刘安恭起了不好的作用。"如林彪给前委写信，说设立军委"这是个无耻的阴谋"，刘安恭"'把四军党分成派'，并且说成是拥护和反对中央的两派。在争论发生后，又提出用'完全选举制度及党内负责同志轮流更换解决纠纷'。这些论调更助长了争论。一时间，由下而上，大家议论纷纷"[1]。

6月8日，在长汀的白砂又召开前委扩大会议。由于军内的矛盾越来越尖锐，毛泽东在这次会上郑重地提出一份书面意见："（1）前委、军委成分权现象，前委不好放手工作，但责任又要担负，陷于不生不死的状态。（2）根本在前委、军委。（3）反对党管一切（党管太多了，权太集于前委了）。反对一切归支部（支部只是教育同志的机关）。反对党员的个人自由受限制，要求党员要有相当自由（一支枪也要问过党）。这三个最大的组织原则发生动摇，成了根本上的问题——个人自由主义与无产阶级组织纪律性斗争的问题。（4）对于决议案没有服从的诚意，讨论时不

---

[1] 萧克：《萧克回忆录》，解放军出版社，1997年版，第123页。

切实争论,决议后又要反对且归咎于个人。因此,前委在组织上的指导原则根本发生问题(同时成了全党的问题),完全做不起来。我不能担负这种不生不死的责任,请求马上掉换书记,让我离开前委。"[1]

可见,在毛泽东看来,争论的实质不是这个那个具体问题,而是党对红军能否领导一切,是个人自由主义与无产阶级组织性纪律性斗争的问题。这确是红军能不能建设成为共产党领导的新型人民军队的根本问题。矛盾已发展到难以调和的地步,如果这个大是大非的问题不弄清,他就"不能担负这种不生不死的责任"了。

参加白砂会议的江华回忆当时的状况:"这次会议虽然以多数(41人参加会议,36人赞成,5票反对)通过了取消临时军委的决定,但争论的根本问题却仍未解决,而且这些分歧意见在党内以至在红军战士、军官中日益发展起来。"江华坚决支持毛泽东的主张,并且在红四军七大后同毛泽东一起离开前委领导机关去闽西指导地方工作。他在回忆中讲到党和军队的关系问题为什么仍没有完全解决的原因时写道:"主要是由于当时红军还建立不久,其大部分是从旧式军队脱胎而来的,而且是从失败环境中拖出来的,旧军队的旧思想、旧习惯、旧制度都带到了红军队伍中来,因而一部分人习惯于旧军队的领导方式,对保证军队接受党的绝对领导不赞成,有怀疑。"他还写道:"这里附带说一下,那时毛泽东同志对干部要求高,要求严,批评人也是很严厉的,

---

[1] 毛泽东在前委会议上提出的书面意见,1929年6月8日(也见江华:《追忆与思考》第88、89页,改正了三个字)。

对一些营团级负责干部的缺点、错误,他也毫不留情地当面批评、训斥,常常令人难以接受,下不来台,因而有些同志对他是有意见的。"[1]

6月下旬,第三次打下龙岩后,红四军在龙岩召开党的第七次代表大会,会议由红四军政治部主任陈毅主持,通过了《关于党内争论问题的决议案》(下文简称《决议案》)。这个《决议案》有着明显的调和倾向:对"党应不应该管理一切"这个问题,先说"这个口号是对的",接着说这口号"在文字方面太简单,不明显,可以引起不正确的解释,这个口号今后不要再引用";对"过去党有没有家长制度的问题""过去党有没有代替群众组织的错误""过去是不是上级党包办了支部的工作"这些被提出的问题做出否定的答复,但没有触及如何加强党对军队领导的方向和措施;对毛泽东等人的不少看法肯定为"是很对的",而对他们有些正确看法又批评为"不正确","如说流寇主义思想与反流寇主义思想的斗争也不是事实"。对刘安恭和林彪都做了批评,特别是严厉地批评刘安恭在军内散布的一些流言"完全不是事实,是凭空臆断的"。《决议案》表示,"这个争论虽对党有益处,若没有无产阶级意识的领导,必不能得着正确的解决",却没有说清楚什么才是"无产阶级意识的领导"[2]。这个《决议案》没有能从政治上提出明确的指导方针,因而没有解决争论中的问题。

更严重的是:在代表大会的选举中,中共中央指定的毛泽东没有当选前委书记,改选看起来在当时能调解矛盾的陈毅来担

---

[1] 江华:《追忆与思考》,浙江人民出版社,1991年版,第88、90、94页。
[2] 红军第四军第七次代表大会决议案,1926年6月22日。

任。毛泽东就离开红四军前委领导机关，到上杭去指导闽西的地方工作。这次大会没有解决军内存在的主要问题，而且造成不好的后果。9月下旬，红四军又召开党的第八次代表大会，讨论红军法规等问题，由于认识不一致，没有取得什么成果。事情显然不能再这样继续下去了。

中共中央一直十分关心红四军的工作。由于通信极端困难，对红四军的情况很难得到及时而具体的了解。6月12日，当时实际主持工作的周恩来在中央政治局会议上提出要朱毛处有一个得力的人来上海向中央报告工作。不久，中共中央收到福建省委通过秘密交通送来的红四军七大的文件。8月12日，中共中央政治局会议进行讨论，认为红四军七大的《决议案》"有些是正确的，有些是不正确的"。

8月21日，中共中央发出周恩来起草的给红四军前委的指示信。这封信中有两条特别值得注意，也正是针对红四军内部争论中一些错误思想来说的。一是红军的性质和任务。信中说："红军不仅是战斗的组织，而且更具有宣传和政治的作用，每一个红军士兵都负有向群众宣传的责任，整个红军的游击，要更充分负有发动群众实行土地革命、建立苏维埃政权的使命，谁忽视了这一点，谁便要将红军带向流寇土匪的行径。"二是红军中的民主集中制。信中说："在红军中党的组织原则，尤其是目前环境中之红军党的组织原则，必须采取比较集权制，才能行动敏捷，才能便于作战，才能一致地战胜敌人。但这并不是说如此便没有党内民主化了，如此便不执行'一切工作归支部'的口号了，如此便可恢复家长制。不是的，绝对的不是。""绝对不是说党的一切工作、一切事务、一切问题都要拿到支部去讨论去解决——这是极端民主化的主张。民主集中制的党既绝不容许,尤其在红军中,在日有战斗的红军中更绝对不容许有此种倾向之生长。所谓集权制当然是指在集体指导组织中的集权,绝不是个人的集权。自然在一个委员会中,既有一个书记,他在会议席上、在处理日常事务上,必然要比别人多负些责任。尤其在军队中,在作战的军队中,党的书记当然更要多负些处理日常事务上与临时紧急处置的责任——这是书记的责任,绝对不是家长制。"[1]这两条确实是切中要害,说理透辟,是对毛泽东基本主张的有力支持。

8月29日,陈毅来上海参加中共中央政治局会议,报告红四军全面情况和军内的争论。会议决定由周恩来、李立三、陈毅组成的委员会,负责起草一封给红四军的指示信。9月8日,政治局讨论通过这封指示信,这便是著名的"九月来信"。这封信极为重要:第一,它根据红军这些年来艰苦斗争的经验得出结论:"先有农村红军,后有城市政权,这是中国革命的特征,这是中国经济基础的产物。"这是中国革命有别于先前其他国家的特征,是由红四军等的实践所证明了的。第二,针对红四军中极端民主化等错误,突出地谈了"集权制问题",写道:"党的一切权力集中于前委指导机关,这是正确的,绝不能动摇。不能机械地引用'家长制'这个名词来削弱指导机关的权力,来作极端民主化的掩护。"第三,在当时更重要的是着重说了"朱毛问题",明确地提出"要恢复朱毛两同志在群众中的信仰","毛同志应仍为前委

---

[1]中共中央文献研究室、中国人民解放军军事科学院编:《周恩来军事文选》第1卷,人民出版社,1997年版,第85—87页。

书记,并须使全体红军同志了解和接受"[1]。

陈毅将信带回红四军。这是中共中央对红四军中产生的争论的明确表态,对毛泽东是极大支持。朱德等完全支持中共中央的指示,党内的认识趋于一致,局势急转直下。11月26日,毛泽东回到前委工作。12月底,红四军第九次党的代表大会在上杭古田召开,通过《中国共产党红军第四军第九次代表大会决议案》,也就是著名的古田会议决议,选举产生新的红四军前委,毛泽东重新担任前委书记,朱德、陈毅等为委员。

古田会议决议一开始就鲜明地写道:"红军第四军的共产党内存在着各种非无产阶级的思想,这对于执行党的正确路线,妨碍极大。若不彻底纠正,则中国伟大革命斗争给予红军第四军的任务,是必然担负不起来的。四军党内种种不正确思想的来源,自然是由于党的组织基础的最大部分是由农民和其他小资产阶级出身的成分所构成的;但是党的领导机关对于这些不正确的思想缺乏一致的坚决的斗争,缺乏对党员作正确路线的教育,也是使这些不正确思想存在和发展的重要原因。"[2]

决议列出的主要错误思想:单纯军事观点、极端民主化、非组织观点、绝对平均主义、主观主义、个人主义、流寇思想、盲动主义残余,一一指出它们的表现、来源和纠正方法,要求同志们起来彻底地加以肃清。

人的行动从来是受思想指导和支配的。没有正确的思想,便

---

[1] 中央档案馆编:《中共中央文件选集》第5册,中共中央党校出版社,1983年版,第477、486、489页。

[2] 中共中央文献编辑委员会编:《毛泽东选集》第1卷,人民出版社,1991年版,第85页。

没有正确的行动。把端正思想路线放在如此突出的地位,这是中国共产党和它领导的人民军队能够战胜种种严重困难、胜利前进的根本保证。

古田会议的决议,不仅为红四军这场大争论做出完整的、正确的总结,清除形形色色来自旧式军队的影响,使红四军和其他各部分红军成为真正的新型人民军队,并且形成了着重从思想上建设党的传统,成为中国共产党的一个突出特点,对以后党和人民军队的建设产生了深远的影响。

简短的结语

近九十年的岁月过去了。回过头来看看先行者们当年创建赣南、闽西革命根据地的顽强而艰苦的探索历程,不禁令人感慨万千。

1927年大革命失败的来临,对中国共产党人来说,是准备不足的。他们充满着改造社会的革命热情,在大革命年代长时间地投身热气腾腾的群众运动,取得巨大成就,沉浸在一种极度亢奋的状态中。但那时中国共产党诞生只有六年,它的领导人大多还很年轻,社会经验和政治经验都不足。党还处在不成熟的幼年时代。

以蒋介石为代表的国民党右派分子却富有旧社会的社会经验和政治经验。在大革命时期,他们羽翼未丰,在口头上有过许多革命的宣示,也做出过一定成绩;在已暴露出反共面目而又觉得条件仍不成熟或有某种需要时,他们又会忽然改变姿态,采取一些缓和的措施,似乎前面发生的事只是一种误会。但万变不离其宗，他们视为命根子的就是军队和政权。在这个根本点上，他们是抓得最紧、寸步不让的，并且全力以赴地加强自己在这方面的力量，这是他们赖以生存和发展的生命线。两者之间，起着决定作用的是军队。正如毛泽东所说："从马克思主义关于国家学说的观点来看，军队是国家政权的主要成分。谁想夺取政权，并想保持它，谁就应有强大的军队。"[1] 蒋介石对全国的统治，最根本的就是靠它创造了一个庞大的"中央军"。当然，除了军队外，还要靠政权和欺骗等手段来支持它。一旦羽翼丰满，又得到外国、财阀和旧军阀政客的支持，蒋介石立刻翻过脸来，发动反共的军事政策，将大革命埋葬在一片腥风血雨中。

中国共产党虽然对蒋介石的蜕变已有所察觉，但恰恰对军队和政权的极端重要性缺乏认识。大革命时期轰轰烈烈的群众运动，相当程度是在取得北伐军事胜利的鼓舞和支持下掀起高潮的，而在遭受反共政变和血腥屠杀的沉重打击下，又低沉下去。这是许多人原来没有想到的。

这就要回到本文开始时胡绳所提出的那个问题：怎样对当时必须坚决反对"左"倾盲动主义，又应当坚信"星星之火，可以燎原"做出统一的解释和理解。

面对"黑云压城城欲摧"的险恶环境，中国共产党应该怎么办？出路在哪里？不少人怀着复仇的强烈愤怒，不顾敌我悬殊的现实，主张到处暴动，走上"左"倾冒险主义的错误道路；一部分人觉得双方力量的差距太大了，革命已经失败，只能放弃武装

---

[1] 中共中央文献编辑委员会编：《毛泽东选集》第2卷，人民出版社，1991年版，第547页。

斗争，争取"召集国民会议"，走上右倾取消主义的道路，即使在革命队伍中也有人产生"红旗到底打得多久"的消极思想。不管是"左"的或右的那些错误主张，都不可能为中国指出一条正确的出路，都只能导致灾难。

在敌我力量如此悬殊的情况下，出路在哪里？路是人走出来的。在这种情况下，不只是靠斗争，更重要的是斗智。陈毅在中共六大时写道："毛泽东军事学派是在反对新旧教条主义的斗争中创立起来的，其特点是以实事求是的方法去研究中国战争的实际，去发现和掌握中国革命军事的总规律。""假如历来的军事学派一般是研究相等的敌对军力的胜负问题，而我们的军事学派则在回答实力悬殊的军力的胜负问题。""研究革命人民及其军队如何能以少胜多，以小敌大，以弱胜强，便是我们军事学派的革命本质。"[1]

"星星之火，可以燎原"，是毛泽东1930年1月在古田给林彪的一封复信中提出来的。这封信以党内通信的形式发给红四军的部队，正确地回答了"中国革命的前途和出路是什么"这个当时最迫切需要回答的问题。它有两层意思：一是中国革命现在还处在"星星之火"的阶段；二是有了这"星星之火"，只要有正确领导，一定能在中国大地上燃起"可以燎原"的大火。

为了使"星星之火"能发展成"燎原"大火，正确的领导必须根据中国的实际情况解决好几个问题：第一，要有坚强有力的武装力量，也就是有可靠的有战斗力的革命武装力量，没有这个

---

[1]《陈毅军事文选》，解放军出版社，1996年版，第325、326页。

条件,其他什么都谈不上;第二,充分地发动并依靠群众,使这支军队深深扎根在群众之中,得到群众的全力支持,并从群众中不断得到补充;第三,在条件许可时建立起人民政权,这种政权应该是工农兵自己的、能为工农兵谋利益的政权,它应该实行民主集中制,是通过工农兵代表大会产生的,而不是那种旧式的衙门;第四,要在敌人力量相对薄弱、地形和经济条件有利的区域建立巩固的革命根据地,并且随着自身力量的发展,采取"傍着发展"的方式,像滚雪球那样不断扩大这种根据地;第五,所有这一切都要依靠党的领导,而党为了实行正确的领导,必须把思想建设放在极重要的地位,时刻注意纠正各种错误思想,否则"星星之火,可以燎原"也会变成一句空话。

正确解决这些问题的途径和方法,不可能只靠少数人凭空地想出来,也不是一下子就可以很完善的,只能在实践的探索中不断总结成功和失败两方面的经验教训而形成。这种对经验教训的总结又不能只停留在就事论事地就工作中遇到的具体问题的解决方法进行归纳,而是需要加以深化,提升成规律性的认识。这种认识过程很难一次完成,往往需要经过多次反复。正如毛泽东在《实践论》中所说:"社会实践的继续,使人们在实践中引起感觉和印象的东西反复了多次,于是在人们的脑子里生起了一个认识过程中的突变(即飞跃),产生了概念。概念这种东西已经不是事物的现象,不是事物的各个片面,不是它们的外部联系,而是抓着了事物的本质,事物的全体,事物的内部联系了。概念同感觉,不但是数量上的差别,而且有了性质上的差别。循此继进,使用判断和推理的方法,就可产生出合乎论理的结论来。"[1] 这种结论，又要反复在实践中检验和发展。

"农村包围城市，武装夺取政权"这条中国革命的正确道路，正是这样在实践的探索中一步一步形成的。创建赣南、闽西革命根据地的实践和探索，就是这个过程在初期阶段的真实记录。

---

[1] 中共中央文献编辑委员会编：《毛泽东选集》第 1 卷，人民出版社，1991 年版，第 285 页。

以全局视角看黄麻起义

1927年11月的湖北黄麻起义,在中国共产党历史上写下重要的一页。中国工农红军三大主力之一的红四方面军以及鄂豫皖革命根据地,都以这里为起点。

新中国成立初期实行军衔制时,纵观将军的籍贯,人数最多的一个是湖北省黄安(现名红安)县,另一个是江西省兴国县,同黄安毗邻难分的湖北省麻城县人数也不少。具体来看,大将中,有麻城的王树声。上将中,黄安有六人,包括陈锡联、韩先楚、王建安、郭天民、周纯全、谢富治;麻城有三人,包括陈再道、许世友(他出生和参加革命活动都在麻城乘马岗区,后这个区被改划入河南省[1])、王宏坤;兴国有两人。中将中,黄安有十二人,包括秦基伟、王近山、詹才芳、胡奇才、李天焕等;麻城有五人,包括张才千、王必成、周希汉、李成芳等;兴国有五人。少将中,黄安有四十四人,麻城有十八人,兴国有四十七人。[2] 这些地区的有些村甚至被称为"将军村"。当时已不从事军事工作的李先念(黄安籍)等,按规定没有授予军衔,还没有计

---

[1] 许世友:《我在红军十年》,战士出版社,1983年版,第36页。
[2]《星火燎原》编辑部编:《中国人民解放军将帅名录》第1、2、3集,解放军出版社,1986、1987年版。

算在内。

"黄麻起义最大的特点,是没有任何正规军队参加,参加者都是农民,叫作'揭竿而起'。"[1]当然,还有一些青年学生中的共产党员。

为什么没有任何正规军队参加的黄麻起义在十分困难的条件下能够取得成功、以后培养出如此众多高级将领,并逐步创造出在党的历史上做出重大贡献的红四方面军和鄂豫皖革命根据地?

直接的回答是:这里的贫苦农民受尽地主豪绅和官府极端残酷的压迫、凌辱和榨取,又受到过大革命风暴的洗礼,在中国共产党领导下逐步组织起来,有着很强的抗争传统和战斗力。这样的回答自然是正确的,抓住了问题的本质。但是,人们还会问:当时在各省有类似情况的地方不少,为什么许多地方的起义失败了或者根本没有发动起来,而黄麻起义能够和其他几个重要革命根据地一起,取得成功,在历史上写下如此光辉的一页?

这就需要以全局的视角,对黄麻起义前后当地各种社会力量方方面面复杂因素进行具体考察,对在这个过程中经历的成功、失败原因进行比较和分析。本文力图围绕黄麻起义在这方面做一些尝试。

湖北秋收起义最初的挫折

黄麻起义是1927年中国共产党领导的秋收起义的组成部分。

---

[1] 戴季英:《黄麻起义前后》,《艰苦的历程》(上),人民出版社,1984年版,第61页。

中国共产党这时正处在生死存亡的决定性关头：由于武汉国民政府继南京国民政府之后公开反共，大革命时期建立的国共合作完全破裂，国内的政治局势陡然逆转。有些国家的共产党组织在这类突然性事变面前被严重摧毁或者被消灭，有的在许多年内翻不过身来。当时，中国社会上也有不少人认为中国共产党已经失败，似乎局势已难挽回。

中国共产党人在如此险恶的环境下没有动摇自己的理想和信念，而是更加奋不顾身地起来战斗。1927年8月1日的南昌起义打响了武装反抗国民党反动派的第一枪。8月3日，中共中央发布《关于湘鄂粤赣四省农民秋收暴动大纲》。7日，中共中央在武汉召开紧急会议，也就是通常说的"八七会议"，确立了实行土地革命和武装起义的方针。这一系列决定和行动使许多革命者从遭受突然打击后的一时迷茫中看清了继续前进的方向，燃烧起新的希望，继续奋斗。

但是，要实现这样的转变，实在不容易。此时的中国共产党是一个刚成立了六年的党，领导人大多十分年轻。大革命时期，党主要的工作是发动和领导工农群众运动。由于受右倾机会主义错误的影响，严重忽视军队和政权的极端重要性。工农群众运动和工会、农会的组织在很大程度上是在北伐军向湘、鄂、赣等省迅猛推进并在初期对工农运动表示支持的鼓舞下，在短时间内很快发展起来的。一旦国民党控制的军队和政权突然翻过脸来，残酷镇压工农运动，许多工会、农民协会和自卫队组织很快就陷于涣散和停止活动。这是许多党组织原来没有预料到的。党内出于对敌人和背叛者的仇恨而不分析敌我力量悬殊、一味蛮干的"左"倾盲动主义活动，更使原来保存下来的一点力量又惨遭严重损失。这种状况相当普遍。

中共中央在9月15日的政治报告中写道:"八七党的紧急会议的政策即是暴动政策。此政策决定后我们的工作可分三部分:一、贺叶南昌起义及广东的农民暴动;二、湖南的农民暴动;三、湖北的农民暴动。在客观上革命的潮流是否仍在高涨呢?我们可以很肯定的回答,是在高涨的,工农是要求暴动的。"[1]

我们就来看看湖北秋收暴动的最初部署。

湖北秋收暴动的任务,一开始的打算是进行全省性的总暴动。湖北省委最初制订的计划写道:"武汉工人已经举行总同盟罢工反对反动的武汉政府,叶挺、贺龙两部又在南昌独立,宣布实行土地革命,武汉政府的政权已经动摇了,在这革命短兵相接的时候,为响应武汉工人罢工,拥护南昌叶贺独立及促进土地革命加速度的发展,我们党应立即领导农民起来,杀戮土豪劣绅,打倒土豪劣绅复起的凶焰,引起乡村间极大的骚动,抗税抗捐以动摇武汉的政治,使其不能出兵江西及其他省份压迫革命,并进一步武装农民,抗租抗粮,实行全省大暴动,没收大中地主豪绅的土地及一切公地(对小地主实行减租),准备推翻武汉的统治,彻底消灭封建势力而建设农民协会的政权。"[2]省委把全省分为九个工作区域,各区设立特别委员会(简称"特委")作为集中指挥的机关。

但从当时的客观情况来看,这是根本无法实行的。罗亦农在

---

[1]《中共中央政治报告》(1927年9月15日),中央档案馆编:《中共中央政治报告选辑(1927—1933)》,中共中央党校出版社,1983年版,第2页。

[2]《湖北省委关于湖北农民暴动经过之报告》(1927年10月),中央档案馆、湖北省档案馆编:《湖北革命历史文件汇集》甲3,1983年版,第124、125页。

8月23日就任中共湖北省委书记。他说:"第一阶段是开始工作的时候,可说毫无头绪。"[1]所以从省委的实际工作来说,其重点一是在鄂北,一是在鄂南。至于黄麻地区的工作,最初并没有提到湖北省委的工作日程上来。罗亦农在向中共中央常委报告工作时甚至说:"鄂东现在无办法。"[2]即使鄂东区计划的暴动区域中也没有提到黄安和麻城。

  为什么湖北省委首先选择以襄樊为中心的鄂北地区?重要原因是当时看重现成的正规军力量。共产党员张兆丰是老同盟会会员,陕西陆军讲武堂毕业,先后在陕西靖国军、冯玉祥的国民军方振武部任职,1926年任国民军第五军第三师师长,驻防鄂北的襄阳、樊城。中共鄂北特委陆沉在致中共中央的信中写道:"八七会议时,中央通知我去鄂北,参加特委会,作鄂北秋收暴动工作(实际上中央那时和我接谈时,关于农民秋收暴动之事少,最多的是对兆丰部分之军事问题)。"[3]可见中共中央是希望张兆丰能利用他的师长地位,在襄阳、樊城率部起义。但是由于历史关系张兆丰没有能实际控制这个师。鄂北特委廖划平给中央报告:"到了不久,就听说南昌已于8月1日号召暴动,同时,方振武已将张同志师长一职取消。其时我们曾谈及将所属部队脱离方军,向东扯走,但以张同志部下干部——排、连长,十分八九皆方之心腹爪牙,而寄名党籍之旅团长,复不可恃,因此,部队无法扯动,张同志只得下野,以致此时在长江以北失却很大的政治

---

[1] 罗亦农:《罗亦农文集》,人民出版社,1999年版,第291页。
[2] 同上书,第293页。
[3] 《中共鄂北特委陆沉致中央信》(1927年12月13日),中央档案馆、湖北省档案馆编:《湖北革命历史文件汇集》,1985年版,第119页。

作用。"[1]率部起义之事,自然全部落空。

至于鄂北农民运动,陆沉在给中央的另一封信中写道:"我看了湖北秋收暴动的专号","在这一段中最重要的,随、枣、襄三县可靠之农民有数万。这个数目,当我在鄂北时,确实找不出来,哪里看见过数万可靠的农民?"。[2]

当时的领导人政治上实在是很幼稚,尽管满腔革命热情,却只沉浸在一厢情愿的推想中,并没有进行切实的调查研究。结果,幻想中轰轰烈烈的鄂北大暴动,无论是整师起义还是大规模群众抗争,都无声无息地化为泡影,只能不了了之。用湖北省委报告中的话来说:"及张师免职,遂觉靠山已失,便呈失望,不但没有实行斗争,并且不敢略存斗争之观念!与省委发生关系又很少,更使省委不能给以指导。"[3]

鄂南暴动是在中共湖北省委直接指挥下进行的,更被看作湖北秋收暴动重点中的重点。

湖北省委对鄂南暴动一直极为重视。1927年8月5日的《鄂南农民暴动计划》中写道:"鄂南农民暴动,因为在武长铁路之西,因此在政治上、地理上有特别意义,在政治方面可以直接影响武汉,在地理方面,断绝武长的交通与邮电,可以造成湖南军队与政治的恐慌而有利于湖南农民的暴动。""鄂南的农民暴

---

[1]《中共鄂北特委廖划平给中央的报告》(1929年7月23日),中央档案馆、湖北省档案馆编:《湖北革命历史文件汇集(特委文件)》,1985年版,第166页。

[2]《陆沉致中央信》(1928年2月17日),中央档案馆、湖北省档案馆编:《湖北革命历史文件汇集(特委文件)》,1985年版,第130页。

[3]《湖北省委关于湖北农民暴动经过之报告》(1927年10月),中央档案馆、湖北省档案馆编:《湖北革命历史文件汇集(省委文件)》,1983年版,第271页。

动以蒲圻、咸宁为中心与发难的地点，开始之第一日即须攻破蒲、咸二城，然后在政治上可以号召鄂南的农民，创成整个的鄂南的暴动局面。""暴动一开始即须分段掘断武昌与咸宁、蒲圻各处的铁路（以掘断愈多愈好为原则），割断所有的电线，毁坏邮政机关。""暴动的内部指挥为鄂南特别委员会，直接受省委的指挥。"[1]

"8月上旬，中共湖北省委根据秋收暴动计划，派吴德峰、符向一、黄赤光等前往鄂南，在蒲圻成立鄂南特委，吴德峰任书记。8月底，长江局书记兼湖北省委书记罗亦农亲赴鄂南，召集各县负责人会议，准备十日内举行暴动。"[2]一场轰轰烈烈的鄂南暴动仿佛就要开始了。

鄂南暴动计划中所说鄂南，特别是武（汉）长（沙）铁路线"在政治上、地理上有特别意义"，确是事实。但共产党看到这一点，国民党方面同样清楚这一点。当时控制两湖地区的军事势力主要是唐生智部五个军，它的政治重心在武汉，而起家基地在湖南，武长铁路线是它的生命线所在，一直以重兵驻守，军事调动因铁路贯穿两省而极为便利。至于当地的工农群众团体的情况，在省委事后的议决案中写道："在群众方面，虽有不断斗争与反抗，但这斗争还是零碎的，或是原始的，或是没有广大群众参加的，换言之，还没有形成有组织的广大群众总的斗争的

---

[1]《鄂南农民暴动计划》（1927年8月5日），中央档案馆、湖北省档案馆编：《湖北革命历史文件汇集（省委文件）》，1983年版，第49—51页。

[2] 湖北省地方志编撰委员会编：《湖北省志·大事记》，湖北人民出版社，1990年版，第342页。

局面。"[1]

选择在敌我力量如此悬殊的地区进行决定性的拼死较量,岂不是以卵击石、自处绝境?湖北省委书记罗亦农向中央常委会报告时讲道:"前次,鄂南负责同志来,他第一个问题即提出,武汉我们的队伍有多少?如鄂南暴动是否从武汉派兵即时可以消灭?"[2]事实上,自然不会有什么军队从武汉开来支援鄂南暴动,连提供数量不多的简易武器弹药也难以做到。例如,对担负很大责任的蒲圻,只给了驳壳枪一支、子弹六百发,又没有炸弹和炸药。省委在给鄂南特委的信中说明:并非有枪不给,第一是没有枪,第二是因为运输困难。想象中似乎应该颇为壮观的鄂南暴动,几乎在无声无息中失败了。

经历了一系列同最初设想南辕北辙的挫败后,湖北省委写了一份很长的《中共湖北省委关于湖北农民暴动经过之报告》。《报告》先详细列举了各县农民协会和党员的人数统计,接着写道:"有这样雄厚伟大的势力,至少可以担负完成湖北土地革命的责任而有余,即使七折八扣,甚至廉价对折,也足以担负起土地革命而不至坐视敌人肆意横行摧残革命势力。不知实际上大谬不然,湖北农运伟大的发展大部分完全是依赖政治军事的力量,没有经过实际斗争,而且还有许多地方是土豪劣绅在那里操纵把持。"报告也批评有些地方的党组织不仅不能领导农民干,反而指责他们的行动是"越轨的行动","农民协会侵越县政府的职权,

---

[1]《中共湖北省委最近政治、党务工作方针议决案》(1927年10月30日),中央档案馆、湖北省档案馆编:《湖北革命历史文件汇集(省委文件)》,1983年版,第91页。

[2] 罗亦农:《罗亦农文集》,人民出版社,1999年版,第292页。

尤为大错"。"所以号称有两三千同志的地方，会连一个人影都见不着，号称有二三十万有组织的农民的地方，也不能有一个人起来。"[1]

《报告》详细叙述了全省各个地区决定策略和行动的前后情况，着重谈了鄂南暴动失败的具体经过——近似儿戏，完全出乎领导人原来意料。暴动日期原定是9月10日，但特委得知有火车在8日运现洋数万到湖南作为军饷，临时决定劫车，由黄赤光率八九人穿军服以查车为名登车，开枪要求缴械。但上车后能开枪的只有两人，伏在铁路两旁的二三百农民上车缴得快枪十六支、子弹五箱、纸币三万四千元、现洋八十六枚，但铁路、电线都没有被毁断，并且暴露了起义的消息——计划原定起义第一日须攻克蒲圻、咸宁两城。劫车当天，咸宁县委书记到特委报告：咸宁只能集中农民八百多人，不能攻城。特委内部也引起争论。蒲圻的国民党驻军原有二百多支枪，后来又来军队增援，并配有机关枪。特委只能改变省委原定计划，决定不攻县城，并率主力移至新店，要同当地人民自卫军会合，先一起攻嘉鱼，再回师攻咸宁、蒲圻。但这支"人民自卫军"是由土匪改编的，这时已被敌方收买，出其不意地将毫无防备的起义军全部缴械，特委也被打散。鄂南暴动失去指导机关，群龙无首，一般干部和群众不知所措。国民党大部队开到，鄂南起义遂告失败。

鄂北暴动失败了，鄂南暴动又失败了，湖北省委的注意力不

---

[1]《中共湖北省委关于湖北农民暴动经过之报告》(1927年10月)，中央档案馆、湖北省档案馆编：《湖北革命历史文件汇集（省委文件）》，1983年版，第120—122页。

得不转到原来比较忽视的鄂东地区。在这个地区中，他们最初更关心的是大冶、阳新一带。后来得到报告："黄安方面：在七里坪地方有群众二三万人，快枪四五百支，杀了许多土豪，没收土劣之财产，即用以打梭镖。有同志戴季伦、戴克敏及党校学生在那里指挥。"又接到报告：麻城方面，在城北山上，"有人民自卫军，有快枪七八十支，一说百余支，有十二支驳壳，能号召群众二万，行动时能听指挥者一万人，土豪已杀尽，土地分配不少，有同志徐思庶、江汉翘（高级农业）、徐其虚（武汉中学）、刘文蔚（农所）等在其中负责指挥工作"[1]。于是也派出符向一、刘镇一、黄赤光等前去巡视和指挥，他们中有些人曾参加过鄂南暴动。

黄麻起义

黄安和麻城地处湖北省东北边缘地区，同豫、皖二省相接。两县毗连，"属大别山西南低山丘陵地带，地势北高南低"[2]。北部多高山，层峦叠嶂，地势险要，山路难行。这里河流众多，"这些河流水量变化很大，具有山溪河流的特征——无雨时涓涓细流，甚至断流，造成灌溉用水困难；而一场暴雨之后，则山洪暴发，又造成洪患"[3]。经济以农业为主，佃家妇女一般也从事体力劳动，土地大多掌握在地主豪绅手中。民风强悍，平时向有练

---

[1] 中央档案馆、湖北省档案馆编：《湖北革命历史文件汇集（省委文件）》，1983年版，第212、213页。

[2] 红安县县志编纂委员会编：《红安县志》，上海人民出版社，1992年版，第78页。

[3] 谭克绳、欧阳植梁主编：《鄂豫皖革命根据地斗争史简编》，解放军出版社，1987年版，第1、2页。

武自卫习俗；社会矛盾尖锐，受过大革命风暴的强烈影响。拿黄安来说："全县系农业区域，农民约二十余万，佃农占百分之六十至七十，自耕农占百分之十至二十，余均为地主。地主占全县土地的大半，万亩以上的十余家，千亩以上的百余家，苛待农民特别利〔厉〕害，农民反抗心也正高。"[1]

为什么当湖北秋收暴动在多处相继失败的严峻局势下，黄麻地区却能异军突起，打开一个新局面，最后结出丰硕的果实，而没有遭到其他地区那样的失败命运？回答这个问题，必须以比较宽广的视野，从敌我双方力量对比的全局进行分析。

毛泽东在《中国的红色政权为什么能够存在？》这篇文章中写道："因为有了白色政权间的长期的分裂和战争，便给了一种条件，使一小块或若干小块的共产党领导的红色区域，能够在四围白色政权包围的中间发生和坚持下来。""我们只须知道中国白色政权的分裂和战争是继续不断的，则红色政权的发生、存在并且日益发展，便是无疑的了。"[2]

在北伐战争中，以前长期盘踞湖北的北洋军阀部队被消灭或逐走了，以后国民党武汉政府在湖北的主要兵力是唐生智的湘军和张发奎的粤军，这是两支有较强战斗力的部队。国共分裂后，张发奎的很大部分部队因参加南昌起义而南下，其余部分也在张发奎指挥下南赴广东。控制两湖地区和安徽的国民党主力

---

[1]《两月来湖北之农民革命潮》（1927年12月），《中国工农红军第四方面军战史》编辑委员会编：《中国工农红军第四方面军战史资料选编（鄂豫皖时期）》上册，解放军出版社，1993年版，第123页。

[2] 中共中央文献编辑委员会编：《毛泽东选集》第1卷，人民出版社，1991年版，第49页。

是唐生智部。宁汉合流后，南京国民政府内有较强兵力的桂系李宗仁、白崇禧逼迫蒋介石一度下野。唐生智野心勃勃，所部沿安徽东进，威胁南京，1927年10月中旬同桂系发生战争，原属武汉国民政府的另两支湘军程潜和鲁涤平部转而参加讨唐，被称为"宁汉战争"。唐生智部逐渐陷于孤立，逐步西撤。11月间，唐生智对部下主要将领说："各方队伍都要向我们进攻，我们不能应付，我只好暂时离开部队到日本去。"[1]这次战争对唐生智来说，可说是生死之争。除了联络鄂、湘两省之间的鄂南铁路线和襄樊之类重要城镇，哪里还有力量顾得上鄂东北边缘那块偏僻地区。

可以注意到，黄麻起义发生在1927年11月13日。而唐生智正是在11月11日宣告下野，离开武汉；13日，唐部完全自武汉撤回湖南；14日，桂系部队开始进驻湖北，一切都要重新部署安排。这是湖北政治形势中的大局，影响方方面面，无暇他顾。黄麻起义在此时取得成功，并且在二十来天内没有受到国民党正规军队攻击，局势有过一段相对平稳的日子，与此自然有关。

那么，这时黄麻地区是不是还有国民党的军队？有，那就是魏益三部第三十军的一部分。魏益三原是东北军郭松龄部参谋长，在郭发动反对张作霖的战争失败后投奔冯玉祥，先后任国民军第四军总司令、河南自卫军副总司令，他的部队有一部分自行从豫南临时移驻黄麻地区。这是一支游荡不安的杂牌军，同鄂东北地区的土豪劣绅没有多少渊源，甚至还把当地地主武装缴了械，以充实自己的实力。他们并不想在这里扎下根来，也不愿同

---

[1] 刘兴：《回忆国民革命军第八军》，《中华文史资料文库》第2卷，中国文史出版社，1996年版，第640页。

共产党领导的民众武装拼死作战，只想捞一把就走。1927年12月14日留下的一份《黄安工作报告》写道："黄安、麻城现在都没有土豪劣绅武装的人民自卫团或民团，这些人民自卫团（如黄安南乡之八里塆与麻城南乡之白果埔）的快枪都已经被魏益三拿去扩充实力去了！"[1]这实在是十分罕见的场面。

可以说，黄麻地区是国民党和土豪劣绅在湖北统治中的薄弱环节，这是黄麻起义取得成功的有利条件。

再来看革命主观力量在黄麻地区的状况，特别是它有着什么特点。

据湖北省委在1927年5月的统计，黄安已建立正式的县农民协会，下有区农协十个、乡农协二百一十个，农协会员五万六千人，有共产党员六十七人；麻城有县农民协会筹备处，下有区农协十三个、乡农协三百四十个，农协会员十二万四千人，有共产党员二十五人。这些数字显示当地革命力量虽已有一定规模，但在全省来说并不算多（如黄冈有共产党员六百四十三人，鄂城有农协会员七十万零一千人）。[2]但它们有两点很值得注意。

一是民众的文化水平比较高，在接受和传播革命思想中发挥了重大作用。中国共产党创建人之一的董必武就是黄安人。王宏坤在《我的红军生涯》中写道："在革命的宣传发动中，知识分子的作用和功绩很大。当时投身革命的知识分子很多，其中主要

---

[1]《黄安工作报告》（1927年12月14日），中央档案馆、湖北省档案馆、河南省档案馆编：《鄂豫皖苏区革命历史文件汇集（鄂东北特委、豫东南特委文件）》，1985年版，第3页。

[2]《中共湖北省委关于湖北农民报告经过之报告》（1927年10月），中央档案馆、湖北省档案馆编：《湖北革命历史文件汇集（省委文件）》，1983年版，第114页。

是中学生。我们村，王宏文是武汉的大学生（注：王宏文又名王幼安，是王树声的堂兄，受到董必武的影响，是麻城最早参加共产党的人[1]）。蔡济璜、刘文蔚、徐其虚、桂步蟾、徐子清、王树声等在麻城上中学。黄安更多，到暴动时我们才知道他们的名字：曹学楷、王秀松、徐朋人等等。黄安的知识分子比麻城多是有原因的。过去黄安有学田，专门供给读书的，就是讨饭人家的子弟也要让其读完小学，所以教育比较普及，中学生、高中生很多。后来在红军队伍里，我对黄安籍的战士说，你们不识字不可能，最低程度读了三年书。但麻城就不行，没有学田，穷人家子弟就没办法上学。与我们交界的河南光山、商城、罗山等县，同麻城一样。黄安人读书人多，文化教育程度高，知识分子多，接受革命真理快，革命发展也就比较普遍。"由知识分子到群众中宣传革命，特别是本地的知识分子，呼应的人多。同时，他们的口号和主张也切实际，抓住了群众普遍关心的问题，所以很快就闹起来了。"[2]

其实，麻城也有重视文化的传统。在明代，麻城出过一百一十个进士和四百二十一个举人，居湖北各县之首；到清代，比以前少，但还有四十六名进士、二百零六名举人。[3]进入民国后，也有不少青年到武汉接受新式教育，并且参加了中国共产党。这在上述王宏坤的回忆中也谈到。

曾在1927年任中共黄安县委代理书记的郑位三写道："回忆

---

[1]《王树声传》编写组编：《王树声传》，当代中国出版社，2004年版，第12、13页。
[2] 王宏坤：《我的红军生涯》，人民出版社，1991年版，第11、12页。
[3] [美] 罗威廉：《红雨：一个中国县域七个世纪的暴力史》，中国人民大学出版社，2014年版，第82、83、202、203页。

起大革命时期的黄安,我们记忆犹新的是:农民革命斗争猛烈,革命的知识分子特别多。""最初传播革命思想的,是一批从武汉读书回乡的党员,他们多是董必武、陈潭秋、萧楚女介绍入党的。""在初期,知识分子对于向工农群众宣传革命思想,起了很好的桥梁作用;随着农民斗争的烈火,又迅速锻炼和改造了这批知识分子。"[1]

二是由于边界的复杂环境和民间习武的传统,这里农民有组织地进行武装斗争的次数比较多,并且取得过多次胜利,战士作战较有经验,也有信心。王树声说过:"党吸取了历次斗争的经验,深感建立革命武装的重要,农民群众对武装的要求也很强烈。"他们先成立起农民敢死队,就是说谁不怕死就来参加。"后在这基础上组成农民自卫军。"[2]这和许多地方的农民自卫队临时集合起来后不知道该怎么做、一遇挫折很容易立刻溃散大不相同。不少失败中常出现这种事先没有预计到的场面。

黄麻地区位于鄂东北边缘地区。湖北多年来军阀混战不断,正规军很少长期驻守在这种偏僻地区,同当地土豪劣绅关系并不密切,甚至发生前面所说魏益三部将地主豪绅的团练缴械解散的事情。因此,常见的反动武装主要是这些地主豪绅借口"防匪保家",采取迷信手段组织起来的红枪会(当然也有一些贫苦农民自发办起的红枪会,它的性质和上述组织是不同的)。黄麻地区

---

[1] 郑位三:《红色的黄安》,《中国工农红军第四方面军战史资料选编(鄂豫皖时期)》上册,解放军出版社,1993年版,第395页。

[2] 王树声:《黄麻起义及其前后的一些情况》(王树声谈话记录),《中国工农红军第四方面军战史资料选编(鄂豫皖时期)》上册,解放军出版社,1993年版,第404、405页。

农民协会的自卫军一开始交手的就是这种反动的红枪会。他们主要从豫南的光山、新集一带来，向黄麻北乡冲来时气势汹汹，还装神弄鬼——有"教师爷"，自称"刀枪不入"。当时在麻城参加战斗的陈再道回忆道：战斗中，农民自卫军对准这个"教师爷"射击，一枪打中，"敌人一见'教师爷'挂彩，背起这家伙就往山下跑"。"这一跑不要紧，其余的敌人以为要撤退，一齐掉过头来，直奔山下跑。我们一看见这情景，没等队长发出命令，就纵身跳出工事，追击溃退的敌人。这次追击和上午不一样，给他来了个穷追不舍，边追边打，边打边追，一直追了四十余里，还捎带着捣毁了俞家塆红枪会的香堂。这次破寨岗战斗，打死打伤敌人三千多人，红枪会的大小头领，也被打死二十多个。这是麻城农民自卫军正式成立之后，第一次取得的大胜利。反动武装闻之丧胆，革命声威传扬四方。"[1]不久，应麻城县委的要求，黄安农民自卫军一部分由潘忠汝、戴克敏、吴焕先等率领赶往麻城支援。其中，潘忠汝曾在黄埔军校第五期学习。后来，湖北省委又派吴光浩来担任麻城农民自卫军大队长。吴光浩，湖北黄陂人，是黄埔军校第四期毕业生，北伐时担任过国民革命军第四军的连长、营长，富有军事经验，在民众中威信很高。接着，省委又任命潘忠汝（也是黄陂人）为黄安农民自卫军大队长，他是公认的黄麻起义的军事领导人。吴、潘两人在黄麻起义前后的军事工作中发挥了重要作用。

可以看出：黄安、麻城的农民自卫军在黄麻起义前已经建立起相当数量的由共产党领导的农民武装，他们沉重打击当地民愤

---

[1] 陈再道：《陈再道回忆录》（上），解放军出版社，1988年版，第53、54页。

极大的土豪劣绅，同红枪会等反动武装进行过多次战斗，并且取得胜利。这不仅使自卫军取得实际的作战经验，提高了战斗力，也增加了部队的信心和凝聚力。这正是鄂北和鄂南暴动时所缺少的。自卫军领导干部中增加具有军事知识和经验的成员，并且同当地的党组织密切合作，这也是很重要的。

1927年8月底，中共湖北省委书记罗亦农在汉口向黄安代理县委书记郑位三等人传达八七会议精神。黄安县委随即在七里坪召开活动分子会传达精神，准备组织农民暴动。9月26日起，黄安、麻城两县在一个星期内先后爆发暴动三十多起，被称为"九月暴动"。由于还缺少领导农民武装起义的足够经验，这些暴动都失败了，却成为黄麻起义的预演，并且引起中共湖北省委的重视。10月25日，湖北省委又发出第三号通告，要求各县、市区委对八七会议的《告同志书》"详加讨论"。30日，省委通过工作方针决议案，特别提道："派遣同志去鄂东工作。"这在过去不曾有过。可以说：黄麻起义是在党的八七会议精神指引下发动起来的。

湖北省委得知黄麻地区和"九月暴动"的实际情况后，十分重视，决定成立鄂东特委，继续派遣干部前往，加强这个地区的工作。10月，成立中共黄麻特别区委员会。11月10日，省委再次发布通告："东南战事爆发后，唐生智在湖北南部的政权不但在乡村中摇动起来，即在武汉三镇已呈败退的现象。现在唐生智的军力，除集中武长路及前方作战外，后方十分空虚。""在这样局面之下，我们虽不能马上暴动夺取政权，可是我们决不能放弃这个机会，应当加紧工作，应该利用这个时机发展各方面的工作。"[1]这正是黄麻起义的前三天了。

黄麻起义使两县的革命斗争由互相配合进到统一领导。

这时,新成立的中共黄麻特委已于11月3日在黄安七里坪召开黄、麻两县党的活动分子会议。黄麻地区不少集镇和居民聚居区,筑有类似城墙的防御性寨墙。七里坪镇在黄安县城正北,已接近豫南边境,境内多山,人口众多,也筑有颇具规模的寨墙,是黄安的重镇。镇内原有魏益三部一个营在那里驻扎,但"弱兵极多,战斗力极弱",得知黄安和麻城农民自卫军准备去缴他们的枪,便"开南门逃走了"。因此,特委召开的会议便能在这里举行。"在这次暴动第一次进攻军队之时,农民群众愈加看出敌人的软弱,认识了自己的力量,他们的革命勇气加倍,同时引起他们进攻的决心。"[2]11月3日召开的这次会议,讨论了特委传达的八七会议精神,制订了黄麻起义的计划,决定夺取黄安县城,由潘忠汝担任起义总指挥,吴光浩任起义副总指挥,他们都受过比较系统的军事教育。起义指挥部就设在七里坪。

黄安县城内本来驻有魏益三部一个团,听说七里坪农军声势浩大,不敢也不愿抵抗,便自行撤往黄陂。11月13日,传来的一个消息说魏益三部又一个团开到黄安县城。农民自卫军指挥部决定趁该团远道前来又毫无布置,立刻集中黄麻农民自卫军主力一千多人,前往攻打黄安县城。

---

[1] 中央档案馆、湖北省档案馆编:《湖北革命历史文件汇集(省委文件)》,1983年版,第79、338页。

[2]《黄安工作报告》,中央档案馆、湖北省档案馆、河南省档案馆、安徽省档案馆编:《鄂豫皖苏区革命历史文件汇集(鄂东北特委、豫东南特委文件)》,1985年版,第7、8页。

当年 13 岁的秦基伟回忆道："这一年 11 月 13 日下午,我扛着一根红缨枪,跟着本村农会的乡亲们,赶到了首集七里坪。我已经记不清是谁负责指挥我们了,只记得发动的口令是'暴动,夺取黄安城'。""当天夜里,我们从七里坪出发,经打鼓岭、火连畈、直畈,直达城北三里岗。沿途人山人海,刀枪林立。到了 14 日天快亮的时候,我们黄安、麻城两县的农民起义军已将黄安县城围得水泄不通。""当时的情况,真有排山倒海之势。天快亮的时候,总指挥潘忠汝和吴光浩指挥部队由城北角攀梯而上,一举攻入城内。"[1]

这时,魏益三又往黄安县城派去一个团,但该团行动迟缓,还没有赶到。城内只有县城公安局的警备队。起义军缴枪三十余支,俘获县知事贺守忠等和十五名地主豪绅,收缴了一大批钱钞物资,并张贴鄂东革命委员会布告,宣布暴动意义并要求商家照常贸易。当天下午四时,得知魏益三所派那个团已开到县城西二十里,起义军考虑到已连续行军作战一昼夜,十分疲劳,决定将缴获的枪支、弹药、财物等运回后方七里坪。魏益三那个团进入县城时,原来的旧县政府已不存在,无人接待,士兵四出抢米抢柴,又害怕起义军反攻县城,通宵守城,士兵疲惫不堪,军心恐慌不稳。该团在城内只停留了一天,在向商家搜刮大笔洋钱后,于 15 日晚退出县城,以后没有再来。第二天,起义军重新返回并控制黄安县城。

11 月 18 日,起义军在黄安召开农民政府成立大会,到会的有一万多人。政府委员有九人,全是共产党员,其中四人是佃

---

[1] 秦基伟:《秦基伟回忆录》,解放军出版社,1998 年版,第 10、11 页。

农。主席曹学楷曾在武昌的中华大学附中学习，回乡后自办小学，是中共黄安七里坪区委书记、县农民协会主要负责人。据当时的记载，曹学楷在大会上讲话说："我们种田佬每年除了完粮饷送钱把大老爷或者是被土劣贪污抓着打屁股、关牢和砍脑壳以外，再不敢进出老爷衙门，但是今日我们种田佬、担粪的公然自己组织政府，自己做起委员来了，这点说明我们革命的力量，证明现在是劳农世界、无产阶级的世界了。"他讲完后，中共黄麻特委书记符向一等也讲了话。此后两天，黄安各区纷纷开庆祝大会，到会民众共计七万多人。农民政府成立后，迅速恢复社会秩序，商店照常营业，学校继续上课。农民政府带领民众打击当地的土豪劣绅，没收他们的财产。麻城前来庆祝的代表说："你们已经抓到了权柄，故有今日这样的好处，我们回去也一定照你们这样去抓到权柄。"又说："黄安办得这样好是兴共产兴得好，我们不怕共产，只有共产能够代表我们的利益。"[1]

根据省委指示，特委将黄安和麻城的农民自卫军改编为工农革命军鄂东军，由潘忠汝任总指挥，吴光浩、刘光烈为副总指挥，下分两路：黄安农民自卫军改为第一路，潘忠汝兼司令，麻城农民自卫军为第二路，吴光浩兼司令，两路共三百多人。鄂东军和所属两路都建立起党代表制度，以保证中国共产党对军队的领导。

这"是中共工农红军第四方面军建军的起点"[2]。

---

[1]《黄安工作报告》，中央档案馆、湖北省档案馆、河南省档案馆、安徽省档案馆编：《鄂豫皖苏区革命历史文件汇集（鄂东北特委、豫东南特委文件）》，1985年版，第9、10页。

[2]《中国工农红军第四方面军战史》编辑委员会编：《中国工农红军第四方面军战史》，解放军出版社，1991年版，第20页。

黄麻起义虽然发生在黄安，事实上是黄安和麻城两地共同行动的。此外，黄陂等县的革命力量也参加了这次行动。徐海东是黄陂人，1925年4月加入中国共产党，北伐时在国民革命军第四军张发奎部当过排长，后回到家乡担任农民自卫军队长。他回忆说："我的家乡紧靠黄安县，革命的影响也较深。""不久，黄安、麻城地区爆发了大规模的农民暴动，我奉县委的指示，带着那七条枪十多个人，前往黄安参加起义。走到黄安，城已破了两天，并成立了鄂东工农革命军第一路军。我带去的七条枪，随编入工农革命军。不几天，领导让我回黄陂去组织队伍，队伍还没有组织起来，黄安的工农革命军就遭受了失败。"[1]所以，新中国初期的"十大大将"中，就有王树声、徐海东两人参加了黄麻起义。

黄麻起义在中国共产党历史上写下了重要一页。"这次起义的胜利证明：党的'八七会议'所确定的武装革命的总方针是完全正确的。""黄麻党组织在鄂东特委的直接领导下，由于坚决执行了革命的武装革命的总方针，而且组织严密，动员深入，行动快速，斗争坚决，因而保证了起义的迅速胜利，把当地的革命斗争推进到一个新的阶段。"[2]

上山打游击，创建根据地

革命道路从来不是平坦的。正是在曲折的道路上不断艰苦探索，推动着革命事业的发展和前进。

---

[1] 徐海东：《生平自述》，生活·读书·新知三联书店，1982年版，第16、17页。
[2] 王树声：《王树声军事文选》，军事科学出版社，2000年版，第576页。

黄麻起义的成功影响很大,引起巨大的震动。那时,桂系部队刚刚击败了唐生智,取得对两湖地区的统治。他们虽然忙于巩固在武汉、长沙等重要城市的统治和处理战争的善后事宜,自己一时抽不出手来扼杀革命,但绝不会坐视工农革命军在鄂东北的发展,便致电请驻在河南潢川的国民党第十二军任应岐部在12月初南下向黄安进犯。第十二军并不是国民党的嫡系部队,是原建国豫军樊钟秀部的一部分,他们同国民党有历史关系,有相当的战斗力。那时,鄂东军正准备向南发展,打击黄安土豪劣绅集中的地区。任应岐部取道麻城,在12月5日深夜突然向黄安县城扑来。鄂东军没有足够思想准备,还以为是土匪来犯,奋起抗击,但众寡悬殊,到6日拂晓前城门被攻破,解放了二十一天的黄安县城失守。潘忠汝和中共黄安县委书记王志仁等牺牲。8日,任应岐部又进占黄安七里坪和麻城乘马岗等起义军据点,当地土豪劣绅等乘机大肆报复。中共麻城县委书记蔡济璜、鄂东军第二路党代表刘文蔚等牺牲。许多村庄被焚掠一空。黄安北乡死难民众数千人,麻城一次性被杀害的民众就达四百多人。

在遭受如此残酷打击后,黄麻地区的革命者怎么办?可供选择的有几条路:一是不顾敌我力量悬殊,死拼到底,但结果只能是把剩留下来的那点革命力量全部拼光,广东海陆丰根据地的失败就是教训;二是被力量占绝对优势的敌人吓倒,放弃斗争,销声匿迹,组织解体,这样的事例不少,自然是真正革命者绝不取的;三是在极端艰苦的环境下,重新集结力量,选择敌人薄弱环节,依靠并发动群众,开创新的局面,这需要有坚定不移的信念、百折不挠的毅力和审时度势的智慧,也就是湖南秋收起义失败后毛泽东在文家市会议上确定的道路,是唯一正确并且能最后取得胜利的道路。

黄麻起义的革命者们选择的，正是这一条正确而艰难的道路：上山打游击，创建根据地。

从黄安县城突破重围冲出的一部，先退到七里坪，任应岐部也紧紧追来。8日，七里坪失陷，麻城的局势也已危急。鄂东军、黄安县委、县农民政府负责人来到位于黄安西北紫云区的木城寨，召开会议。吴光浩、曹学楷、戴克敏、戴季英、汪奠川、廖荣坤、徐其虚、江竹青参加会议。符向一（一度任黄麻特委书记，后自首叛变）也到会。会议认为，鄂东军不能老停留在中心区，要打出圈圈，把敌人撵走，减少中心区的损失。吴光浩当即提出转移到黄陂县木兰山，"大家一致赞成，确定在木兰山活动三个月再回来，不脱离黄麻"[1]。看来，这次会议已经有了上山打游击的思想，但还没有明确创建巩固的革命根据地的思想。

上山打游击，是敌强我弱的客观环境中不得不采取的符合实际的选择。前面说过，它是毛泽东很早也最完备地提出来的。徐向前在海陆丰根据地时针对那时"左"的错误指导思想也提出过。大革命时，聂洪钧在湖北咸宁当县农民协会会长时也提出过，他回忆说："'上山'思想，在咸宁是我提出的，但不是我发明的。还在国共分裂以前，有一次我到武汉去开会，在同志间私底下闲谈中，就有这样的酝酿。有同志说：如果国共'分家'，为了保存农村革命力量，打不赢就应当'上山'。"[2]可见，这种不谋而

---

[1] 戴季英：《黄麻起义前后》，《艰苦的历程》（上），人民出版社，1984年版，第75页。

[2] 聂洪钧：《聂洪钧回忆与文稿》，中共党史出版社，2005年版，第95页。

合的思想是客观实际需要的产物。

为什么鄂东军"上山"的目标选在木兰山？

木兰山位于湖北黄陂县城北六十里，离黄安西南也约六十里，是大别山南麓山峰之一，主峰海拔五百八十二米，山势巍峨，山上有三十多所庙宇，山下人烟稠密，方圆六七十里内有一千多户人家。原来驻扎在这个地区的魏益三部已经调走，在这里没有国民党的正规军，地方反动武装比较薄弱，民众受过大革命的影响。这里又是吴光浩的家乡，有一些社会关系可以利用，确实不失为鄂东军用以暂时休整、准备再举的一个基地。

去木兰山时，"清点一下，共七十二人，四十二枝长枪（其中有九枝九子弹、两条马蹄斜），九支驳壳枪，两支手枪"[1]。人数虽少，却经过黄麻起义的锻炼，是一支有力而可靠的革命骨干力量。到木兰山是12月29日。第三天，鄂东军被改编为工农革命军第七军，这多少有着扩大政治影响的作用。军长为吴光浩，党代表戴克敏，参谋长汪奠川。部队编为三个队，每队二十余人。

"经过短暂整顿，第七军立即展开了活动，到处张贴布告，积极宣传原黄安农民政府公布的政纲，并分散四出向土豪劣绅下（要）款，开仓分粮，救济贫民，提出'抗租、抗粮、抗税、抗捐、抗债'的五抗口号，向群众宣传我们党和工农革命军是为穷人家解放而斗争的，号召贫苦农民起来打土豪分田地，推翻反动的国民党统治。"[2]其中影响最大的是1928年1月23日（也就是春节）

---

[1] 戴季英：《黄麻起义前后》，《艰苦的历程》（上），人民出版社，1984年版，第76页。

[2] 程启光：《战斗在木兰山》，《艰苦的历程》（上），人民出版社，1984年版，第87页。

乘敌不备，攻下木兰山东南的罗家岗，打开土豪的当铺、粮仓，让群众领取，三日不绝。参加这次战斗的陈再道（时任班长）回忆说："火攻罗家岗战斗，我军无一伤亡，缴获了长枪19支。这是自黄麻起义失败以来，我们打的第一个漂亮仗，大长了我们的志气。"[1]

这件事惊动了国民党当局，派任应岐部第十二军一个团兵力前来"进剿"。第七军由吴光浩率领，冲出包围圈，转移到黄冈境内，在大崎山、回龙山、磨盘山一带活动，在木兰山上也留下一部分人，一度称为第八军。第七军这次行动，到处遭到强敌堵击，风餐露宿，处境十分困难。吴光浩勉励大家："我们的枪丢不得。有了枪，才能打倒地主阶级，才有工农的出路；丢了枪，就不能胜利，不能生存。"[2]一个多月后，第七军返回木兰山，两军会合。这时人员已略有增加，在周围地区分散游击。但木兰山区接近武汉，交通方便，是国民党必争之地，敌我力量悬殊，不易打开一个大的局面。

以木兰山为中心的这三个月游击战争，尽管没有打开一个新的局面，仍有重要意义：不仅保存了这支可贵的革命骨干力量，还使他们受到革命游击战争的锻炼，提高了战斗能力。这在以后便显示出它不可磨灭的宝贵作用。

1928年4月初，黄麻地区的局势陡然发生变化。本来，桂系军队刚击败唐生智部，一时立足未稳，因此邀请豫南的任应岐部第十二军南下控制黄麻地区。但当桂系在湖北初步站住脚跟后，

---

[1] 陈再道：《陈再道回忆录》（上），解放军出版社，1988年版，第126页。
[2] 王树声：《王树声军事文选》，军事科学出版社，2000年版，第578页。

湖北籍的桂系将领、湖北全省清乡督办公署会办兼第十八军军长陶钧同任应岐的摩擦加紧，双方的军队发生冲突。任应岐下令把第十二军撤回河南。黄麻地区的国民党军势力顿时空虚。

工农革命军第七军抓住这个时机，重回黄麻地区。陈再道回忆说："回到老区，我们所到之处，耳闻目睹敌人残害革命群众的暴行，复仇的怒火，在大家心头燃烧起来。当地党组织动员群众积极支援配合我们，向土豪劣绅和反动民团展开全面进攻。"[1]

这时，中共六大正准备在苏联莫斯科召开。国内留守中央对湖北局势仍很忧虑。他们在《关于湖北工作方针决议案》中写道："黄安、黄冈、黄梅相继失败后，现在还未恢复过来。"他们注意的重点还在武汉三镇，但也提到需"努力创造割据局面——普通的割据乡村，与群众打成一片，须做到大小失败后都能保存乡村的组织，即是失败后要使外来敌人分不出群众与我们的不同"[2]。

一个新的至关重要的问题在实际生活中也提到已转战游击四个多月、正在继续探索中的第七军面前："一开始，我军在鄂豫边界的崇山峻岭之中，展开了你来我往、你进我退的巧妙周旋。但是，经过这样一段时间之后，就觉得要坚持长期的武装斗争，必须有一个相对稳固的立足点，作为对敌斗争的可靠依托。如果不这样，当强敌来临的时候，势必一日数迁，东奔西走，风餐露

---

[1] 陈再道：《柴山保武装割据》，《艰苦的历程》（上），人民出版社，1984年版，第93页。

[2]《中共中央关于湖北工作方针决议案》（1928年5月1日），《鄂豫皖革命根据地》编委会编：《鄂豫皖革命根据地》第1册，河南人民出版社，1989年版，第43、44页。

宿，疲惫不堪，使自己处于更加困难的境地。"[1]

这是认识上的又一个重大飞跃：在敌我力量悬殊的情况下，不仅要上山打游击，而且要努力建立巩固的革命根据地。否则，部队的给养和休整都没有保证，同民众也无法保持稳定的联系，武装斗争难以长期坚持，在优势敌人进攻时，还有失败的可能。这又是客观实际生活教育的产物。

建立"相对稳固的立足点"，为什么选择柴山保？那里位于河南光山县的南部，正处于鄂豫两省的边界处，国民党鄂豫两省的当局在利益和步调上并不一致。当地山高林密，地势险要，没有国民党正规军在这个地区驻扎。那里又同黄安、麻城地区直接相连，过去有相当的党和群众工作的基础。5月间，刚建立的鄂东北特委领导人吴光浩、曹学楷、戴克敏、徐朋人等在柴山保境内的清水塘召开会议，决定在这里创立一个比较稳定的根据地。

工农革命军第七军在这一带接连打了很多次胜仗。7月14日，桂军的第十八军驻紫云区的一个连，由一个有进步思想的排长带领前来投诚。这时，工农革命军第七军在柴山保举行会议，根据上级指示，宣布将第七军编为工农革命军第十一军第三十一师，吴光浩任军长兼师长，戴克敏任党代表，曹学楷任参谋长，全师约一百二十人，分编为四个大队。

为了在柴山保站稳脚跟，党组织又决定由曹学楷负责地方工作，使这方面的工作面貌发生重大变化。5月间，从柴山保到黄安、麻城近郊，"在此纵百里、横一百三十里地区内，乡村中的反动统治全部崩溃。作为革命基层政权的农民委员会，已经普遍

---

[1] 陈再道：《陈再道回忆录》（上），解放军出版社，1988年版，第152、153页。

建立。黄安、麻城还分别成立了县农民委员会。七里坪于2月28日召开工农兵代表大会，经正式选举产生了工农民主政府。七里、紫云、乘马、顺河等工作较好的地区，已开始分配土地"。"党组织有了很大发展，仅黄麻两县即有一千两百余党员。""割据地区内，普遍建立了不脱离生产的群众武装，平时站岗放哨，警戒敌人，战时协助和支援军队作战。""边界地区的武装斗争、建立政权和土地革命，业已结合起来，鄂豫边革命根据地初步形成了。"[1] 12月，"特委明确提出'学习井冈山的办法'"[2]。

经过边界武装斗争，到1929年年初，红三十一师发展到四百多人，武装割据地域日益扩大，出现生气勃勃的新局面。

中共中央派来巡视的曹壮父在报告中满腔热情地写道："我巡视所到的黄安——我认为湖北最好的一个苏维埃区域"，"自去年暴动后，阶级的对立已有很明显的划分"。"所以赤卫队在各处游击时，极得群众的拥护和赞助，致令敌人所谓'清乡保甲诸良法'在黄安简直无从着手。""党在这样一个环境之下，较他县的比较积极，干部分子的坚决，更是可以乐观的。""士兵半数为同志，成分非常好，已纯粹脱离雇佣的形式。官长士兵的生活，绝对是平等的，所以官兵的关系非常好。""他们作战百余次，从未打过败仗。"他向中央提议："建立一个鄂豫皖的苏维埃局面。"[3]

---

[1]《中国工农红军第四方面军战史》编辑委员会编：《中国工农红军第四方面军战史》，解放军出版社，1991年版，第33、34、37页。

[2] 陈再道：《陈再道回忆录》（上），解放军出版社，1988年版，第164页。

[3]《曹壮父给中央的报告》（1928年12月15日），《中国工农红军第四方面军战史》编辑委员会编：《中国工农红军第四方面军战史资料选编（鄂豫皖时期）》上册，解放军出版社，1993年版，第217、218、219页。

这是一个重要的转折,或者说是新的起点。"起义武装经过艰苦曲折的斗争,终于走上了'工农武装割据'的道路,在鄂豫两省黄、麻、光(山)三县边界,建立起鄂豫边区最初的一块革命根据地,为以后革命斗争的发展奠定了基础。"[1]

这支红军,是当地人民的子弟兵,经过一年多血和火的洗礼,在各方面都一步步成熟起来,如今回到故乡,同亲人一起生活和战斗,如鱼得水,像火种再播到这块炽热的土地上,很快就燃起一大片不可阻挡的燎原烈火。

1929年3月下旬,早已复职并控制南京国民政府的蒋介石同桂系军阀的战争爆发,湖北是主要战场。4月5日,蒋系军队不战而进入武汉,桂系失败。国民党统治集团内部的这场战争,主要的争夺焦点在湖北,这又便于鄂豫皖地区革命根据地和红军的发展。

地处鄂东北的黄麻地区,围绕大别山,同豫南、皖西相毗连,他们的活动和影响很快便有力地扩大到这些原有相当革命基础的地区,产生强烈的反响。1929年5月,豫南商城南部的武装起义取得胜利,成立了红十一军第三十二师和豫东南革命根据地。这正是蒋桂战争刚刚结束、统治秩序还来不及稳定的时候。半年后,也就是这年11月,皖西六(安)霍(山)武装起义,组建红十一军第三十三师和皖西革命根据地。这就是红四方面军和鄂豫皖革命根据地的前身。这个革命根据地全盛时期的面积发展到涵盖湖北、河南、安徽三省的三十几个县,近五万平方公里,人口近一千万;红四方面军在1931年11月成立时,兵力已近

---

[1] 王树声:《王树声军事文选》,军事科学出版社,2000年版,第569页。

三万人。

不幸的是，红十一军军长兼第三十一师师长吴光浩在1929年5月这个大别山地区革命形势面临重大发展时，根据特委指示带了几个人赴豫南帮助发动商城南部起义，途中遭地主民团突然袭击而牺牲。这是一个重大损失。5月7日，中共鄂东北特委在给中共中央报告中提出："东北区在军事行动上占重要地位，同时游击范围日形扩大，吴光皓（浩）同志已牺牲，其余军事工作人多系学生出身，能力差，红军没有负总指挥的人，如果白色恐怖一来，十分危险，请中央速派一个总指挥来。"[1]

中共中央对这件事十分重视。5月底，中共中央军委书记杨殷亲自找刚从广东参加一系列武装起义回到上海的徐向前谈话。他说："鄂东北有块根据地，基础不错，那里派何玉琳同志来要军事干部，军委决定派你和桂步蟾同志去。"桂步蟾本来就是麻城的共产党员。徐向前回忆道："他（杨殷）问我有没有意见，我说：'没有意见，服从组织决定。'"[2]6月5日，他和桂步蟾到达鄂东北根据地。徐向前接替的是吴光浩的工作。吴光浩是黄麻起义的领导人之一，在群众中威信很高。对他的牺牲消息，特委决定暂不宣布，怕影响部队和群众的情绪。所以徐向前到第三十一师，名义上是副司令、副师长（他不在乎这类名义），实际上负责起全师的军事指挥工作。师党代表戴克敏、参谋长曹学楷、政治部主任陈定侯，都是土生土长的黄安人，是黄安起义以

---

[1]《鄂东北特委给中央的报告》（1929年5月7日），中央档案馆、湖北省档案馆、河南省档案馆、安徽省档案馆编：《鄂豫皖革命历史文件汇集（鄂东北特委、豫东南特委文件）》，1985年版，第39页。

[2] 徐向前：《历史的回顾》（上），解放军出版社，1984年版，第31页。

来的老战士，对当地的实际情况十分熟悉。和徐向前同去的桂步蟾任红十一军第三十一师第二大队党代表，不久后在作战时牺牲。

徐向前是黄埔军校第一期毕业生，1927年3月加入中国共产党，参加过北伐前的东征战争、广州起义和海陆丰根据地的作战，有着很高的政治水平和军事素养。他来到鄂豫边后，对红三十一师以至他始终担任总指挥的红四方面军，都起着别人难以比拟的作用。

红三十一师的老战士徐深吉中将回忆当年的徐向前道："红三十一师只有五个大队三百来人。干部战士绝大多数是青年农民，他们纯朴，勇敢，能吃苦耐劳，但也存在着狭隘、散漫等弱点。领导这样一支游击队伍，他很注意发挥当地土生土长的'大老粗'们的长处，从行军打仗、日常生活，到军民关系到同志感情，处处都以身作则起带头作用，和群众打成一片。他工作脚踏实地，平时说话不多，开会讲话心平气和，简洁，易懂，毫无学生腔和八股味；打起仗来身先士卒，哪里最危险，最吃紧，他就出现在哪里；战斗结束总结经验时，他总是表扬那些打得好的单位和同志们，从不居功自恃，而对战斗中的缺点和失误，则勇于承担责任，决不诿过于人，深受指战员的爱戴和信任。"[1]

这是把一支原来绝大多数由农民组成的队伍，逐步教育培养成一支无产阶级领导的成熟的新型革命军队的过程。没有优良的高级领导人，不可能培养出这样的队伍来。

---

[1] 徐深吉：《徐向前同志在红四方面军》，《艰苦的历程》（上），人民出版社，1984年版，第21页。

从黄麻武装起义，到以木兰山为中心地区的上山打游击，再到以柴山保为中心的鄂豫边武装割据，创建比较稳定的革命根据地，虽然历经艰苦曲折，每次都跨出十分重要的一步，从而为建立红四方面军和鄂豫皖革命根据地奠定了基础。似乎难以想象的路，就是这样一步一步走过来的。

对黄麻起义前后的历程，徐向前在回忆录《历史的回顾》中感叹地写道：

> 万事起头难。鄂豫边区能够形成这么一块根据地和一支红军队伍，很不容易。
>
> 那时，我党还没有武装斗争的经验，这些同志一般都是学生或农民出身，在严重白色恐怖下，敢拿起枪杆子来和敌人斗争，发动成千上万的农民揭竿而起，靠长矛、大刀、土枪攻下黄安县城，占领黄麻地区的一些主要村镇，的确是了不起的事。后来，起义队伍遭到反动派的围攻、镇压，被迫转到木兰山上打游击，艰苦至极，只剩下几十个人。但是，有了这几十个同志坚持武装斗争，形势就不一样。逐渐地，利用军阀割据的矛盾，发动群众，打击敌人，部队和地盘越搞越大。
>
> 游击战零敲碎打，几乎天天发生，不是敌人打我们，就是我们打敌人。敌人多是国民党杂牌部队、地主民团、反动枪会等，战斗力不很强。我们今天在这里打一家伙，明天又到那里打一家伙，不断打胜仗，积小胜为大胜。时值蒋桂战争刚结束，敌人内部矛盾有缓和，但军阀之间，仍在勾心斗角，自图发展。对苏维埃运动，他们没有放在眼里，还没统

一起来对付我们，鄂豫边又是敌人统治的薄弱环节。在这种条件下我们就放手活动，一步一步地发展壮大自己。

根据地的这些领导人，土生土长，和当地群众有血肉联系，土马克思主义有一些，洋教条极少。如果搬洋教条的话，闯不出这种局面来。路是人走出来的，不能妄自菲薄，小看土马克思主义。[1]

这些朴素的语言，说清了问题的根本，是徐向前经过长期亲身观察后写下来的，是对黄麻起义前后这段历史最好的概括和总结。

---

[1] 徐向前：《历史的回顾》（上），解放军出版社，1984年版，第74—77页。

山东抗日根据地的独特历程

山东抗日根据地，是抗日战争时期中国共产党领导的十几个敌后抗日根据地之一。如果把它同其他根据地比较一下，不难发现山东抗日根据地有着几个十分引人注目的特点：

第一，战前，中国共产党在山东的处境十分艰难。当时工农红军已经建立起三个方面军和第十五军团，创立过十多个具有相当规模的革命根据地，在山东却没有建立起一支红军和任何政权，更谈不上形成革命根据地。而且山东省委在1933年两次因叛徒出卖遭受大破坏，两年内同党中央完全失去联系，中央无法知道党组织在山东的活动情况。

但到八年全国抗战结束时，呈现在人们眼前的却是一幅截然不同的情景：山东解放区和冀鲁豫解放区所属山东诸县，人口共三千五百万，占全国抗日民主根据地总人口的三分之一；军队有三十三万人，占全国人民军队总数的四分之一；歼敌六十余万人，占党领导的人民武装歼敌总数的三分之一；共产党员三十万人，占全国党员总数的四分之一。[1]在全国性抗日战争这不长的八年中，发生了几乎令人难以置信的巨变，在各抗日根据地中表现得

---

[1] 中共山东省委党史研究室编：《山东党史资料文库》第1卷，山东人民出版社，2015年版，第2页。

十分突出。战后，山东八路军主力六万三千人横渡渤海，进军东北，形成东北人民解放军的骨干力量；在关内，山东成为蒋介石重点进攻的东线主战场，八路军留下的山东野战军同华中野战军会合后，组成华东野战军，先后取得震动全国的济南、莱芜、孟良崮等战役的胜利。1947年7月的小河会议上，周恩来作为中共中央军委副主席兼代总参谋长所作的《解放战争第一年的战绩》报告中，谈到"我军各区成绩次第"时列为第一位的是"华东"[1]，而其中绝大多数战绩是在山东战场取得的。在解放战争中立下赫赫战功的第三十八军、二十七军，都是在山东发展起来的。这不能不说是创造了奇迹。

第二，抗战期间各抗日根据地的形成，一般是经过八路军、新四军主力进入这个地区，消灭敌人，发动并武装群众，建立政权来实现的。山东的情况有很大差别。山东地方党组织根据中央的决定，在八路军的帮助下，迅速发动群众，趁入侵的日本侵略军正大举向南进军而在山东立足未稳、国民党军队迅速撤退、人民抗日情绪高涨的时机，毅然地独立在敌人背后发动起义，建立抗日武装和人民政权，从小到大地发展起来，建立起抗日根据地。接着，八路军总部又根据中共中央决定，派遣第一一五师主力和一二九师一部进入鲁西北和冀鲁边区。在不长的一段时间内，形成八路军山东纵队和第一一五师相互支持和学习、共同作战、逐渐融合的格局。到1943年，建立新的山东军区，实行一元化领导。这个过程，在其他抗日根据地是少见的。

---

[1] 中共中央文献研究室、中国人民解放军军事科学院编：《周恩来军事文选》第3卷，人民出版社1997年版，第232、233页。

第三，全国抗战八年中，其他抗日根据地的领导层变动较少。山东地区党组织的主要领导人先后有黎玉、郭洪涛、朱瑞、罗荣桓（徐向前有一年也曾在山东担任八路军第一纵队司令员）。他们都是忠诚的共产党人，对山东抗日根据地的建设和发展做出过重要贡献。在这中间，个人的情况又有所区别，在工作中难免有起伏和波折。到罗荣桓担任主要负责人、实行一元化领导后，情况有了明显变化。这方面也有许多成功的经验。

为什么在短短八年中山东的局势会有这么大的变化？有哪些可贵的经验和教训？这些问题，确实值得我们后人进行认真的考察和思考。

抗日前夜山东党组织的重建

中国共产党的活动，在山东开始得很早。五四时期，王尽美、邓恩铭便在济南组织了马克思主义学说研究会。中共一大召开时，他们两人作为山东的代表出席大会。"自1922年起，山东共产党和青年团逐渐扩大了"，"山东革命运动也迅速开展了，主要是青运和工运"[1]。

但当时的山东长期处于北洋军阀的野蛮统治下，在连绵不断的南北战争中是北洋军历次大举南下的要冲。北伐战争结束后，蒋介石又发动新军阀间的残酷搏斗。1930年，他同阎锡山、冯玉祥、李宗仁等爆发了规模空前的"中原大战"，双方出动的兵力

---

[1] 贾石亭：《党创立时期山东地区的一些情况》，《"一大"前后》（二），人民出版社，1980年版，第391页。

不下一百四十万人，战争主要在陇海铁路和津浦铁路沿线展开，持续半年之久。以后，山东由拥兵十万的国民党山东省政府主席兼第三路军总指挥韩复榘控制，对共产党和群众革命活动进行严厉镇压，"更利用党内自首叛变分子组织捕共队"[1]，专门从事破坏工作。而山东党组织却盲目地执行"左"倾错误路线，不考虑敌我力量悬殊，盲目发动暴动，多次使党组织千辛万苦聚集起来的力量毁于一旦，并招致省委组织屡遭破坏。

最严重的是1933年，山东省委连续遭到两次大破坏。"2月29日，由于团省委书记陈衡舟被捕后叛变，使省委书记任作民、组织部长向明、团省委书记孙善帅及省委举办的党员训练班学员等29人被捕，济南及外地的党团组织有的也遭到破坏。"7月2日，山东临时省委又遭破坏。"这次，由于省委组织部长宋鸣时的投敌叛变，党组织受的损失最大，有300余名党员和与党关系密切的群众被捕。""青岛、泰安、沂水、寿光、益都、潍县等地党的组织均遭破坏。"[2]

这样，从1933年到1935年整整两年间，山东党组织与北方局和党中央一直失去联系。各地幸存的党员和若干基层组织，因与上级组织失去联系，难以开展工作。

为什么土地革命时期，中国共产党在山东一直没有能建立起革命根据地，也没有建立起一支有战斗力的工农红军？原因就在这里。

---

[1]《中共山东省委工作总报告》(1931年2月)，中共山东省委党史研究室编：《山东党史资料文库》第4卷，山东人民出版社，2015年版，第46页。
[2]赵健民：《山东党组织与北方局恢复关系的前后》，《山东党史资料文库》第5卷，山东人民出版社，2015年版，第396页。

尽管如此，分散在山东各处的一些基层组织和共产党员如赵健民、林浩、姚仲明、徐运北、景晓村、郭子化、刘顺元、王光伟等在省委被破坏、同中央失去联系的情况下，没有悲观失望，依然在极端险恶的环境中顽强地坚持各种形式的斗争，又发展了一批党员，并且在斗争中得到锻炼和成长。全省有组织联系的党、团员已达五百多人，他们一直在苦苦地寻找同中共北方局和中央的联系。这时，中国工农红军正处在长征中，留在国民党统治区的上海中央局又屡遭严重的以至毁灭性的破坏。这种寻找，一时难以取得结果。中共北方局代表曾委托人于1934年秋到胶东建立特委组织，不久又遭到破坏。[1]

直到1935年冬，由失散的党员和地方党组织自动集合并组织起来的山东省工作委员会的代理书记、原济南乡村师范学校地下党支部书记赵健民通过可靠关系，终于在冀鲁边境的濮县找到中共河北省委巡视员兼任直东特委书记和冀鲁豫边区特委书记的黎玉，才接上关系。赵健民回忆："黎玉同志讲道：北方局对于山东党失掉联系，也很着急，多方面派人联系。现在联系上了，这就好了。"又说："山东省的组织遭到敌人的破坏后，你们能独立地坚持工作，发展恢复党的组织，现在能有五百多个党团员，形成一个有机的整体，独立地进行党的工作，这是难能可贵的。"[2]黎玉向他说明了中央提出的建立抗日民族统一战线的政策，这是山东不少党员原来不很清楚的，思想上要转这个弯子。赵健

---

[1]《中共胶东特委书记常子健的履历》（1934年10月25日），中共山东省委党史研究室编：《山东党史资料文库》第4卷，山东人民出版社，2015年出版，第445页。

[2] 赵健民：《山东党组织与北方局恢复关系的前后》，《山东党史资料文库》第5卷，山东人民出版社，2015年版，第400、401页。

民还报告了他们已取得联系的党组织和失散党员的情况。黎玉要赵健民写成书面材料,由他转送北方局。

1936年年初,河北省委书记高文华到邯郸传达北方局的决定。黎玉回忆高文华所说的话:"山东有好几年没有省委组织了,情况一点也不知道,决定派我(注:指黎玉)到山东去恢复与重建山东省委组织,并由我担任省委书记,其他负责人由我去后选定,工作由我酌情办理等等。"[1]

黎玉到济南时,叛徒、特务等仍在到处搜寻共产党人的踪迹,局势依然十分险恶。5月1日,新的山东省委在济南四里山北一处坎地召开重建省委的第一次会议,确定省委组织部长由赵健民担任,宣传部长由济南高中支部书记林浩担任,他们都是山东本地保存下来的年轻党员干部。同时,会议也挑选了一些可靠的工作人员,建立指挥系统,以便沟通上下,有效地推进各项工作。

新省委重建后,放在面前最迫切的是两项任务。

一项任务是恢复和发展党组织。没有这一条,谈不上在共产党领导下有力地推动各项工作。这以前,中共山东省委虽已遭受破坏,但济南仍保存着乡村师范、济南高中和济南新城兵工厂三个党支部,在一些学校中还有零星党员和零星关系。外县如莱芜、寿光、东阿、金乡、单县、平原、聊城、胶东等还有支部或党的关系,有的已取得联系,有的还没有取得联系。"此时,各地党组织的同志深感长期失去上级党领导的痛苦和工作上的困难,亦在千方百计与省委接头,以取得省委的领导和

---

[1] 黎玉:《黎玉回忆录》,中共党史出版社,1992年版,第85、86页。

指示。"[1]

新省委以很大的努力来建立和调整各地区的党组织，发展新党员。在当时的环境下，这是一项极为急迫又必须特别谨慎的工作。工作是面对全省的，而对各地的情况不可能在事前做到一清二楚，稍有不慎又可能重蹈以往党组织遭到全盘破坏的覆辙。新省委勇敢地挑起了这副重担。在一年多时间里，除健全济南市委外，还建立起鲁西北地区特委，调整莱芜县委，建立鲁东工委，建立淄博矿区特支，建立鲁北地区特支，恢复胶东特委。到全国性抗日战争爆发时，全省与省委有组织联系的党员已近两千人。这是有力地推进全省各项工作的必要前提。

另一项任务是把积极推动抗日救国活动作为重建起来的山东全党的首要任务。这是全国政治局势急剧变化的客观局势决定的。1935年下半年起，日本军国主义者大大加快了侵华步伐，他们把重点放在华北，制造所谓"华北五省自治运动"，企图把华北从中国割裂出去，成为"满洲国第二"，日本军队在华北公然进行大规模军事演习，平津一夕数惊。"中华民族到了最危险的时候。"以"一二·九"运动为代表的爱国学生运动席卷全国。各界的救国会像雨后春笋般纷纷成立。工农红军胜利地结束长征，到达陕北。1935年12月，中共中央在瓦窑堡召开政治局会议，确立了建立抗日民族统一战线的新策略。毛泽东做了题为《论反对日本帝国主义的策略》的报告。国民党当局在民族生死存亡的关头，也开始决心抗日。

---

[1] 景晓村：《巡视寿光的回忆》，《山东党史资料文库》第6卷，山东人民出版社，2015年版，第364页。

身处危城的平津学生大批南下,来到山东。当时兼任济南市委书记的林浩回忆道:"平津流亡学生有几百人到了山东,大部分成为我们的骨干。通过教员、学生做工人、农民的工作,为武装抗日的准备工作打下了基础。"[1] 山东省委以很大力量在省内各地组织并扩大学生抗日救国会、民族解放先锋队、工人抗日救国会、小学教师救国会、妇女救国会、农民救国会等。随后,又有抗敌自卫团、抗敌后援会、战地服务团等组织。这些救国团体的成立及其开展的活动,一举冲破山东社会原来的沉闷政治空气,呈现出一派生气勃勃的新局面。

高举抗日救国的旗帜积极开展各种社会活动,是完全正确的,是民众的普遍愿望,深深博得一切有爱国心的人们的同情和支持,能以比较合法的方式开展活动,团结的社会面比以往任何时候都广。在活动中,又可以发现失去联系的共产党员,并发展新的党员,壮大党的力量。这种组织形式有力地推动了群众救国力量的发展,但农民组织的救国会并不多。

1937年4月间,北方局通知黎玉去延安参加苏区代表会和白区代表会,听取了毛泽东在会上所做的题为《中国共产党在抗日时期的任务》的报告,回山东后在党内做了传达,积极准备开展抗日游击战,进一步扩大抗日民族统一战线。

如果没有山东省委的重建和抗战前夜这一系列富有成效的工作作为准备,抗日游击战争能在山东那样快地大规模发展起来和山东纵队这支重要武装能如此迅速建立,是难以想象的。

---

[1] 林浩:《关于山东党组织恢复时期的情况》,《山东党史资料文库》第5卷,山东人民出版社,2015年版,第435页。

抗日武装起义和山东纵队的成立

1937年7月7日，日本军国主义者制造卢沟桥事变，发动全面侵华战争，中国人民的全民族抗战开始了。

局势发展得很快。这个月的29日和30日，北平和天津相继沦陷。日军向华北大举增兵，首当其冲的是山西和山东。他们从平绥铁路转同蒲铁路南下，又从平汉铁路转正太铁路西进，两路夹击山西省会太原。同时又以两个多师团主力三万多人沿津浦铁路南下，直扑山东省会济南。山东局势日趋危急。

7月下旬，"中共中央派曾任红一方面军警卫师政委、陕甘支队第三纵队参谋长的红军将领张经武来济南，开展对国民党山东省政府主席兼第三路军总指挥韩复榘的统战工作。在中共山东省委的协助下，张经武与韩复榘多次会谈，韩终于同意释放政治犯。9月至11月，近400名共产党员、进步人士陆续出狱，他们先后被派往山东各地，成为领导各地抗日武装起义的大批骨干力量"[1]。

要准备抗日武装起义，山东省委最缺少的是军事干部。9月中旬，黎玉到山西太原参加刘少奇、杨尚昆、彭真等召开的北方局所属各地党组织负责人会议，讨论配合八路军开展华北敌后抗日游击战争问题，号召每一个优秀的共产党员脱下长衫到游击队去。他向杨尚昆、彭真要求派一批红军干部和抗大学员到山东从事军事工作。那时，八路军才刚刚东渡黄河，进入山西，战略部

---

[1]《八路军山东纵队史》编审委员会编：《八路军山东纵队：综合册》，山东人民出版社，1993年版，第505、506页。

署尚未展开,平型关战斗还未打响,不可能抽派很多部队到山东,但北方局随后仍派了廖容标、洪涛、赵杰等几个红军干部到山东来。

10月初,日军进入鲁北,占领德州、平原、禹城等地,山东局势更加严重。11月7日,中共山东省委向中央报告鲁北、鲁西、鲁西北以及中部的泰安、莱芜等地的情况,强调在当时受日军威胁最大的鲁北要"以'一切工作围绕在游击战争的周围',独立的发动与准备及合法利用的发动与准备领导游击战争"。同时指出还存在"党的基础薄弱""群众组织还是不广泛,且亦松懈""干部缺大多新干部,亦不敷应用"等缺陷,并且强调:"尚需要大批之军事干部,虽派两个红干,再有十余还可安插,希速派来。"[1]

战局恶化得很快。12月中旬,南京沦陷的同时,日本军队五万多人分两路渡过黄河,在27日占领济南,韩复榘挟十万大军不战而退,听任日本侵略军在山东境内长驱直入。"各县县长也大都弃职开小差,逃之夭夭,抗战无人领导,治安无人维持,汉奸猖獗,土匪兴起,社会秩序混乱。"[2]面对日军到处烧杀奸淫,不愿做亡国奴的民众只有拿起武器奋起反抗,才是唯一的生路。"当时真是登高一呼,群相响应。"[3]中国共产党人和八路军

---

[1]《中共山东省委关于目前形势与工作方针的报告》,《中共中央北方局》资料丛书编审委员会编:《中共中央北方局·抗日战争时期卷》(上册),中共党史出版社,1999年版,第69、71页。

[2]郭洪涛:《山东八路军一年来抗战的总结》,《八路军山东纵队:综合册》,山东人民出版社,1993年版,第146页。

[3]黎玉:《英勇抗战的山东军民》,《忆沂蒙》(上),山东人民出版社,1983年版,第102页。

将士，正是在这种危急的情况下，为了祖国的生存，为了人民的利益，不怕困难和牺牲，挺身而出，带领民众誓死抗争。爱国将领、原山东第六行政区专员兼保安司令范筑先在共产党人帮助下，也通电全国，决心留在鲁西北地区坚持抗战，誓不南渡黄河。

抗日武装起义不可能等各种条件都准备就绪后再发动。12月28日，也就是济南失陷的第二天，中共山东省委召开紧急会议，决定在泰安以南约十五公里的徂徕山发动武装起义。为什么选择这里作为山东省委直接领导的第一场武装起义的地点？有几个原因：第一，这里地势险要。徂徕山位于泰安县以南，北靠泰山，南接蒙山山区，东连莲花山、沂蒙山区，西通泰西大峰山，四周群山环绕成为天然的屏障。正长驱南下的日军一时还难以顾及此处。第二，它处于山东的腹心地区，在这里建立根据地，便于和全省其他根据地进行联系。第三，这一地区的党组织经过整顿、恢复，工作基础较好。

要发动武装起义，首先遇到的难题是准备参加起义的党员和群众几乎都是青年知识分子或青年农民。他们虽满腔热情，但没有接受过军事教育和训练，连基本的军事知识也没有，又怎样发动武装起义呢？

在那以前两个月左右，山东省委已派刚被营救出狱的地下党员程照轩（曲阜二中学生）、侯德才和北方局派来的军事干部赵杰（他原是红四方面军的团政委，在抗大学习后被派到北方局准备参加敌后斗争）三人到泰安六区成立区委，开展工作。程照轩是当地人，就以他家为活动基点，利用社会关系走家串户做工作。

他们商定了一个初步行动计划："第一，首先通过程照轩所熟知的抗日积极分子，利用其社会关系走家串户做工作，宣传党的抗日主张，争取群众参加抗日工作。先以秘密方式进行，如发展顺利再转入公开方式。第二，在抗日积极分子中发展新党员，适时建立党的支部。第三，抓紧做程子元的工作。第四，发动群众及各界人士等，捐武器，同时组织武装队伍。"[1]

当地贫苦百姓听到共产党来搞抗日，每天都有人找上门来，要求参加抗日工作。程照轩等利用讲演、学校师生演剧、贴标语、编唱抗日歌曲等方式广泛进行抗日救国宣传。六区区长兼民团队长程子元是程照轩的堂兄，重义气，有民族自尊心，也表示："抗日救国匹夫有责，你们共产党放心，我不抗日就不是我娘养的。"[2] 当地民众捐出盐窖存放的六十多支枪，还有其他钢枪、土枪一百多支，一百多名青壮年要求参加抗日队伍。事实表明：在当地组织抗日武装起义，符合群众的强烈要求，有着可靠的群众基础。

山东省委决定发动徂徕山起义后，通知附近各县由赵杰等带领要求参加抗日的青年农民和青年知识分子携带土枪、大刀、红缨枪等上山。还有五个有爱国心的韩复榘部溃兵，也全副武装地上山参加了起义队伍。起义队伍共一百六十多人。

1938年1月1日，在徂徕山举行起义誓师大会。山东省委在会上宣布成立"八路军山东人民抗日游击第四支队"，由红军军事干部洪涛、赵杰为正副司令员（洪涛不久在战斗中牺牲），黎玉为政治委员，林浩为政治部主任。黎玉在会上讲了山东开展游

---

[1] 赵杰：《到敌人后方去》，《山东党史资料文库》第17卷，山东人民出版社，2015年版，第565页。

[2] 林浩、赵杰：《回忆徂徕山起义》，《山东党史资料文库》第16卷，山东人民出版社，2015年版，第285页。

击战争的意义，强调了八路军"三大纪律、八项注意"的传统。

一支由土生土长的山东子弟组成的八路军抗日武装就这样建立起来了。山东人民的抗日战争历史由此揭开了新的一页。

那时，日本侵略军在山东正准备发动徐州会战。他们兵力有限，在地域广阔的山东，一时没有足够力量对付被他们看不起的抗日游击队伍。他们刚占领泰安县城，情况不明，短时间内也不敢轻率地向山区出动。第四支队抓紧这个稍纵即逝的时机，强化政治和军事教育训练，从事部队建设。

政治建设方面，他们在部队中发展党组织，把党员登记、分组到班里去担任"政治战士"。政治战士这一职务的设置，在红军和八路军里都没有先例，是根据起义部队的实际情况设立的。政治战士在部队里相当于排长的级别，和战士们生活在一起，战斗在一起，处处起带头作用。政治教育内容的重点是：组织战士控诉日本侵略者的罪行，教育战士懂得"抗日则生，不抗日则亡"；说明第四支队是共产党领导的工农队伍，是穷人的队伍，是真正抗日的队伍；进行"三大纪律、八项注意"的教育，要帮助群众干活，爱护群众的一草一木，不侵犯群众的利益；还组织宣传队，向群众进行抗日救国的宣传，帮助群众组织起来。

军事训练方面，内容一是利用地形地物，二是站岗放哨，三是练习瞄准射击和投手榴弹。这项工作由洪涛、赵杰等负责。他们言传身教，对每一个动作，都是手把手地教，对战士提出的疑难问题，一字一句地解释，直到战士们懂了、会做了才算完。

中共中央对这支部队十分重视，在1月15日专门向山东省委发出指示："济南失守后，日寇继续南下，津浦线济南徐州间有完全被日寇占领之可能，因此山东广大地区有沦为被日寇占领区域之危险。目前省委工作的布置,应注意即使山东完全变为日寇占领区域,还能使我们的党坚持在山东,发动群众,组织游击战争,保存党的力量,坚持与日寇进行长期的斗争。"[1]这就把山东抗日根据地下一步将面对的形势和工作方向说清楚了。

徂徕山起义后,把起义烽火延烧到全省各地的条件是比较有利的:"敌人的矛头主要向南,控制中心城市、重要港口以及铁路交通线,对我山东腹地广大平原还没有开始大的'扫荡'。"[2]1月中旬,八路军山东人民抗日游击队第四支队下山开展游击战争,多次对留在山东后方、立足未稳的日军开展伏击战,对日军交通线进行破袭战,游击队伍和群众影响不断扩大。在省委部署下,省内各地党组织先后发动冀鲁边、鲁西北、天福山、黑铁山、牛头镇、泰西、滨海、鲁南、湖西等起义,到4月间,在全省已呈现出遍地开花的局面。其中,如胶东特委书记理琪(起义不久后牺牲)集合十七个人、两支枪,在文登县天福山起义,两个月间扩大到两百多人,成立军政委员会,攻克福山、蓬莱、黄县、掖县等县城,后来部队扩大到七千人,建立起第五支队。省委派姚仲明、廖容标等到长山县中学开办游击训练班,以后组织了一支十八个人、六支枪的队伍,发动黑铁山起义,攻克邹平、淄川县城,后部队发展到六千余人,改编为第三支队。在有些地方,还初步建立了民主政权。这些起义,大大振奋人心,说明在山东敌后开展抗日游击战争是大有可为的,并有力地配合了当时在津

---

[1]《中共中央关于发动游击战争、建立根据地等问题给山东省委的指示》,中共山东省委党史研究室编:《山东党史资料文库》第7卷,山东人民出版社,2015年版,第16页。

[2]罗荣桓:《罗荣桓军事文选》,解放军出版社,1997年版,第581页。

浦铁路南段正面战场的作战。

日本防卫厅战史室所编《大战前之华北"治安"作战》中写道："中国军在各方面被击溃后，遂全面地展开游击战以搅乱日军后方。尤其共产军的游击战甚为巧妙，其力量亦日益增强，且扩大至广泛的地区。""如此之游击行动，实施于日军警戒网的空隙，巧妙的出没无常。日本军占领之地区较其兵力过于广大，无法守备全地区。因此一面守备主要的政略、战略上要点及主要后方交通线尤其铁路线，一面实施广范围的对游击部队的讨伐。"[1] 其实，日军当时正全力准备和进行徐州会战，在山东只能顾到一些"点"和"线"，根本谈不上在山东"实施广范围的对游击部队的讨伐"。

这是对山东局势发展十分有利的一面，但事情还有令人焦虑的另外一面。1938年3、4月间，台儿庄战役正在激烈地进行，历时一个月。中国军队在第五战区司令长官李宗仁指挥下，由于爱国将士的浴血奋战和人民群众的支援，歼灭日军一万多人，取得抗战以来的一次重大胜利，举国为之欢腾。这次战役后，日本大本营认为中国军队主力集中在徐州地区，攻占徐州不仅可以把华中和华北连接起来，而且有利于进攻集结在武汉等地的中国军队主力，因而制定《徐州附近地区指导要领案》，决定由华北方面军和华中派遣军集中主力南北夹击徐州。一旦徐州沦陷，便会像中共中央1月指示所指出的：山东将全部沦为日本占领地区，成为敌后战场，并经受日本侵略军的不断"扫荡"。

---

[1] 日本防卫厅战史室编：《大战前之华北"治安"作战》，"国防部"史政编译局，1988年版，第87、88页。

山东战局，正处在一个重大的转折关头。

山东省委清醒地认识到这种大变局中自身需要解决的问题，黎玉回忆道："由于起义部队军政干部缺乏，武器落后，战斗经验不足，兵员多为农民和争取过来的地方武装，游击习气浓厚，平均主义倾向严重；加之民主政权建立较晚，没有稳定的后方，部队分散，交通不便，联络不畅，给养不足，各区起义部队的发展存在许多困难。怎样尽快提高部队的军政素质，加强起义部队之间的协调指挥，成为一个突出的问题。为此，中共山东省委决定派我赴延安，向党中央、毛泽东同志请示汇报工作，以取得中央的指导和帮助。还觉得办这件事，宜早不宜迟，乘着徐州尚未失守、铁路交通方便时，我带上我们第四支队油印的军用护照，盖上大印……用我们的护照坐上军用列车向西行，经西安在4月初顺利到达延安。"[1]

中共中央和毛泽东一直关注着山东，2月15日曾致电朱德等："当敌集力攻陇海路时，河北全境及山东境内乃至江苏北部，必甚空虚，同时晋察绥三省之敌一时尚无力南进。"在此估计下，请朱德等考虑："用一一五师全部向东出动……假定第一步有利，又能得国民党同意，则实行第二步。两旅并列，分数路突然渡河，转入山东境内，在津浦路山东全境作战，并以鲁南山地为指挥根据地，并发展至徐海南北。在此步骤内依情况尽可能持久，然后实行第三步。"[2] 这在当时只是一种设想，后来并没有实行，

---

[1] 黎玉：《黎玉回忆录》，中共党史出版社，1992年版，第149、150页。
[2] 《毛泽东、滕代远关于一一五师向河北、山东等地进军问题给朱德等的电报》，中共山东省委党史研究室编：《山东党史资料文库》第7卷，山东人民出版社，2015年版，第18页。

但也可看到他们已考虑到山东的问题。

黎玉到延安后，毛泽东见了他，并在4月5日致电周恩来、叶剑英："山东省委书记黎玉到延安，那边游击战争大可发展，鲁南第四纵队三个月内由七十人发展至一千二百人、八百支枪，除决定罗炳辉去负军事总责外，正选派政治部主任一人及中级以下军事及政治工作干部二三十人前去。"[1] 毛泽东确定先派郭洪涛到山东工作。郭洪涛那时正担任着中共陕甘宁边区党委书记，和他同去山东的干部有段君毅、霍士廉、王彬等约五十名军事干部和地方工作干部。离开延安前，毛泽东接见了这批干部，对他们说："我们党的方针，是在山东敌占区开展独立自主的游击战争，创建山东抗日根据地。山区的游击战争是可以坚持的，也取得了一定的经验；平原游击战争能否坚持，还没有经验，需要看一看。"郭洪涛又去看了刘少奇，他回忆道："刘少奇同志对我讲，山东敌占区国民党已恢复政权，鲁西北的范筑先和我党共同建立了抗日根据地这个形式很好，要我转告山东省委驻鲁西北代表张霖之同志，坚持这个方向；并指示我到山东再找第二个、第三个范筑先式的人物搞统一战线，建立共同抗日根据地。另外，他还谈到苏鲁豫皖边区特委离河南省太远，我去后，即归山东省委领导。"[2]

毛泽东最初考虑派罗炳辉去山东负责军事工作。罗炳辉是中央红军中的著名将领，曾任红九军团军团长，战功显赫。"抗日

---

[1]《毛泽东致周恩来、叶剑英电》，中共山东省委党史研究室编：《山东党史资料文库》第7卷，山东人民出版社，2015年版，第24页。

[2] 郭洪涛：《郭洪涛回忆录》，中共党史出版社，2004年版，第125、126页。

战争爆发后，罗炳辉以八路军副参谋长的名义，在武汉从事统一战线工作。"[1]黎玉回忆毛泽东同他谈调干部去山东时说："毛主席又要我到武汉向周恩来同志汇报，并告诉我向恩来同志提出要罗炳辉同志到山东工作，理由是罗炳辉同志是著名的红军将领，他到了山东我们就不再是'土八路'了。1938年6月我到武汉，向长江局和周恩来同志转达了毛主席的指示。周恩来同志大力支持。由于当时做统战工作的罗炳辉同志一时不能离开，所以党中央又决定改派张经武、江华、吴克华、胡奇才、徐斌洲、吴仲廉等同志以及抗大、陕北公学一批毕业学员共近200人支援山东。8月间，我和张经武同志、江华同志带领这批干部返回山东敌后。从此，山东人民抗日武装力量和山东抗日游击战争进入了一个新的阶段。"[2]张经武在全国抗战开始时，曾改用张金吾的名字，到山东负责同韩复榘部的联络工作，对当地情况是有了解的。[3]

两批有经验的政治干部和军事干部从延安来到山东敌后，使部队的领导素质有了明显提高，这是山东原有干部热切期待的。山东的党和部队的机构相应地做了调整。

这时，山东局势正发生重大变化。5月19日，徐州失守，山东全部沦为敌占区。20日，中共中央派往山东的负责人郭洪涛率领五十多名干部到达位于泰安南上庄的山东省委驻地。郭洪涛回忆："根据中央决定，重组山东省委，我和林浩同志为常委（注：

---

［1］罗鲁安主编：《罗炳辉文集》，中共党史出版社，2006年版，第3页。
［2］黎玉：《黎玉回忆录》，中共党史出版社，1992年版，第150页。
［3］《张金吾关于山东情形向中央的报告》，中共山东省委党史研究室编：《山东党史资料文库》第7卷，山东人民出版社，2015年版，第12、13页。

黎玉当时仍在延安，未回到山东），由我担任书记。"[1]21日，省委召开干部会议，由郭洪涛传达毛泽东关于建立抗日根据地的指示，并做了题为《为创建山东抗日根据地而奋斗》的报告。这个月下旬，中共中央鉴于徐州失守和八路军准备向苏、鲁、豫、皖四省挺进的部署，决定将山东省委扩大为苏鲁豫皖省委，仍由郭洪涛为书记。

这时，共产党领导的山东抗日武装已发展到四万多人。各路起义部队原来名称不一，有用"抗日联军""抗日救国军""抗日自卫团""抗日游击队"等的，也有直接用八路军番号的。6月6日，毛泽东、刘少奇致电郭洪涛："你们的基干部队可恢复八路军游击部队番号，并组织支队司令部，但不可太多，全山东只有四五个八路军游击支队即可，其余在我们领导下的游击队可以各种名义出现，但抗日联军名义不好。"[2]6月8日，毛泽东又致电周恩来、朱德、彭德怀，把这个问题的极端重要性说得更加明确："山东四支队原用名义，我友相处甚好，后改用别的名义，弄得大家怀疑，故同意洪涛提议仍恢复八路军名义。我意直鲁等处，凡属我们独立领导、已得广大民众拥护、邻近友党友军又甚欢迎之游击队，以用八路军名义为合宜。因此等地方国民党均将控制，用普通名义则不得不听其支配，甚至通令解散，八路无权过问；用八路名义则无此弊，但以不致引起

---

[1] 郭洪涛：《郭洪涛回忆录》，中共党史出版社，2004年版，第130页。
[2] 《毛泽东、刘少奇关于山东基干部队可恢复八路军游击队番号致郭洪焘电》，中共山东省委党史研究室编：《山东党史资料文库》第7卷，山东人民出版社，2015年版，第32页。

误会与摩擦为原则。"[1]根据中共中央的指示，山东人民抗日联军独立第一师首先恢复八路军山东人民抗日游击队第四支队的番号，其他部队也陆续改用八路军的番号。

11月，张经武、黎玉率领干部和抗大、陕北公学学员约两百人从延安到达山东。12月，中共中央决定，将苏鲁豫皖边区省委改组为中共中央山东分局，郭洪涛为书记，张经武、黎玉两人为委员。山东分局中，由延安派来的干部处于主导地位，以加强中共中央对山东抗日根据地的领导。

12月27日，中共中央决定成立八路军山东纵队，任张经武为指挥、黎玉为政治委员，江华任政治部主任，随郭洪涛到山东的王彬任参谋长。山东纵队这四个核心人物中有三个是从延安来的，他们之间相处很好。纵队下辖第二、三、四、五、六、八、九、十二、十三支队（挺进支队），陇海游击队及直属四团、纵队特务团、临郯独立团。纵队所属基干部队共2.45万人，所属地方独立团营共一万人。

苏鲁豫皖边区省委成立后，6月间制定了《发展和坚持山东游击战争的战略计划》。这个计划的中心内容是创建沂蒙山区根据地。毛泽东审查了这个计划，并电示："战略计划尚妥，照此去做。"[2]

八路军山东纵队的成立，标志着山东的抗日斗争进入一个新

---

[1]《毛泽东关于直鲁等处属我领导之游击队应以八路军命名致周恩来、朱德、彭德怀电》，中共山东省委党史研究室编：《山东党史资料文库》第7卷，山东人民出版社，2015年版，第33页。

[2] 王彬：《八路军山东纵队组建前后追忆》，《山东党史资料文库》第17卷，山东人民出版社，2015年版，第326页。

的阶段：起义武装已由若干分散的游击队成为在战略上受统一指挥的游击兵团。

山东纵队是中国共产党领导下在一种特殊环境下产生并发展起来的革命武装。它有十分突出的优点，但一开始也有难以避免的某些弱点。新任纵队政治部主任的江华在回忆录中对它有很深刻而生动的记录。他作为从井冈山时期就入伍的红军老战士，来到这刚组建一年多的年轻队伍，又担任政治部主任，自然有着别人难以企及的敏锐感受。他的记录虽然长一点，为了更真切地了解这段历史，了解一支党领导的新型人民军队是怎样一步步成长起来的，仍值得将它摘要抄录在这里：

> 这些部队大多数是我党通过武装起义发展起来的，其中有的是地方党组织直接发动武装起义建立的抗日游击队；有的是地方党组织向本地原有的区、乡政府和当地开明士绅进行统战工作，筹集武器款项，建立武装，逐步改造为抗日部队；有时是外地的共产党员回到家乡进行抗日活动，建立的抗日武装。这些抗日武装，在日寇入侵、国土沦亡之际，揭竿而起，保卫家乡，打击了日寇的疯狂气焰，振奋了民族精神，使山东大地到处燃起了抗日烽火。从总体上看，这些部队有很高的抗日热情，党的工作也有一定的基础。但是，由于建立的时间很短，来不及整顿训练，所以存在一些明显的弱点，主要是：
>
> 第一，部队起义初期，数量很大，号称八万，部队成员主要是农民，其次是平津流亡的和本地的大、中学生，也有开明士绅，还有一部分是无业游民、国民党的散兵游勇、反

正的伪军、土匪等等,成份极为复杂。……第二,政治工作薄弱,缺乏严格的组织纪律,有些游击队组织很松散,几个村子的人凑在一起,有事就集中,无事就回家。有些是整个村子、整个家族都参加了部队,有父子兵、兄弟兵、叔侄兵,他们昨天还是农民,刚扔下锄头,就拿起枪杆子,还没有听从命令、服从组织纪律的习惯。有些人参加部队就是为了保家保乡,家庭观念和地域观念比较浓厚,不愿调离自己的地区。……第三,从整体上讲,部队的政治素质、军事素质和文化素质都比较差,战斗力比较弱。……在军事上,由于多数人没有拿过枪杆子,没有经历过战争,许多人连基本的军事技术也不知道,打仗只凭热情和勇气。部队的装备也很差,拿刀枪棍棒的都有。文化上,有文化程度较高的大学生,也有中学、师范等小知识分子,而大多数农民战士则处于文盲半文盲状态。[1]

刚从严酷的地下斗争环境中走出来的山东党组织,在武装精良的日本军队大举入侵的情况下,能够毅然高举义旗,组成这样一支遍及全省、接受共产党领导、坚决抗日的武装队伍,还建立了一些抗日根据地,实在太不容易。因为部队是短期内通过起义建立和发展起来的,党员和战斗骨干的数量比较少,初期还存在这样那样的弱点并不奇怪,如果没有这些状况,或者在很短时间内就能迅速消除,倒是不可理解的了。

山东纵队领导抱着冷静的态度,坚持循序渐进,不操之过

---

[1] 江华:《追忆与思考》,浙江人民出版社,1991年版,第178—182页。

急，对部队进行了一次大规模整训，基本要求是把分散的游击队组织起来，走上正轨。整训中，着重进行服从组织、遵守纪律、爱护民众、听从指挥的教育，突出抓了对干部的严格要求，也进行军事训练，使部队从原来比较松散的状态一下子变得严格起来。

整训后，山东纵队将所属部队整编为第二、三、四、五、六、八支队和陇海南进支队，还有一个特务团和直辖四团，各部队基本配齐了军事和政治干部，改进了管理，严格了纪律，密切了官兵关系和军民关系。部队面貌发生很大变化，向正规化建设跨出了重要一步。

一一五师进入山东

进入1939年，从山东的抗日斗争来说，最重要的变化是八路军第一一五师在这年3月初开始大举挺进山东，同山东纵队协同作战，开辟了一个新局面。

一一五师从晋西南东进山东，八路军主力部队从山地游击战到进入平原作战，经历了一个过程。中共中央为此进行了很长时间的反复考虑。

抗战全面爆发后，第二次国共合作正式形成。8月22日，中共中央在陕北洛川召开政治局扩大会议。毛泽东在军事报告中指出，红军的作战应该是："独立自主的山地游击战争（包括有利条件下消灭敌人兵团与在平原发展游击战争，但着重于山地）。"[1]

---

[1] 毛泽东在洛川会议上的报告，1937年8月22日。

25日，红军主力部队被改编为国民革命军第八路军。第一一五师由原来的中央红军和陕北红军改编而成，进入山西前线后首先取得平型关大捷，大大振奋了全国的人心。以后，一一五师实行分兵：该师一部约三千人由师政治委员聂荣臻率领，依托五台山地区创建晋察冀抗日根据地；第三四四旅划归八路军总部直接指挥；第三四三旅的两个团，加上新建的一个补充团由代师长陈光和继任师政治委员的罗荣桓率领，创立以吕梁山为中心的晋西南抗日根据地，这是八路军三个师当时在山西全盘战略部署的一部分。

1938年4月21日，毛泽东、张闻天、刘少奇从延安致电八路军前方将领，做出新的部署："根据抗战以来的经验，在目前全国坚持抗战与正在深入的群众工作两个条件之下，在河北、山东平原地区广大地发展抗日游击战争是可能的，而且坚持平原地区的游击战争也是可能的。"[1]

但这个部署除河北外还处在观察和准备阶段。5月20日，毛泽东致电前方将领："在豫皖苏鲁四省深入敌之后方活动，未到适当时机不应向蒋提，也不应向李白程（注：指李宗仁、白崇禧、程潜）提，只是自己预作准备，那时刘、林两师（注：指一二九师、一一五师）将作整个新的部署。山东方面已发展广大游击战争，已派张经武、郭洪涛率军政党干部五六十人及电台两人去，今日可越津浦路至泰安。那边民枪极多，主要是派干部去，派得一两个营去作基干则更好，但需要准备长期留下，

---

[1] 中共中央文献研究室、中国人民解放军军事科学院编：《毛泽东军事文集》第2卷，军事科学出版社、中央文献出版社，1993年版，第217页。

不还建制。"[1]可见山东省委这次去延安汇报，引起中共中央很大的关注。由于考虑到武汉保卫战刚刚开始，成为全国时局的焦点，八路军主力如在此时大举进入山东，容易引起误解，尚不适宜，但对"整个新的部署"已需"预作准备"，也考虑到可"派得一两个营去作基干"。这为第一一五师入鲁已埋下伏笔。

7月间，八路军一一五师一部组成一支东进抗日挺进纵队，由一一五师三四三旅政治委员萧华担任司令员兼政治委员，"于9月27日，越过津浦路，跨过冀鲁边的边缘——乐陵县，成立了冀鲁边军政委员会，揭开了挺进山东的序幕"[2]。

10月下旬，武汉失守后，战争局势已经发生重大变化，需要整个做新的部署了。

11月25日，毛泽东、王稼祥、滕代远致电彭德怀提出"新的部署"："我们考虑结果，以陈（光）、罗（荣桓）率（一一五师）师部及陈旅（两主力团）全部去山东、淮北为适宜。"他们原来所在的以吕梁山为中心的晋西南地区怎么办？电报说："晋西南地区暂留陈旅之补充团并集中各游击队编成一团交陈士榘指挥，尔后，可从一二九师调一支队接防。"电报接着说："陈罗开东时拟分布与新老黄河[3]间广大地区，包括津浦东西、胶济南北

---

[1]中共中央文献研究室、中国人民解放军军事科学院编：《毛泽东军事文集》第2卷，军事科学出版社、中央文献出版社，1993年版，第225页。

[2]萧华：《一一五师挺进山东及山东抗日根据地的发展》，《山东党史资料文库》第16卷，山东人民出版社，2015年版，第25页。

[3]徐州失守后，日本侵略军沿陇海铁路西进，准备再从郑州沿平汉铁路南下夺取武汉。蒋介石为了阻挡日军的前进，下令6月9日在郑州东北的花园口炸决黄河大堤，使黄河改道，经徐州、淮阴以北入海，称为新黄河。抗战胜利后，重归故道。

在内。"[1]

决定让一一五师开入山东,是一个大决断、大动作。

按照中央军委部署,罗荣桓、陈光率部在12月20日从晋西灵石县出发东进。"从晋西到山东约有3000里,途中穿过敌人的几道封锁线,翻越了被戏称为雪山的绵山,还配合一二九师粉碎了敌人对山西辽县的进攻。这次进军曾被人称为'小长征'。"[2]部队在1939年3月初进入山东。14日,一一五师在东平县同中共泰西地委(书记为段君毅)和山东纵队第六支队会合。那时,领导鲁西北、泰西、运西等地工作的鲁西区党委书记张霖之也赶往东平。3月下旬,罗荣桓越过津浦铁路到达山东分局驻地沂水县王庄,会见郭洪涛、张经武、黎玉、江华等。一一五师仍留驻在鲁西地区。

一一五师进入山东后,大大加强了山东抗日武装力量。为统一指挥山东和苏北地区的八路军、新四军部队,八路军总部、中共北方局于1939年3月24日致电中共中央书记处和毛泽东,建议派第一二九师副师长徐向前和中共北方局军委书记朱瑞去山东,以统一并加强对山东党政军的领导。

这以前,徐向前从1938年4月下旬起率八路军第一二九师左纵队(路东纵队)在冀南开辟平原游击战争,提出了"创造平原地的'人山'"的著名口号,在冀南平原打开一个有声有色的好局面。徐向前去山东时,没有抽调冀南的部队前往。朱瑞是从

---

[1] 中共中央文献研究室、中国人民解放军军事科学院编:《毛泽东军事文集》第2卷,科学军事出版社、中央文献出版社,1993年版,第441页。
[2]《罗荣桓传》编写组编:《罗荣桓传》,当代中国出版社,1991年版,第161页。

山西八路军总部和北方局去的,他带着一百多名干部,包括王建安、罗舜初等,都是从八路军总部、一二九师、抗大一分校挑选出来的。1939年6月上旬,他们越过津浦铁路,进入沂蒙山区,在沂南县东辛庄会见了郭洪涛、张经武、黎玉等,由随他们来的王建安担任山东纵队副指挥。这时正赶上日军两万多人发动的第一次鲁中大"扫荡"。

反"扫荡"告一段落后,山东党政军机构着手统一建制,健全领导机构。8月初,经中共中央批准,正式组成八路军第一纵队,徐向前任司令员,朱瑞任政治委员,统一指挥山东和苏北地区的八路军部队。原苏鲁豫皖分局改为山东分局,由郭洪涛、徐向前、朱瑞、罗荣桓、黎玉、张经武、陈光、彭雪枫组成,郭洪涛任书记。8月5日,北方局向中共中央报告:"同意建立山东军政委员会,以朱瑞、向前、洪涛、荣桓、黎玉为委员,朱瑞兼书记,以军政委员会为统一某一地区党政军民工作的领导机关,定期讨论和检查当地党政军民工作的总方针,其决定分别由党政军民各方负责执行。"[1]徐向前、朱瑞在《大众日报》上发表就职通电,一方面是要造点声势,显示八路军的抗战决心,另一方面有个正式头衔,好同国民党头面人物打交道、开谈判。

八路军第一一五师和徐向前等先后来到山东,也引起国民党当局很大重视。徐永昌在1940年1月14日的日记中写道:"徐向前一二万人在山东,徐为刘(注:刘伯承)之副。""一一五师一万余主力在豫北、鲁北。"这是作为国民党军令部部长的徐永

---

[1]《北方局关于同意建立山东军政委员会向中共中央的报告》,中共山东省委党史研究室编:《山东党史资料文库》第7卷,山东人民出版社,2015年版,第119页。

昌第一次在日记中提到八路军在山东的活动。同月19日又称："午后会报，十之八为八路军扰晋扰鲁问题。"[1]

八路军一一五师和山东纵队，是两支在不同环境中成长起来，有着不同的经历、条件和作风的部队。两者各有长短，驻地分散，交往不便，虽然都是共产党领导的队伍，又都在山东地区，但要完全融为一体，需要有个过程。

徐向前曾叙述最初的情况："山东的部队分散在各地区，建立一个统一领导的机构是必要的。但有些部队，如陈光部、杨得志部、萧华部等，均独当一面，距离我们较远，又能同党中央和总部直接联系，因而相对保持其独立性，也是不奇怪的。我和朱瑞同志的领导重心，放在山东纵队。"[2] 10月13日，"为指挥作战之合理"，第一纵队和山东纵队的机关"实行合并"。"徐、朱、张、黎在一起办公。"[3]

一一五师在进入鲁西后，继续向东移动，同山东纵队靠近。"1939年5月开始，师部率六八六团主力分批由泰西地区东越津浦铁路，进入新泰、蒙阴、费县、泗水等县的边区。10月进入费县南部的抱犊崮山区，与由我党发动和领导的鲁南抗日义勇队第一总队会师。"[4]

---

[1] 徐永昌：《徐永昌日记》第5册，"中央研究院"近代史研究所，1991年版，第264、267页。

[2] 徐向前：《历史的回顾》（下），解放军出版社，1984年版，第640页。

[3] 《徐向前、朱瑞、张经武、黎玉关于一纵与山纵机关合并致各地电》，《八路军山东纵队史》编审委员会编：《八路军山东纵队：综合册》，山东人民出版社，1993年版，第425页。

[4] 梁必业：《一一五师在鲁南》，《忆沂蒙》（上），山东人民出版社，1983年版，第266页。

针对山东的实际状况，毛泽东、王稼祥、滕代远、谭政致电徐、朱、黎、江并告陈、罗、黄、朱、彭、杨、左、傅、陆："山东工作在同志们艰苦创造中，已获得巨大的成绩。在没有八路军和没有足够数量的具有军队经验的干部帮助条件下，地方党单独已经创造出较有战斗力走向正规化的军队，它将成为坚持山东抗战的主力军。"为了使这两支部队逐步融为一体，电报继续说："努力扩大山东纵队，努力整训工作，以求迅速的正规化。""山东纵队中知识分子的干部很多，应当好好的教育这些干部，纠正其弱点，坚定其革命立场。我们提议山东纵队应当以一批知识分子干部拨给一一五师，而一一五师则拨一批有军事经验的干部给山东纵队。这对双方工作都有很大益处。"[1]

徐向前等坚决贯彻这些指示，采取了许多措施，特别是大规模地交流干部。他在回忆录中写道："两支部队，交流人员，取长补短，是有效方法。一一五师战斗骨干多，我们报请中央批准，从那里调了两千多人到山东纵队，充实骨干。山东纵队的干部，熟悉山东的地理环境，风俗民情，容易和群众打成一片。我们也从中抽调了一些去一一五师，帮助他们开展工作。1940年，因一一五师担负的作战任务很重，需要大批兵员，山东纵队一次就拨给他们30000余人枪。这两支部队的人员交流，对迅速提高质量，增进了解，起了有效作用。"他还写道："在提高部队质量的基础上，积极扩大正规军和地方武装的数量，造成武装力量大发展的局面。""山东纵队1939年六七月间是25000人，到1940

---

[1]《毛泽东关于加强山东纵队工作的指示》，中共山东省委党史研究室编：《山东党史资料文库》第7卷，山东人民出版社，2015年版，第163、164页。

年上半年，即发展51000余人（不包括调给一一五师的32000人）。一一五师1940年年初是58000余人，到9月就发展到70000多人。根据地和游击区的武装自卫团等地方武装也有很大发展。6月，山东纵队开始整编、整训。不久，将所属部队正式编为五个旅、四个支队。"[1]可见这两支部队正逐步做到不分畛域，相互调动。

这段时间内，中国共产党在山东着重抓的另一项重要工作是建立抗日民主政权。

山东的游击战争虽然有了较好的基础，但在很长时间内对政权问题的极端重要性却严重缺乏认识，眼光只集中在军事斗争方面，没有用大力量来抓这项工作。当时，在这方面做得比较好的是胶东地区。"1938年的上半年，在掖县、蓬莱和黄县先后建立了山东最早的三个抗日民主政权。同年8月，在这三个县的基础上，建立了北海行政督察专员公署，曹漫之同志任专员。北海行政督察专员公署的成立，标志着胶东第一个抗日根据地的基本形成。"[2]而作为山东纵队活动中心的鲁中、鲁南地区，却只有游击队的活动，没有经过民选产生的抗日民主政权。有的地方甚至只有国民党政府留下或委派的旧政权，对抗日游击战争起着阻碍作用。这种状况自然不应该继续保持下去。

问题已经十分尖锐地摆在人们面前："因为没有建立抗日民主政权，只能算个游击区，谈不上是巩固的抗日根据地。""因为自己没有政权，不能顺利地筹粮筹款，几万部队的穿衣、吃饭、

---

[1] 徐向前：《历史的回顾》（下），解放军出版社，1984年版，第650、651、652页。
[2] 郭洪涛：《郭洪涛回忆录》，中共党史出版社，2004年版，第155页。

医药、装备等，很难解决。发动群众也不好办，部队在的时候，把群众发动起来，可是一走，群众就散了。像行云流水一样，扎不下根基。"[1]

在确定徐向前、朱瑞前往山东后几天，中共中央书记处在1939年5月19日对山东发出工作方针指示，第一条中就明确指出："在政权问题上，应认识无论八路军部队和地方游击队，如无政权则决不能发展、巩固与建立根据地。因此，已得的政权决不应放弃，并还应努力争取新的区县政权。在财政经济问题上，已得的财源决不应放弃，公开说明八路军游击队打仗不能不吃饭。"[2]

从山东的情况来看，政权建设需要从县、区、乡基层做起。山东分局在7月1日发出《关于恢复县区乡政权之指示》，规定："召开各区代表及县级各团代表（会议），产生县政府。县界应以地形及战争需要重新划分，并（不）受旧县界限制。""县、区、乡长均须兼八路大队长、中队长及分队长职务，取得合法保障。"[3] 7月6日，徐向前、朱瑞致电萧华："山东政权、民运都无基础，且此局势暂时不易好转。为造成山东巩固抗日根据地，我必须迅速建立抗日政权。""你处应即拟定具体规定，向鲁北发展，树立各县抗日政权。凡逃跑与潜藏不暴面目之（国民党政府原有）各县长，我敢即委任或民选新县长，颁布施行方针，改造

---

[1] 徐向前：《历史的回顾》（下），解放军出版社，1984年版，第641、642页。

[2] 《中央关于山东工作方针的指示》，中共山东省委党史研究室编：《山东党史资料文库》第7卷，山东人民出版社，2015年版，第102页。

[3] 《山东分局关于恢复县区乡政权之指示》，中共山东省委党史研究室编：《山东党史资料文库》第7卷，山东人民出版社，2015年版，第110页。

村区政权，团结同情者，组织地方武装，以便与胶济以北打成一片。"[1]

12月6日，中央书记处又致电北方局、山东分局、一一五师等："在敌人'扫荡'中，旧政权跑了，我军立即委任新的专员、县长、区长、乡长，然后再行民选，以树立新立政权。""在我们领导下的某处政权（如胶东三县），应该成为抗日民主政权的模范区，极力扩大其影响于全省全国，多写生动小册子向国内散播。"[2]

进入1940年，山东抗日根据地的政权建设发生了一个重大的变化，那就是从原来设立的分散的专署、县、区、乡的地方政权，进而建立全省的抗日民主政权。

7月26日，山东省各界代表联合大会在沂水县青驼寺隆重开幕。大会由山东国民代表复选大会、全省总动员委员会、各界救国联合总会成立大会、工农青妇文化界各界代表大会联合召开，所以简称"联合大会"。这时，全山东一百零八个县中有抗日民主政权的已达七十九个，占三分之二，并已建立十个专员公署和一个主任公署，拥有一千九百多万人口。这次联合大会通过《山东省临时参议会组织条例》，成立全省统一的民意机构——山东省临时参议会；制定《山东省战时工作推行委员会组织大纲》，选举产生了全省统一的行政权力机关——山东省战时工作委员会（简称"省战工会"），实际上就是山东省人民政府。德高望重的爱国民主人士、曾留学日本的原山东省立第二师范学校校长范

---

[1] 徐向前、朱瑞：《关于山东今后工作意见》，《山东党史资料文库》第7卷，山东人民出版社，2015年版，第111页。

[2]《中共中央书记处关于山东及苏鲁战区工作方针的指示》，中共山东省委党史研究室编：《山东党史资料文库》第7卷，山东人民出版社，2015年版，第162页。

明枢为参议会议长,黎玉任省战工会首席组长。会议开了一个多月,在8月26日闭幕。大会通过《联合大会宣言》,宣称"本会代表既为全省人民所选出,本会之意志,既受人民委托之重,又感同胞督促之殷,义不容辞,责无旁贷"[1]。

这个全省性的抗日民主政权是怎样的?黎玉回忆道:"新的民主政权,由民主选举产生,实行'三三制'(即共产党员、进步力量和中间力量各占三分之一),团结了各阶级人士。新政权首先实行累进制,合理负担税收,受到广大人民的欢迎。以后又逐步开展了减租减息运动,加强财经建设,恢复和加强国民教育,建立了若干中小学校和夜校、识字班、俱乐部等等。新政权一扫旧政权腐败堕落的恶习气,县长和勤务员穿一样的衣,吃一样的饭,真正和人民打成了一片,在人民群众中享有崇高的威信。"[2]

与此同时,根据地工农青妇等群众团体的工作也得到显著改善,在发动和组织群众、改善民众生活等方面发挥了重要作用。

有了这样的政权,才可以说建立起巩固的完全意义上的抗日民主根据地。

反"扫荡"和反摩擦斗争的展开

中国共产党在山东领导的抗日斗争有了很大的发展,但周围的

---

[1]《山东省临时参议会宣言》,中共山东省委党史资料征集研究委员会编:《山东抗日根据地》,中共党史资料出版社,1989年版,第50页。

[2] 黎玉:《黎玉回忆录》,中共党史出版社,1992年版,第178页。

环境却更加紧张和恶化了，主要表现为日本侵略军大大加强对八路军和山东抗日根据地的"扫荡"，国民党顽固势力大大加紧对共产党领导的山东抗日根据地的进攻和摩擦。

这种变化对山东抗日根据地的处境影响极大。它不是孤立和偶然的现象，而是武汉失守后抗日战争进入战略相持阶段引起的全局性变化所决定的。

日本侵略军本来以全力不断向中国的大城市和主要交通线发动猛烈进攻，力图"速战速决"，迫使中国投降。它的人力、兵力有限而中国的国土那么辽阔，使它无力处处顾及。日方所编战史写道："这样，对华作战未能歼灭中国军之主力即已达到攻击之极限，而以此态势进入长期持久战。"[1]这样，他们大规模战略进攻已难继续，觉得在占领区只控制重要城市周围和狭窄的铁路沿线地区已经不够，便掉过头来，用更多兵力在已占领区内对抗日力量进行"扫荡"，以巩固后方，便于持久作战。

日本大本营制定了《对华作战指导要纲》，并在1938年12月2日下达命令："大本营之企图，在于固守占据地区，促进其安定，以坚定的长期围攻态势，力求对残余抗日势力加以制压，并促其衰亡溃灭。""华北方面军司令官，应负责现下占领之华北地方的确保及安定，尤其是对北部河北省、山东省、北部山西省以及蒙疆地方要点应迅速之恢复治安，并须确保重要交通线。"[2]6日，日本陆军省和参谋本部发布《昭和十三年秋季以后对华处

---

[1]日本防卫厅战史室编：《日本军国主义侵华资料长编——〈大本营陆军部〉摘译》上册，四川人民出版社，1987年版，第461页。
[2]日本防卫厅战史室编：《大战前之华北"治安"作战》，"国防部"史政编译局，1988年版，第192、193页。

理办法》,在"方针"项下规定:"以攻占汉口、广州,作为行使武力的一个时期。然后,主动地指导'新中国'的建设,特防止急躁。因此,目前最重要的是在其内部进行基本工作——恢复治安,并相应地推行其他各种政策。"它的第一条"要点"就规定:"如无特别重大的必要时,不企图扩大占领地区,而将占领地区划分为以确保治安为主的治安地区与以消灭抗日势力为主的作战地区。"[1]这是日本侵略军作战方针的重大变化,对敌后抗日根据地的压力大大加强了。

国民党当局也多少觉察到日方的这种变化。蒋介石在1938年11月下旬的南岳军事会议上说:"日本占领了武汉,并且接着占领我们岳州以后,照敌人的理想,他何尝不想一鼓挺进攻占我们长沙和南昌,然而他进到岳州以后,就不能再攻进来,这就证明他的力量不够,气势已衰。"[2]在武汉失陷前,因为国家民族已处在生死关头,面对日本侵略军的大举进攻和全国人民民族义愤的高涨,国民党当局的政策重点还放在反对日本侵略者身上,对日作战是比较努力的,国共关系比较缓和。但蒋介石对共产党的疑忌实在太深了。一旦觉得日本侵略军进攻的压力明显减轻,又发现中国共产党领导的人民力量在敌人后方发展得那么快,态度就发生了急剧变化。

朱德对这种变化有生动的描写:"开始时,蒋介石让共产党到敌后去是想借刀杀人,像把孙猴子放在太上老君的八卦炉里

---

[1] 郭汝瑰、黄玉章主编:《中国抗日战争正面战场作战记》下册,江苏人民出版社,2002年版,第900、901页。

[2] 秦孝仪主编:《中华民国重要史料初编——对日抗战时期》第二编(1),中国国民党中央委员会党史委员会,1981年版,第130页。

烧，看你活得成活不成。可是，他没有想到，共产党、八路军在敌后不但没有被消灭，反而迅速发展壮大起来，这下把他吓死了。武汉失守后，他认为这样下去，抗战胜利了，中国是共产党的，抗战失败了，中国是日本人的。"[1]从而加紧反共摩擦。

这种政策，在1939年1月召开的国民党五届五中全会上确定下来。时任军事委员会军令部部长的徐永昌在日记中记录了蒋介石在全会上的报告："联俄与容共原非一事。"（注：当时只有苏联给予抗日以军事援助。）"共产最狡猾。""今日对共党不用兵、不利用、严管教应以为不二之律条。"[2]这个变化，日本方面也多少觉察出来了。华北方面军的《战时月报资料》在3月间写道："国共之间，表面上继续合作，但蒋委员长为扩大抑制共党势力之努力日趋明显。"[3]同年冬，他们便掀起了第一次反共高潮。

这两个方面的变化，在山东战场上都集中地反映出来。罗荣桓曾做过一个简明的概括："那时日军为了扼杀敌后发展起来的抗日力量，在停止对国民党正面战场的进攻之后，从前线抽调大批兵力回师山东，占据了大部分县城，并开始'扫荡'平原。山东的国民党顽固派在第一次反共高潮的影响下，也调整部署，加强实力，积极反共。于是，在山东战场上的三角斗争形势日趋尖锐复杂。"[4]中国共产党在山东便不能不既反"扫荡"又反摩擦。

---

[1] 朱德在西北局干部会上的报告，1943年8月18日。

[2] 徐永昌：《徐永昌日记》第5册，"中央研究院"近代史研究所，1991年版，第9、10页。

[3] 日本防卫厅战史室编：《大战前之华北"治安"作战》，"国防部"史政编译局，1988年版，第237页。

[4] 罗荣桓：《谈山东抗日战争》，《山东党史资料文库》第16卷，山东人民出版社，2015年版，第3页。

不过，蒋介石与汪精卫不同，他仍坚持抗日，依然是抗日阵营中的重要力量，因此，反摩擦必须"有理有利有节"，留有余地。这就更增加了斗争的复杂性。

先讲山东战场的反"扫荡"斗争，这依然是斗争的主要内容。

根据武汉会战后经过调整的作战方针，日本侵略军在1939年9月设立中国派遣军总司令部，以西尾寿造大将为总司令，前陆相板垣征四郎为参谋长。华北方面军是它所辖最大的战略集团。徐永昌在9月17日的日记中已注意到中日战场上的这种变化，写道："敌常以杂军换下精军置于后方，此殊可注意者。"[1]对山东影响更直接的是："11月7日，日本陆军下达第十二军司令部编成的命令。"[2]它辖三个师团、一个独立混成旅团和骑兵集团主力，部署在山东全境和苏皖北部，司令部设在山东济南，很多年内成为山东抗日根据地的主要对手。

日本侵略军在山东的大规模"扫荡"行动是1939年6月开始的。日方记载："鲁南地区（胶济路以南、津浦路以东的山东省东南部地区）在徐州会战后，日本军未留驻兵力。"[3]山东纵队最初较多在这个地区建立根据地，国民党的石友三、沈鸿烈、于学忠等部也先后在这里驻军。日军在山东的"扫荡"首先从鲁南开始，接着向鲁西进攻。

---

[1] 徐永昌：《徐永昌日记》第5册，"中央研究院"近代史研究所，1991年版，第151页。

[2] 日本防卫厅战史室：《大战前之华北"治安"作战》，"国防部"史政编译局，1988年版，第195页。

[3] 同上。

他们尽力加强对占领区的控制，拿鲁南来说，"占领了所有县城，逐步打通各县城的联系，并伙同汉奸，向山区侵入"[1]。

日军这次"扫荡"的做法和以前有所不同。徐向前把它的特点概括为七条："（一）敌人把后方转变为前线；（二）'扫荡'是不平衡的；（三）敌人以堡垒形成巩固的点和线；（四）'扫荡'次数增多，时间短促；（五）以'游击战'对游击战；（六）实行烧杀与封锁政策；（七）强化汉奸政权，利用汉奸、特务进行破坏；等等。"[2]

面对这些武器装备精良又十分狡猾的敌人，应该怎样应对？罗荣桓总结道："当时，在军事上有一个重要的原则问题，那就是搞分散游击战，还是搞运动战或运动游击战。尤其在当时山东的主要山区已被国民党顽固派军队掌握了，我处于敌顽夹击、两面作战的不利地位。在这种情况下，我们只能广泛发动人民群众，进行灵活的游击战。"[3]

这些由一一五师、山东纵队、地方游击队等进行的战斗中，规模稍大的有苗山战斗、大郝家埋伏战、梁山伏击战、冶源战斗、五井战斗、泰山反"扫荡"战斗、总破袭战、孙祖战斗、白彦战斗、抱犊崮反"扫荡"战斗等。

八路军第一一五师进入山东不久，1939年5月11日，一一五师机关和主力部队、山东纵队第六支队和中共鲁西区委等三千余人，被日伪军八千余人合围在方圆不足十公里的肥城县陆房山区。

---

[1] 梁必业：《一一五师在鲁南》，《忆沂蒙》（上），山东人民出版社，1983年版，第267页。

[2] 徐向前：《历史的回顾》（下），解放军出版社，1984年版，第653页。

[3] 同上。

经过终日奋战,胜利突围。这次战斗,第一一五师等部伤亡两百余人,毙伤日伪军一千三百余人,包括日军大佐联队长等五十多名军官。这是日本侵略军在山东占领区第一次遭受这样的打击。泰西区武专员在战后说:"陆房这一仗,不仅粉碎了敌人的扫荡,打开了鲁西的局面,而且也鼓舞了老百姓的抗日信心,奠定了鲁西根据地的抗战基础。现在每天都有无数的小伙子要求参加八路军。"[1]不过,这次战斗还是被动的突围,而不是主动的出击。

比陆房突围影响更大的,是这年8月由一一五师主动发起的梁山伏击战。

"梁山"就是《水浒》中的梁山泊,在宋朝是一个面积很广的湖泊,以后湖水日益枯涸,成了一个盆地,中间只有不大的几个小丘。一一五师当时正在创建鲁西平原抗日根据地。这年7月底,日军从津浦铁路线抽调第三十二师团一个大队和伪军一部共四百余人出发,在8月1日渡过运河,向梁山方向进犯。一一五师特务营和骑兵连将日军诱入独山庄伏击圈,在此设伏的第三营突然从三面发起攻击,日伪军多次突围未成,激战到3日晨共歼日伪军四百余人,其中击毙日军长田敏江大佐以下三百余人,俘日军十三人,缴获炮三门、轻重机枪二十余挺、长短枪一百五十余支、战马五十匹,创造了在兵力相当、武器装备处于劣势的条件下全歼日军一个大队的战例。8月4日,日军调集五千余人、汽车一百余辆、坦克三十余辆分两路对运西地区进行"扫荡",第一一五师独立旅利用青纱帐同它周旋,日军处处扑空,又不断受到

---

[1] 张仁初:《陆房突围》,《山东党史资料文库》第16卷,山东人民出版社,2015年版,第444页。

打击，只得在月底撤回。

罗荣桓对这个战例做了分析："如梁山战斗，假若光看抓了多少俘虏，缴获了几门炮，这只能说明在军事作战上的成绩。仅看到这一点还很不够。主要应该看到在当时大家对平原作战还缺乏经验，这次作战后增强了胜利信心，感到在平原和山地一样可以作战，消灭敌人。这样，就把某些战斗的战略意义突出出来了，军事斗争就有了一定的政治意义。"[1]

正是采取了游击、破袭、麻雀战等手段，不断打击日伪军，是敌强我弱条件下最有效的克敌制胜的作战方式。徐向前总结道："反'扫荡'的零星战斗几乎天天进行，不可胜数。据不完全统计，山东军民从1938年下半年至1940年上半年，共进行大小战斗2000余次，毙伤俘日军松井山村中将以下近20000名，伪军25000余名，破坏公路12000里，铁路500余里，击落敌机3架，击毁兵舰1艘，汽艇7只，炸毁汽车86辆，火车头36个，列车车厢162节。这些胜利，充分显示了敌后游击战的强大威力，显示了我根据地军民的顽强战斗意志，使日寇一次次的新'扫荡'均告破产。我军愈战愈强，在战术思想、指挥艺术、战斗作风、组织纪律性等方面，获得了长足进步。这样，就为我们向更大规模的游击战、运动战的方向前进，奠定了坚实的基础。"[2]

可以看出，日本侵略军对山东人民反抗斗争的"扫荡"和共

---

[1] 罗荣桓：《谈山东抗日战争》，《山东党史资料文库》第16卷，山东人民出版社，2015年版，第1页。

[2] 徐向前：《历史的回顾》（下），解放军出版社，1984年版，第656页。

产党领导的山东军民反"扫荡"斗争，呈现出愈演愈烈的趋势。当时在山东作战的黎玉等写道：

> 徐向前和朱瑞同志一进入山东，就遇上日寇对山东发动的第一次大扫荡，敌人集中了两个师团的兵力，在华北敌酋植田大将的指挥下，采取长驱直入、分进合击的战术，向我鲁中山区扑来，妄图一举围歼我分局和山纵首脑机关。朱瑞和徐向前与山纵领导同志决定避免同敌人正面作战，发动群众广泛开展分散性的游击战争，使我军主力多次灵活避开了敌人的合击，经过一个多月苦战，终于粉碎了敌人的扫荡。
>
> 1940年，日寇在山东周围集结了两个师团、四个独立混成旅团和八万多的伪军，以军事、政治、经济等联合手段，不断向我进行疯狂扫荡，分局和军政委员会及时提出了扩大与巩固山区根据地，坚持平原游击战争，打通山东各区及山东与华中的联系，打破敌人"囚笼"政策的战略方针，领导军民运用灵活的战略战术，采取内、外线结合的打法，积极捕捉战机，不断打击、消灭敌人，先后粉碎了日寇的二十多次扫荡，同时利用敌人的扫荡间隙，积极开展攻势，恢复和发展根据地。[1]

日本陆军省和参谋本部考虑到国际局势的发展，本来力求1940年年底以前解决中日战争。这个计划自然无法实现。他们没

---

[1] 莫文骅、黎玉、苏进、宋承志、丁本淳：《功勋卓著，永垂不朽——纪念朱瑞同志牺牲三十五周年》，《怀念朱瑞》，中央文献出版社，1994年版，第13页。

有想到的是，这年8月起，八路军总部在山西、河北各地和主要交通线发动了声势浩大的百团大战，作战一千八百二十四次，毙伤日伪军两万五千多人，破坏大量铁路、公路、桥梁和隧道，给了日本侵略军沉重打击。国民政府第一战区司令长官卫立煌致电朱德、彭德怀："贵部发动百团大战，不惟予日寇以致命之打击，且予友军以精神上之鼓舞。"[1]蒋介石在日记中也写道："一、八路军截断山西各铁路之行动，对敌军精神与计划上必受一打击。二、八路军对抗战之态度表示积极。"[2]为了配合百团大战，从8月起，第一一五师动员鲁南军民对日伪军控制的津浦铁路徐州北段、陇海铁路东段进行大破袭，连克几十个据点，歼灭日伪军一千五百人左右。山东纵队所属各部队向当地日伪军发起攻击，袭击莒南、日照以及沂蒙山区的青驼寺、北大寨、所孝庄等日伪军据点，毙伤日伪军四百余人。

在抗日战争中，打击日本侵略者的军事行动具有决定性的意义。八路军包括在山东的第一一五师和山东纵队，如果不能在极端艰苦的环境中不断以坚决而有力的军事行动打击日本侵略者，不可能得到民众如此热烈的拥护和支持，也谈不上如此迅速地在敌后建立起并发展抗日民主根据地。

再来看山东地区的反摩擦斗争。

日本侵略者这一大敌当前，中华民族正处在生死存亡的关头，需要的是国共合作、共赴国难。同国民党顽固派之间的摩擦

---

[1] 中国人民革命军事博物馆、《百团大战历史文献资料选编》编审组编：《百团大战历史文献资料选编》，解放军出版社，1991年版，第224页。

[2] 蒋介石日记（手稿本），1940年8月29日，美国斯坦福大学胡佛研究所藏。

和反摩擦斗争，原是中国共产党不愿意看到并力求避免的。

全国抗战初期的1938年2月11日，毛泽东在延安反侵略大会的演讲中说："因为中国今天是处在生死存亡的关头，所以全中国人有了一个空前伟大的团结，这也是过去中国历史上没有过的。""全中国不愿做亡国奴的人，不分党派，不分信仰，不分男女，不分老幼，统统向着同一的目标而团结起来。"这个目标，就是合作抗日。3月12日，他在纪念孙中山逝世十三周年及追悼抗敌阵亡将士大会上的讲话中又说："敌人是倾全国的力量来打，目标是灭亡中国，战略是速战速决。我们呢？也是倾全国的力量来抵抗，目标是保卫祖国，战略是持久奋斗。八个月中，陆、空两面，都做了英勇的奋战，全国实现了伟大的团结，几百万军队与无数人民都加入了火线，其中几十万人就在执行他们的神圣任务当中光荣地壮烈地牺牲了。这些人中间，许多是国民党人，许多是共产党人，许多是其他党派及无党无派的人，我们真诚地追悼这些死者，表示永远纪念他们。"[1]5月4日，他在对抗大一大队成立的演讲词中说："国共两党，合则两利，分则两伤。这是过去已经证明了的。"[2]

在山东，中国共产党正是努力这样做的。

当日军大举入鲁、韩复榘挟重兵不战而退时，国民党山东第六区行政督察专员兼保安司令范筑先大义凛然地在聊城通电全国，决心留在鲁西北地区坚持抗战，并陆续收编大批游击武装，

---

[1] 中共中央文献研究室编：《毛泽东文集》第2卷，人民出版社，1993年版，第89、90、113页。

[2] 毛泽东在抗大一大队成立时讲演词，1938年5月4日。

成立三十多个支队。1937年10月下旬，中共山东省委组织部长张霖之到聊城，以省委代表的身份领导鲁西、鲁西北党的工作。省委又先后派赵健民、齐燕铭、张维翰、张郁光等和红军干部洪涛、王幼平等共三百多人到范筑先部工作。

1938年春，中共山东省委书记黎玉到延安向中共中央汇报工作。毛泽东写了一封亲笔信，要他回山东时面交范筑先。黎玉回忆道："毛主席的信是用毛笔写的。原话我记不清了，大意是对范筑先进行鼓励和慰勉，肯定了他在敌后坚持抗战的重大贡献和深远影响，鼓励他坚决抗战到底。""当我亲手把毛主席的信交给范筑先的时候，近六十岁的范老高兴异常，非常激动地抖动着双手和花白胡子，使劲地握着我的手连声说：'感谢毛主席的关怀，感谢毛主席的关怀！'与此同时，我还把从延安带来的武汉版的《论持久战》一书，分别送给范老和张郁光等同志。"[1]不幸的是，在他们这次见面后不到一个月，日军包围了聊城，由于敌众我寡，聊城陷落，范筑先和共产党员张郁光、姚第鸿等光荣殉国。

山东沦为敌占区以后，被割断的在豫北敌后地区的国民党部队还有石友三、高树勋部。石友三是东北籍，原隶冯玉祥部西北军。他是个一贯见风使舵、反复无常的旧军阀。但七七事变后，他曾继吉星文团坚守卢沟桥近二十天，在他的部队中有一些共产党员（他的秘书是中共秘密党员陈壮猷），中共中央军委华北联络局的张友渔也曾由北方局派到石友三家中讲学。因此，中国共产党仍尽力争取他合作抗日。石友三也表示愿与中共合作，1938

---

[1] 黎玉：《毛主席让我带信给范筑先的经过》，《山东党史资料文库》第16卷，山东人民出版社，2015年版，第222页。

年年初派在石部的秘密党员张克威到延安同中共中央联络。3月间，张克威回到石部，带来毛泽东给石友三的亲笔信。"毛泽东同志赞扬石友三决心留在敌后抗战，并表达了我党同他合作抗日的真诚愿望。信中还说：应你的邀请，我派了十多名干部到你的部队帮助工作。他们如有违反统一战线的行动，可以随时派遣回来（大意如此）。"[1]4月初，在武汉的周恩来介绍张友渔到石友三部队，担任六十九军政治部部长。6月初，中共山东省委又派匡亚明来石部担任副部长。不久，石友三率部从豫北进驻鲁中的莱芜、蒙阴、新泰、沂水一带。6月初，石部扩编为第十军团，石友三升任军团长，张友渔、匡亚明升任军团政治部正、副部长。石友三还取得鲁南行政长官的头衔。在一段时间内，石部多次和中共领导的抗日游击队合作，对日伪军队作战。

7月22日，毛泽东、刘少奇致电刚由中共山东省委改组成的苏鲁豫皖边区的省委书记郭洪涛："1.对石友三应继续采取争取的方针，表示接受其指挥，并表示援助他统一鲁南各游击队的指挥，同时要求他划出一定防地给我们作根据地与后方。2.省委或八路军支队应派负责代表和石友三恳切谈一次，说明中共与八路军对他的希望，并竭诚援助他，同时向他说明并吞各游击队的方针不对，必然要引起许多局部磨擦。除与日本勾结的土匪部队应肃清外，对各抗日游击队应采取容纳与争取之方针。"[2]

就在7月间，石友三在新泰县龙廷镇召开协商会议，国民党

---

[1]张友渔、于克、赵濯华：《我党对石友三部队的统战工作概述》，《山东党史资料文库》第18卷，山东人民出版社，2015年版，第223页。

[2]毛泽东、胡服致郭洪涛并告朱彭电，1938年7月22日。

顽固派沈鸿烈、秦启荣，中共山东省委负责人郭洪涛，范筑先的代表等100多人出席会议。秦启荣等因意见不合中途退席。但共产党、石友三和地方实力派仍达成两项协议和三项君子协定。"三项君子协定是：（一）彼此不搞磨擦；（二）不能互相瓦解部队；（三）不许向友军扩张地盘。"石友三还把土肥原贤二派来说降的说客当众枪杀，并宣称："我石友三要当汉奸，就是三尺孩童也有权杀掉我。"[1]

可见，中国共产党争取同石友三合作抗日是有诚意的，并且收到了实效。但石友三毕竟是个反复无常的军阀。随着蒋介石在抗战进入相持阶段后把重点转向反共，石友三的政治态度发生重大变化。1938年12月，国民党政府任命石友三为冀察战区副总司令兼察哈尔省政府主席，石部移驻河北省南宫、冀县一带。石友三随即免去张友渔的军团政治部部长职务，撤去中共派在石部的人员，同八路军加紧摩擦，局势陡然逆转。他此前的那些进步姿态，其实不过是脚踏几只船、抬高身价、待价而沽的表演而已。1940年6月，石友三直接同日本侵略军勾结，派他的弟弟石友信等到开封同日本驻军司令官佐佐木签订"防共协定"。12月1日，他到高树勋军部时被扣留处决，这是他应有的下场。

石友三部转往河北后，国民党在山东的反共急先锋是沈鸿烈和秦启荣。沈鸿烈在全国抗战前是青岛市市长，韩复榘被处决后被国民党政府任命为山东省政府主席、山东游击总司令，是一个军阀政客。八路军第一纵队、山东纵队于1940年7月16日致蒋

---

[1] 张友渔、于克、赵濯华：《我党对石友三部队的统战工作概述》，《山东党史资料文库》第18卷，山东人民出版社，2015年版，第225页。

介石的通电中写道:"自去岁'扫荡'以来,沈主席曾无数次命令鲁南各军进剿职部,曾无数次密令捕杀共产党员,曾密令各地封锁职军给养,曾嗾使督导团破坏民众团体,更曾密令对八路及共产党人'见人就捉,见枪就下,见干部就杀'。以致自去年6月至11月中,职军被进攻达90多次,被杀共产党员及职部军人达1350余,扣去人员达812人,缴去枪械达2057支,对职部军人家属之烧房、罚款、污辱、掳掠钱财更不胜计。"[1] 他的主要打手是秦启荣。

秦启荣,黄埔军校六期生,20世纪30年代初曾任山东民众训练总干事、国民党山东省执行委员会委员、复兴社山东负责人。沈鸿烈担任省主席后,任命秦启荣为省政府委员兼建设厅长。"秦启荣本人除党、团、特活动外,重点以国民政府军事委员会别动总队第三纵队司令名义发展武力,拉拢招收地方散兵游勇、土匪、流氓和欺骗一些爱国人士。1938年,他拼凑的乌合之众约有两万多人,专在淄川、临淄、博山、安邱、泰安一带活动搜缴民间枪枝,抢劫人民粮食、财物,以致广大群众流离失所、十室九空。当时这一带传言:'秦家防地,天比别处高!'(意思是地皮刮深了。)"[2]

秦启荣的反共摩擦活动,自1938年4月起,不断暗袭强夺,杀害八路军干部,甚至将八路军侦察员三人活埋于潍河冰块之

---

[1]《八路军一纵山纵为沈鸿烈指使部属进攻八路军给蒋介石的通电》,中共山东省委党史资料征集研究委员会编:《山东抗日根据地》,中共党史资料出版社,1989年版,第39页。

[2] 徐叔明:《我所知道的反共顽固派秦启荣》,《文史资料存稿选编》第20卷,中国文史出版社,2002年版,第409页。

下，到 1939 年 3 月 30 日更指使所属王尚志部制造了骇人听闻的"太河惨案"。

山东纵队负责人张经武、黎玉联名发表的告全国父老兄弟、诸姑姐妹、军政当局、救亡团体等的通电中叙述了这次惨案的经过："上月 30 日我第三支队交通营，派两连武装护送 60 名干部南下受训，迨达淄川同古村，即通知同古太河一带之秦部请准假道，不料彼辈包藏祸心，阳允所请，暗事伏击，造成空前未有、令人骇汗之悲惨事件，致我三支队政治部鲍主任、吕营长等人当场牺牲，团长潘建军及一部同志或遭惨杀，或被囚禁，迄今渺无踪影，百余名热血抗战志士，无端遭此囚杀，良堪痛心，噩耗传来，悲愤交集。""我八路健儿何负于国家？更何负于友军？而一再摧残，逼人者斯之甚！时至今日，为抗战前途计，为国家民族计，对此抗战逆流不得不彻底纠正，电呈国府，严惩祸首，呼吁全国主持正义，俾此案迅速解决，以平士气，而固团结，不胜愤慨待命之至！"[1]

4 月 10 日，中共中央北方局向郭洪涛、张经武、黎玉做出指示："在我党各方面开展反摩擦斗争中，山东范围内，对此等顽固之极之徒与处心破坏团结之行为，在有利情况下给予严格打击是必要的。否则，此等事件将对我不利。"指示对如何开展反摩擦斗争仍留有余地，写道："同意你们对此次事件之方案，但应注意：甲，只打击秦部，尽可能分化争取或孤立其他数部。乙，

---

[1]《张经武、黎玉关于国民党秦启荣等部破坏抗战问题的通电》，《八路军山东纵队史》编审委员会编：《八路军山东纵队：综合册》，山东人民出版社，1993 年版，第 411、416 页。

在有利条件下打击并歼灭其一部，作此事谈判之优势根据，一般不宜扩大。"[1] 20日，山东纵队第三、四支队对秦启荣进行反击，歼其一部，收复太河地区。

中共中央书记处对此十分重视。在5月19日对山东工作指示："山东今后磨擦会更多，更厉害，我们应准备长期磨擦，坚持我们在敌后抗战的路线与政策，反对顽固分子的错误路线，不要设想让步可以解决问题。"[2] 中共中央的这个判断是准确的。徐永昌在5月31日的日记中写道："在军委会开会讨论八路军问题。""原因去岁以来八路军由第二战区范围内自由溢出。初以其击敌，也感忽视之。继因其组织民众，成立政治系统，处处妨害国军及妨害冀鲁皖省政。"[3] 可见国民党当局已不将是否有利于抗日放在第一位，而在酝酿和准备发动第一次反共高潮。6月10日，"又在军委会讨论八路军问题，任潮（注：李济深）、为章（注：刘斐）主画给较大区域以安之，陈立夫、朱留仙（注：当为朱骝先，即朱家骅）以为不当"[4]。把国共关系问题提到军委会讨论，可见国民党当局已把这个问题看作需要用武力解决了。徐永昌在日记中也感叹道："中央对军事、政治工作不自努力，

---

[1]《中共中央北方局关于对山东顽固派斗争策略的指示》，《中共中央北方局》资料丛书编审委员会编：《中共中央北方局·抗日战争时期卷》（上册），中共党史出版社，1999年版，第180页。

[2]《中央关于山东工作方针的指示》，中共山东省委党史研究室编：《山东党史资料文库》第7卷，山东人民出版社，2015年版，第102页。

[3] 徐永昌：《徐永昌日记》，第5册，"中央研究院"近代史研究所，1991年版，第69页。

[4] 同上书，第74页。

邃进而日求对付八路军，是真舍本逐末。"[1]6月29日的日记中又写道："晚8时在辞修（注：陈诚）寓，又集议对八路军办法，无聊极。"[2]

这年8月，秦启荣又指挥连续制造雪野事件和淄河事件，在淄河流域集中四千余人围攻共产党领导的部队十余天。从这年6月至12月，秦部共向山东纵队所属部队进攻九十多次，杀害军民一千三百五十多名，扣押干部战士一千多人。山东纵队忍无可忍，由张经武、王彬指挥山纵第一、三、四支队，在几天内连续作战，攻克淄川、博山以东地区，将秦启荣部完全击溃，救出部分被俘人员，收编了他的一部分队伍，缴枪两千余支。秦启荣率领残兵败将西逃，无法再成为一支反共的重要力量。

在秦启荣部制造"太河惨案"的下一个月，即1939年4月，国民党政府任命于学忠为鲁苏战区总司令（沈鸿烈、韩德勤为副总司令）率东北军第五十一、五十七军约两万人，从大别山区和苏北进驻鲁中和鲁南。

八路军对在一定程度上还能合作抗日的军队仍有区别地对待。于学忠和沈鸿烈都是原东北军将领，但两人不同，于学忠有爱国心和抗日的要求。毛泽东在西安事变前夜曾写信给他说："凤稔先生热诚爱国，对日抗战早具同心。"[3]西安事变后，张学良在送蒋介石回南京时，留下手令：他去南京期间，东北军由于学忠统率。蒋介石对于学忠一直心怀疑忌。全国抗战开始后，于

---

[1] 徐永昌：《徐永昌日记》，第5册，"中央研究院"近代史研究所，1991年版，第84页。

[2] 同上书，第87页。

[3] 《毛泽东书信选集》，人民出版社，1983年版，第76页。

学忠曾先后参加徐州会战和武汉会战，英勇作战。调山东后，他对所部第五十一军军长牟中珩说："我们对蒋介石的方针是不即不离：因为你和他太近了，他就把你溶化了；你若是离他太远了，他就用武力解决你。"他又说："我们在鲁苏战区采取的策略是：既不红，也不黑，三条道路走中间，取中立立场，团结友军，不打内战，坚决抗日救国。"[1]于学忠部内也有一些秘密的共产党员。谷牧就是于部第一一二师的中共师工委书记，公开职务是旅部中尉书记兼战地工作团主任。[2]

中国共产党也认为于学忠是中间派。徐向前写道："于学忠是原东北军的，西安事变后与我党有过合作关系，在蒋介石那里并不吃香。蒋介石一面利用他，一面排挤他，他明白，我们更明白。因而，尽管他有时不得不对我们态度强硬些，但并没有说过八路军多少坏话，是留了回旋余地的。这就是中间派的立场和态度，属于我们的争取对象。"[3]

中共中央及军委也致电徐、朱、陈、罗，指出对沈鸿烈部和于学忠部应采取不同方针。电文说："沈鸿烈属于顽固派，对我百端磨擦，故须于自卫原则下坚决消灭之。在打击沈鸿烈（秦启荣是其最坏之一部）之斗争中要注意分化其部下，争取其尚有希望分子。于学忠与沈鸿烈不同，他是尚有希望的，除对其反共政训人员应加以坚决打击外，对东北军应极力争取至少使之取中立

---

［1］牟中珩：《我所知道的于学忠》，《中华文史资料文库》第9卷，中国文史出版社，1996年版，第41页。

［2］谷牧：《谷牧回忆录》，中央文献出版社，2009年版，第63、66页。

［3］徐向前：《历史的回顾》（下），解放军出版社，1984年版，第647页。

态度。"[1]

因为于学忠是有着两面性的中间派,双方对有的问题也有意见不一致和发生矛盾的地方,主要是在八路军建立地方政权的问题上。徐向前曾代表八路军同于学忠进行了一次谈话,对他进行争取,以便孤立沈鸿烈。于学忠客气地讲了要联合抗日,强调东北军和八路军之间没有根本利害冲突。徐向前回忆道:"接着,他的话题就转入政权问题。他说:你们抗日,就不要搞地方政权了。八路军是军队,不能搞政权,你们也搞政权,我这个省政府怎么搞哇!我说:我们是抗日的军队,要搞抗日根据地,就得建立政权,发动群众。有了政权,有了群众,才好打日本鬼子。而且,不建立政权,我们没有饭吃。你们的政府,一不给我们粮款,二不给我们枪弹,连应该发给八路军的薪饷都不给,我们不搞政权怎么办?""谈判回来,我们仍按自己的办法干,到处建立抗日民主政权。于学忠睁一只眼闭一只眼,拿八路军没办法。"[2]

反摩擦斗争中对国民党在山东的各派系如何区别对待?中共中央在1939年12月6日做了一个概括性的指示:"在反磨擦中,应当利用国民党各部分彼此间的各种矛盾,打击最坏的,孤立次坏的,争取较好的。因此,对秦启荣及一切类似的反动力量,应取坚决消灭、毫不妥协、毫不犹豫的方针,在其部队中进行内部瓦解工作。对沈鸿烈应孤立他。对于学忠及东北军应多方进行统

---

[1]《中央、军委关于对沈鸿烈于学忠部应采取不同方针的指示》,中共山东省委党史研究室编:《山东党史资料文库》第7卷,山东人民出版社,2015年版,第228页。

[2] 徐向前:《历史的回顾》(下),解放军出版社,1984年版,第657页。

一战线的工作，但对其无理要求，应严正拒绝，不可让步。对中间分子如老同盟会及公正绅士等，应联合之，并发动其积极性。"[1]

东北军内部情况也相当复杂，并且前后发生过重大变化。事情主要发生在驻军沂蒙地区的第五十七军（辖两个师，一个师长是常恩多，一个师长是霍守义）。军长缪澄流思想顽固，到山东后就同沈鸿烈相勾结，不时向八路军挑衅。他多次讲："我们喊抗战喊了几年了，抗得怎么样？地方一块块失掉，军队到处受损失，我们是上当了，上了共产党的当！"[2]1940年9月，他秘密派代表同日本上尉参谋辛修三商谈互不侵犯和共同防共。第三三三旅代旅长万毅是谷牧在东北军介绍入党的秘密共产党员，得知信息后立刻告诉有爱国思想、对蒋介石不满的第一一一师师长常恩多。常恩多极为愤怒，决定立刻采取行动，准备逮捕缪澄流。但被叛徒告密，缪澄流脱逃。这就是造成很大影响的"九二二"锄奸。以后，经过一些曲折，1942年8月3日，常恩多在病危时决定把部队拉出来，改称"东北挺进军"，进入抗日民主根据地。万毅不久后担任八路军滨海军区副司令员兼滨海支队支队长，这已是后话了。

对蒋介石来说，他在山东的军事部署有一个很大的弱点：并没有嫡系的中央军在那里。战前山东的军事由韩复榘控制。全国抗战爆发后，韩率部不战而退，日军长驱南下，国民党的正规军只是在

---

[1]《中共中央关于山东及苏鲁战区工作方针的指示》，《八路军山东纵队史》编审委员会编：《八路军山东纵队：综合册》，山东人民出版社，1993年版，第429页。
[2] 万毅：《万毅将军回忆录》，中共党史出版社，1998年版，第82页。

陇海铁路一线防御作战。徐州会战结束后，国民党军继续南撤，蒋的嫡系部队没有一支能像八路军那样深入山东敌后作战，更谈不上建立巩固的根据地，留下的只有一些杂牌军（包括东北军等地方部队）。这个弱点到此时便暴露出来。1939年下半年，蒋介石考虑派黄埔一期出身的李仙洲率三个师开入山东，但迟迟无法实现。这个原因，徐永昌在1940年6月12日的日记中这样解释："余〔以〕为国军不敷分配，如李仙洲奉命援鲁，一年不能出发。"[1]徐永昌讲的是事实。而更根本的问题在于：蒋介石的嫡系部队几乎只能用在有自己后方作为依托的防御作战上，没有能力深入环境极端险恶的敌后，长期生存并打开新的局面。这是国民党军队在山东摩擦活动没有形成更大规模的重要原因。

1940年夏秋间，山东党的领导机构有较大的变动。5月间，遵照中共中央来电，徐向前回延安准备出席党的第七次全国代表大会。郭洪涛在回忆录中记载："9月山东分局召开党代表会议，选举参加党的七大代表，我被选为代表之一。我去参加会议期间，分局书记由朱瑞同志代理。"[2]10月，郭洪涛、张经武率领山东代表团去延安参加党的七大（这次代表大会后来延期到1945年召开。）

到这年年底，山东抗日根据地在各方面已经初具规模。这是三年多前也就是抗日战争开始时难以想象的。《八路军第一一五师暨山东军区战史》对这时的状况做了简要的概括：

---

[1] 徐永昌：《徐永昌日记》第5册，"中央研究院"近代史研究所，1991年版，第340页。

[2] 郭洪涛：《郭洪涛回忆录》，中共党史出版社，2004年版，第155页。

中共山东分局、第一一五师和山东纵队，经过艰苦卓绝的斗争，在原来的基础上，巩固扩大了鲁西、清河、鲁中、鲁南、胶东、湖西及冀鲁边抗日根据地，开辟了苏鲁豫皖和苏皖边区根据地，党员发展到 11 万人，建立起中共鲁西、清河、鲁中、鲁南、胶东五个区委和湖西地委；成立了省战工会，建立起鲁西、清河两个行政主任公署，十个专员公署和 29 个县政府；基本完成了中央军委规定的扩军和整军计划，第一一五师发展到 7.5 万余人，山东纵队发展到 5.4 万人，初步实现了主力部队正规化、地方武装基干化、游击队组织化、全体武装党军化。[1]

这为山东抗日根据地迎来未来两年艰难岁月的考验做了重要的准备。

最困难的两年

《毛泽东选集》第 3 卷的一篇题解中有一个十分重要的论断："一九四一年和一九四二年是抗日战争期间根据地最困难的时期。"[2] 日本防卫厅战史室的资料也称："昭和十六、十七年属于

---

[1]《八路军第一一五师暨山东军区战史》编辑室编：《八路军第一一五师暨山东军区战史》，黄河出版社，2005 年版，第 339 页。

[2] 中共中央文献编辑委员会编：《毛泽东选集》第 3 卷，人民出版社，1991 年版，第 891 页。

'解放区'最艰难的斗争阶段。"[1] 这种状况，在中国共产党领导的各抗日民主根据地是如此，在山东抗日根据地也是如此。

山东抗日根据地，经过两年左右的发展和经营，力量已有很大增加。为什么在1941年和1942年这两年又会进入"最困难的时期"？直接原因主要有两个：

第一，抗日战争进入战略相持阶段，日本侵略军已难以实行"速战速决"式的长驱直入，而要回过头来着重考虑如何巩固他们对占领区的统治，做更长期的打算。他们发现中国共产党领导的武装力量在自己的后方已构成日益巨大的威胁。"百团大战"给他们出乎意料的沉重打击，也使他们感到震惊。1940年10月，日本华北方面军参谋部编印的《对华北方面共产势力之观察》中已写道："共产军之机动游击战法极为巧妙而执拗，已逐渐成为我治安之最大障碍。"1941年1月12、13日，日本华北方面军召集所属兵团长会议。在方面军司令官"训示"中着重提出："在华北，我军努力之重点，应集中于共产党、军一节，业经多次训示在案。"[2] 1941年7月，日军以此后担任中国派遣军总司令官的冈村宁次大将为华北方面军司令官。他在回忆录中写道："当时的华北地区与一般战场不同，任务单一，专搞治安整顿。"他又写道："我就任华北方面军时的形势是，对重庆政府军的作战已大致结束，周围几乎到处都有共军活动，另有几处盘踞着重庆系地方军。因此，说到作战，大体上各军、方面军直辖兵团对当地

---

[1] 日本防卫厅战史室编：《大战前之华北"治安"作战》，"国防部"史政编译局，1988年版，第146页。

[2] 同上书，第599、667页。

共军都在日夜进行讨伐战（规模大小不等）。""共军的确长于谍报（在其本国以内），而且足智多谋，故经常出现我小部队被全歼的惨状。"[1] 他们在华北占领区（包括山东在内）自然将八路军作为主要对手，将更大力量放在对敌后抗日根据地的"扫荡"上，无论规模之大和手段之残酷都远远超过以往几年。

第二，蒋介石在抗战进入相持阶段后，正面战场受到的压力有所减轻，而共产党领导的抗日力量的发展却被他看作心腹之患，于是加紧反共活动。1941年1月，国民党制造了震惊中外的皖南事变，用突然袭击的手段，杀害并俘虏新四军军部和所辖部队七千多人，把国共关系推进到濒临破裂的边缘。蒋介石和国民党当局不顾一切地做出这样决绝的决定，是经过充分考虑、下了狠心的。徐永昌在1940年11月27日的日记中记载了他们的这种考虑："欲免其祸，迟早必出于一战。再迟恐至无能与战。至英美因此认我力量减低，但我力量不减时彼又有何真助于我？（即彼助我亦因彼需要。）俄国当然怀恨，但我此时终较共党力量伟大，彼今尚利用我困倭，如抑我扶共，此时尚感缓不济急。倭寇自喜我相煎，我利其或因此放心而提前南进。今日拒倭同时制共，虽不利然尚能制共以图存。他日我拒倭而俄助共以和倭，则我不惟不足拒日，且恐不能自存。"[2] 可见他们用心之深、下手之狠。

下了这样的毒手，他们还不罢休。接着又宣布取消新四军番

---

[1] [日] 稻叶正夫编，天津市政协编译委员会译：《冈村宁次回忆录》，中华书局，1981年版，第317、325页。

[2] 徐永昌：《徐永昌日记》第5册，"中央研究院"近代史研究所，1991年版，第477页。

号，停发八路军的薪饷和弹药，加紧对各抗日民主根据地的经济和物资封锁，企图把共产党领导的各根据地军民困死。敌后抗日根据地由此在经济上也出现了严重困难，这是抗战开始后几年来所没有的。

山东抗日根据地的困难，就是在这样的大背景下发生的。对山东来说，更突出的是日本侵略军对山东抗日根据地的"扫荡"。

反摩擦斗争对中国共产党来说，毕竟是不得已的自卫行动，给来犯者一定惩罚后便适可而止。八路军在敌后战场上集中打击的依然是日本侵略军。1940年3月19日，日本华北方面军召开所属各兵团参谋长联席会议。方面军参谋副长平田正判少将就该年作战实施要领做了说明。他对"讨伐目标"这样说："共产军对我占领地区之进击，活动实甚猖獗，此将成为今后治安肃清上最大关心之问题。""因此，次期讨伐肃清之重点，特别集中指向共产军，一心一意加以毁灭。"[1]可见日本侵略军在遭受"百团大战"前已将八路军看作"讨伐目标之重点"。

如果说日军在1940年所说"将成为今后治安肃清上最大关心之问题"还多少带有预言的意味，那么到1941年和1942年便在实际的军事部署和行动上清楚地表现出这种重点转移。为了加强华北方面军，日本的中国派遣军从华中抽调第十七、第三十三两个师团到华北，使华北日军兵力达到十一个师团和十二个独立混成旅团约三十万人，还有伪军十万多人。其中，以第十二军所属两个师团和三个独立混成旅团位于山东和苏皖北部。他们对各

---

[1] 日本防卫厅战史室编：《大战前之华北"治安"作战》，"国防部"史政编译局，1988年版，第446页。

抗日根据地进行连续的残酷"扫荡""蚕食",并在1941年发动三次"治安强化运动",在1942年又发动第四次和第五次"治安强化运动",这些都是它所谓"总力战"。

日军这时对抗日根据地进行"扫荡"的新特点是:集中兵力,统一行动,有重点地进行分区"扫荡",并以汽车、坦克和步兵组成机械化部队,千方百计迅速捕捉八路军主力和破坏领导机关,力图围歼。他们所说的"蚕食",主要有两种方法:一种是依托交通线和据点,对根据地进行"边缘蚕食";另一种是以"扫荡"为先导,深入根据地建立据点,进行"跃进蚕食"。此外,还采用了经济、政治、文化等多种手段。

这自然给山东抗日根据地带来前所未有的巨大困难。萧华把这两年的艰危和以往比较,写道:"1939年和1940年,敌人在山东出动千人以上的'扫荡'共25次,其中万人以上的2次;到1941年和1942年则增加到70余次,其中万人以上的9次。至于千人以下的'扫荡'和出扰,无日无之,平原地区尤甚。敌人的'扫荡'办法一般多采取'分进合击',也采取反复平行推进的'梳篦式扫荡'。在多次'扫荡'失败以后,敌人又集中更多兵力,采取大纵深重重包围的'铁壁合围'战术,到1942年又发展为更残酷毒辣的'拉网合围'。'拉网合围'是敌人在敌后进行'扫荡'的顶峰。"[1]

日军在山东的这种残酷扫荡,几乎遍及山东各地,时间也持续不断。其中规模和影响最大的有两次:一次是1941年11月2日至12月28日的鲁中山区大"扫荡";一次是1942年10月26

---

[1] 萧华:《艰苦岁月》,上海文艺出版社,1983年版,第182、183页。

日至 11 月中旬的鲁中区"扫荡"。这两次"扫荡"的重点都是沂蒙山区，那是八路军在山东的心腹根据地。如果把这两次比较一下，不难发现日军 1942 年"扫荡"使用的兵力和时间远少于 1941 年，而八路军的战斗力、作战经验和军民关系大大优于 1941 年，这是在这一年间敌我力量消长发生的明显变化。用现在流行的话来说，这是一个醒目的"拐点"，很值得注意。

对日军的"扫荡"，中共山东分局在应对上是有一定准备的，对自己存在的不足，也有冷静的估计。1941 年 4 月 12 日，山东分局书记朱瑞致电已离开山东的徐向前、郭洪涛、张经武，谈到八路军在山东的应对力量仍感不足："自你们去后之一年半中，由于中央、北局、军委、集总领导之正确与全体同志之努力，山东一般工作至去年秋间大致已开始其初步的优势。但其不平衡、不巩固，不但在外部不易改变，即本身之努力与继续坚持性亦不够。""除我们努力不懈继续发展、强调巩固外，因干部缺乏，每觉心有余而力不足。山东干部之弱，自分局起比华北各地一律低下一级至两级。山东地方之广大、干部之稀少，在极度遽速发展下，不得不更加□□分局，因此也更见薄弱与缺乏。"[1] 山东抗日根据地几乎是从无到有地发展起来的，发展得那样快，山东的地方又那么大，干部缺乏，存在不足确实是他们所说的"可想而知"。

中共中央书记处和军委经过郑重考虑，在 8 月 19 日做出指示："为了保持华北、华中联系，必须加强山东。我军在山东力

---

[1]《朱瑞关于山东工作情形致徐向前等同志》，中共山东省委党史研究室编:《山东党史资料文库》第 8 卷，山东人民出版社，2015 年版，第 183 页。

量近八万人，而作战指挥至今尚未统一。中央和军委认为，加强山东方面的军政领导和统一作战指挥为加强山东的先决条件。"[1]为此做出决定：分局、一一五师师部及山纵指挥部靠拢，以便经常开会，以分局会议为统一山东党政军民的领导机关；山东分局暂时由朱瑞、罗荣桓、黎玉、陈光组成，朱瑞为书记；山东纵队归一一五师首长指挥，配合作战；将山纵及一一五师两个军政委员会合组为山东军政委员会，以罗荣桓为书记。值得注意的是：分局、一一五师师部、山纵指挥部靠拢后，山东分局是"暂时"组成的，并不是最后确定的；山东纵队归一一五师首长指挥；新合组的山东军政委员会，由罗荣桓任书记。可见中共中央已在考虑由政治和军事经验更加丰富的罗荣桓来负责对山东工作的全面领导。这个考虑是恰当的，实施的步骤是稳当的。

指示发出的第二天，山东分局立刻向中央书记处和军委报告：对"统一山东领导的决定完全接受"，"为建立分局集体领导，并发挥分工作用，分局八月的会议决定分工如下：（1）陈主财委会，（2）罗主军事，（3）黎主政府工作，（4）朱主党的组织"[2]。值得注意的是：陈光本来是一一五师的代师长，分工却主管过去不由他管的财委会，当前最重要的军事工作由罗荣桓主持；朱瑞虽仍是山东分局书记，却没有规定主持全面工作，只是"主党

---

[1]《中共中央书记处、中央军委关于统一山东领导的指示》，中共山东省委党史研究室编：《山东党史资料文库》第8卷，山东人民出版社，2015年版，第425页。

[2]《中共山东分局关于执行〈中央、军委关于统一山东领导的指示〉的报告》，中共山东省委党史研究室编：《山东党史资料文库》第8卷，山东人民出版社，2015年版，第426页。

的组织"。领导山东全局的责任更多地转向罗荣桓，情况正在过渡中。

这时，山东的军事局势，从总体说，仍是敌强我弱。1941年年初，日军把鲁北、湖西作为"扫荡"的重点，企图割断津浦铁路东西的联系，对山东抗日根据地还不能构成全局性的威胁。这年7月，日军富有作战经验的高级将领冈村宁次大将调任日军华北方面军司令官后，精心地全盘策划对华北各抗日根据地的"扫荡"行动。11月初，日军驻山东的第十二军得到从其他地区的增援后，集中三个师团、三个独立混成旅团为主力，加上第三十三师团一部和伪军，共五万多人，由十二军司令官土桥一次中将指挥，发动对鲁中沂蒙山区的大"扫荡"。日军的中国派遣军司令官畑俊六大将在行动时亲自到临沂督战。这是抗战时期日军对山东抗日根据地发动的规模最大的一次"扫荡"，也是对山东抗日根据地最严峻的一次考验。日军"扫荡"的目标是消灭中共在山东的党政军领导机关和主力部队，摧毁鲁中沂蒙山区根据地。

针对日军的意图，山东军政委员会决定：山东分局和第一一五师直属队转移到鲁南地区；山东纵队直属队转向泰山区；山东纵队第一旅主力转向包围圈的外围，待机作战；鲁中军区、各军分区以及县区武装就地坚持斗争；活动在鲁中区附近的部队对驻地日伪军发起攻势，牵制他们前来增援，以配合沂蒙山区的反"扫荡"斗争。

日军1941年冬对鲁中山区发动的这场规模空前的大"扫荡"，大体分三个阶段。

"第一期为所谓军事的铁壁合围（即军事的疯狂合击战，搜索战），企图聚歼我主力于根据地内，使我根据地失去屏障。此期甚短，共约十日。我应付方针是主力分散跳出合围圈，保存力量，并发动外围战，以分散敌人，减弱根据地的压迫。"[1]

日军对这次"铁壁合围"行动的期望很高。日方的战史写道："本作战乃系以歼灭沂蒙（沂州、沂水、蒙阴）地区中共党军，铲除其根据地，同时与第三次治安强化运动相配合，借以大为提升治安肃清之成效为目的。""此项计划，在其规模上，殆可匹敌于方面军直接指导之晋察冀边区肃清作战。"[2]那时，山东分局、一一五师师部、山东纵队等领导机关在靠拢后集中在相近的狭小地区。萧华写道："敌人首先袭击了我山东纵队领导机关驻地，紧接着又以精兵三万，在坦克、飞机配合下，从四面八方向我一一五师师部和山东分局驻地留田（临沂北五十余公里）一带猛犯，同时在沂河以东隐蔽地布置了强大兵力，准备诱歼我向东转移的兵力。"[3]

他们准备在第二天天亮时发起总攻。情势处在千钧一发之际。罗荣桓冷静地判断："日军'扫荡'，妄图围歼我们山东的指挥机关，集中兵力向我中心区合围，后方必定空虚，我们乘机插到他们大本营临沂地区，他们是料想不到的，这就叫出其不意，

---

[1]《中共山东分局关于敌人对鲁中山区大"扫荡"的初步总结与指示》，中共山东省委党史研究室编：《山东党史资料文库》第8卷，山东人民出版社，2015年版，第668页。

[2] 日本防卫厅战史室编：《大战前之华北"治安"作战》，"国防部"史政编译局，1988年版，第903、904页。

[3] 萧华：《英勇抗战的山东军民》，《忆沂蒙》（上），山东人民出版社，1993年版，第106页。

攻其不备。"[1]决定乘黑夜朝日军大本营方向突围,再转到便于机动的蒙山和鲁南的结合部。经过侦察,在11月6日拂晓,他指挥山东党政军领导机关近五千人从日伪军包围圈的缝隙中,迂回曲折地越过三道封锁线,不费一枪一弹,没有一人伤亡,胜利突出重围。原在沂南县马牧池的山东纵队指挥机关,也在6日天黑后突围。

"第二期为'清剿'战并配合其所谓'治安强化运动',即将主力撤回,扩大包围区,部署兵力,广竖据点(约六十余),以利经济的彻底破坏与政治的欺骗麻醉,辅以军事的穷搜摸索,以根绝我一切抵抗,企图完全打碎我根据地,使我主力无所依托。此期甚长,约三个星期。我应付方针为主力部分分别回转,以营连为单位分散插入点间隙间活动,以小的游击动作对付敌人搜索、破坏与伪化活动,广泛组织与恢复游击小组或分组十人至几十人的特务小队以打击敌伪汉奸的宣传活动,并团结群众进行战时锄奸工作,以支持政权镇压奸细叛徒。"

"第三期为第二期'清剿'战的延长。敌人主力他调,为防我反攻,守备兵团仍集中使用,控制我重要出口、大道、河口与进行轮番合击,以打击我暴露部队。"此期约半个月。我应付方针为相当集中兵力,以营为单位互相呼应配合,以地方零星小部队实行打击伪军投降派及小股日军,以迫使其后退与集中,减少敌伪疯狂活动。对地方则开始有计划的整理组织,恢复领导,及整理与建立各基点的游击队和群众武装(游击小组、自卫团

---

[1] 萧华:《尊敬的良师,可亲的长者》,《回忆罗荣桓》,解放军出版社,1983年版,第54页。

等）。"[1]

这是日军在山东战场上规模最大的一次"扫荡",也反映出一场比较完整的八路军反"扫荡"斗争的发展过程。经过根据地军民的英勇打击,加上日军兵力受太平洋战争的牵制,担负"扫荡"的日军最后不得不在12月下旬收缩撤退。

在这近两个月的反"扫荡"斗争中,八路军和地方游击队共作战一百五十多次,歼敌两千多人,更重要的是粉碎了日本侵略者消灭山东党政军领导机关和主力部队的企图,坚持了抗日根据地的斗争。但最初对日军这次"扫荡"的规模、残酷性和持续性还是估计不够,根据地军民也付出不小的代价:部队伤亡一千四百多人,省战工会秘书长陈明、国际友人汉斯·希伯(Hans Shippe)、山东纵队政治部宣传部部长刘子超、第一一五师敌工部部长王立人、鲁中军区司令员刘海涛、蒙山支队政委刘涛等牺牲,群众被杀害和抓走的达一万四千余人,被抢走粮食一百六十余万斤。一部分群众中也出现过一些消极以至抱怨的情绪。

朱瑞严格地检查道:"这一年斗争中,由于我们领导上犯错误,未能及时转变方式,着重依靠群众,分散荫蔽,深入下层,厉行对敌斗争,加强巩固建设工作,故削弱甚大。尤以年终(11月5日起至12月底止)沂蒙大'扫荡',更空前的打击及震动了我们。但这一打击,同时也警觉了我们,开始在思想及领导上去

---

[1]《中共山东分局关于敌人对鲁中山区大'扫荡'的初步总结与指示》,中共山东省委党史研究室编:《山东党史资料文库》第8卷,山东人民出版社,2015年版,第668页。

检讨自己,指出了我们领导上犯有脱离群众的官僚倾向,对敌斗争的和平倾向,领导上的不民主,作风上的机会主义、太平麻痹、英雄主义等。这一检讨开始了分局领导的转变。"[1]

中共山东分局从这次战斗中总结出两条教训:"第一,中心总结在于作风问题,如斗争中的和平倾向和工作上的形式主义,即一切工作仍停留在前一阶段的粗枝大叶的毛病上,即如不管平时或战时,不管环境的顺利和逆转,工作上仍多千篇一律,照旧行事。""第二,中心总结在于对华北敌后战争敌我形势与'扫荡'严重性认识不够,事先未能认真迎头接受山西及其他各地的经验,'扫荡'仓促到来又未能周密布置,这些更助长了认识上的和平倾向及反'扫荡'动员中的形式主义。"[2]罗荣桓等给中共中央的报告中也指出:这次反"扫荡"反映了在领导上过去对于敌后斗争的长期性、残酷性、严重性认识不足,在上半年比较和平的环境中,产生了麻痹的情绪,对反"扫荡"缺乏充分的动员和准备。这些教训,对各级干部都有切肤之痛。部队正是在这种实战经验教训的磨炼中逐步成熟和生长起来。

这一年,罗荣桓在总结经验教训的基础上,提出了"敌人打到我这里来,我打到敌那里去"的"翻边战术"。他认为,由于敌后根据地地域狭小,缺乏回旋余地,不能采用过去常用的"诱敌深入"的方法。主力部队不是置于根据地腹部,而是部署在靠

---

[1] 朱瑞:《忆北方局和山东分局》,《中共中央北方局:抗日战争时期》下册,中共党史出版社,1999年版,第781页。

[2]《中共山东分局关于敌人对鲁中山区大"扫荡"的初步总结与指示》,中共山东省委党史研究室编:《山东党史资料文库》第8卷,山东人民出版社,2015年版,第669页。

近一路日军根据地的边缘区，在弄清敌人动向后，乘它包围圈尚未紧缩而有较大空隙时，选其弱点，翻到它的后方去，打乱日军的部署，粉碎它的"扫荡"。这一战术，对以后夺取反"扫荡"、反"蚕食"斗争的胜利发挥了重要作用。

进入1942年，日本侵略者在战争全局各方面的处境日益不利，兵力更显不足，军心日趋涣散，一时难以组织起大的"扫荡"作战，在山东以至华北地区对抗日根据地的军事行动更侧重于采取"蚕食"政策。6月1日，山东分局和一一五师政治部联合发出指示："目前敌人正根据'解放东亚''剿共自卫''勤俭增产'等口号，以政治伪化、军事清剿及经济上的配给制度，对我华北各根据地进行全面的'蚕食'阴谋。这一方面说明我们目前之处境正是破晓前的黑暗，另方面又说明我们以全力展开反对敌人政治、军事与经济的斗争，配合正面作战，正是目前对敌斗争的中心任务。"[1]可以看出，日本侵略者表面上还在气势汹汹地向根据地继续发动"扫荡"和"蚕食"，其实却在一天天走下坡路了。这就是指示中所说的"破晓前的黑暗"。

这年秋后，日军"开始普遍'扫荡'，由鲁西、鲁中、胶东而冀鲁边、清河、鲁南、湖西，均已'扫荡'过。惟'扫荡'兵力不甚大。'扫荡'鲁西、鲁中、胶东敌伪均在两万以下，除胶东'扫荡'约两月外，时间均不长（鲁中半个月，鲁中五天，其

---

[1]《中共山东分局、一一五师政治部对敌之"蚕食"政策的指示》，中共山东省委党史研究室编：《山东党史资料文库》第9卷，山东人民出版社，2015年版，第225页。

余三四天不等）"[1]。

由于有了1941年冬反"扫荡"的经验教训，山东抗日根据地对形势的估计更加冷静，对斗争的长期性、残酷性、严重性有了更充分的准备。从1942年8月开始，罗荣桓连续发表《坚持我们的边缘游击区》《准备打破敌人紧缩包围封锁我们的根据地》《对冀鲁边区坚持斗争的估计和今后的任务》《克服在执行游击战争中认识上的一些偏差》等文章，提出："我们要以实事求是的精神，很细腻的组织我们的一切力量，发挥出对敌斗争的创造性，坚强我们外围游击区的工作，向着敌人的紧缩包围封锁圈拉破口子，使敌人纵深点面控制有不牢固的环节，使我们有条件地向着敌人占领地带上打击他们的虚弱。这是我们当前对着敌人斗争的方针。"[2]

八路军的行动，特别着重具有分散性、地方性、群众性的游击战争，使日军疲于应付，充分发挥人民战争的巨大优势。鲁南的铁道游击队便是一个很著名的例子。八路军对伪军也展开政治攻势，进行分化瓦解，取得明显成效。

10月26日到11月中旬，日军再一次发动一场规模较大的对鲁中山区的"扫荡"。这次"扫荡"，是日军分别对晋绥、晋察冀、冀鲁豫、太行、太岳和山东等抗日根据地进行万人以上的全面"扫荡"行动的一部分，是日本侵略者面对江河日下的战局时力图挽回颓势的一次无力的挣扎。

---

[1] 朱瑞、陈光、罗荣桓：《关于山东情形的报告》，《山东党史资料文库》第10卷，山东人民出版社，2015年版，第60页。

[2] 罗荣桓：《罗荣桓军事文选》，解放军出版社，1997年版，第138页。

在山东，他们采取更狡诈的方法：先施放烟幕，在清河区寿光以北地区和鲁中的泰山地区进行"扫荡"，再以两千多人的兵力向渤海区佯动，以多辆坦克、汽车朝这个方向开进。这几路日军都公开暴露，行动极缓慢，有意散布"扫荡"渤海区的假情报，引诱沂蒙山区的山东军区主力来援。行动的真正目的是：集中日军第十二军的两个师团和两个独立混成旅团一部共一万五千余人向沂蒙山区进行"扫荡"，并在沂蒙山区的南墙峪设伏，打算将赴援滨海地区的山东军区部队合围，力图将它一举全歼。山东军区领导机关看破了他们的计谋，及时跳出合围圈，其他部队经激战后在黄昏也分路突出重围。为了策应山东军区领导机关突围，第一一五师指挥鲁中地区各部队广泛出击，牵制并分散日军兵力。11月中旬，日军计谋落空，被迫撤出沂蒙山区。这以后，他们又以一万五千余人的兵力，采取"拉网"战术，企图消灭八路军胶东军区领导机关和主力部队，八路军大部也突出重围，向滨海地区转移。在八路军内外线部队的打击下，日军原来策划的作战目标一一落空。这时，太平洋战争爆发，日军不得不抽兵南下，山东地区的兵力更加不足，被迫在12月底撤回原据点。

在这次反"扫荡"中，第一一五师和山东纵队共作战一百五十多次，歼日伪军两千多人，并在敌我力量悬殊的情况下，再次保存了山东党政军领导机关和部队有生力量，但也付出了沉重代价：党政军人员伤亡一千四百多人，群众被杀三千多人，被抓一万多人，鲁中根据地缩小一半。

山东分局宣传部印发这次战役经验教训，指出日军这次"扫荡"的新特点："鲁中区是山东的心腹根据地，曾经去年五万敌人'扫荡'的考验，今秋敌人为配合其'五次治安强化运动'，又对我鲁中区进行疯狂'扫荡',虽其使用的兵力与'扫荡'的时间远逊于去年,但其阴谋之毒辣则有过之无不及。""敌这一企图经我在旋崮顶部队坚守给敌严重打击后,各部胜利突围,敌聚歼计划完全破产。"[1]日本侵略军在山东已到了日暮途穷的地步,以后很难再发动大规模的军事攻势。

针对国民党顽固派的反摩擦斗争,这两年间比较缓和。共产党对这个问题的态度一直是"人不犯我,我不犯人;人若犯我,我必犯人",在斗争中需要做到"有理,有利,有节"。这时,反共最力的石友三、秦启荣等已先后失败,于学忠抱着中间派的态度,而且接连遭受日军打击,实力削弱。朱瑞等在给刘少奇的信中说:"于学忠先后遭受三次'扫荡',伤亡甚重。国民党在山东的军队,1942年这一年内从17万人减至9万多人,一年之间锐减一半,故内部颇呈动摇涣散。"[2]蒋介石准备调遣入鲁的李仙洲又迟迟没能开入山东,国共双方没有发生大的摩擦。从整个国际形势来看,太平洋战争爆发后,美、苏、英等国都不愿看到中国发生内战,对蒋介石也起着制约作用。毛泽东、朱德、王稼祥、叶剑英致电朱瑞、陈光、罗荣桓并告彭、左、陈、刘称:"在日蒋矛盾依然尖锐存在条件下,反共军向我大举进攻是不可能的。这一点给我党在山东、华中巩固扩大根据地以有利条件。""但山东、华中敌顽我的三角斗争是长期性的,三方中无

---

[1]《中共山东分局宣传部关于印发〈接受鲁中反'扫荡'的经验教训〉的通知》,中共山东省委党史研究室编:《山东党史资料文库》第9卷,山东人民出版社,2015年版,第470、471页。

[2]朱瑞、陈光、罗荣桓:《关于山东情形的报告》,《山东党史资料文库》第10卷,山东人民出版社,2015年版,第58页。

论哪一方均不可能迅速解决问题。""蒋介石虽已派李仙洲之侯镜如第二十一师（不是派何柱国）进至陇海路北，策应鲁于、苏韩，该部亦正在设法推进（现仍在涡河以南），但困难甚多，既阻于彭（雪枫）部，复阻于日寇，不易达到目的。""因此你们战略部署须适应上述根本情况，作长期打算，勿为临时消息所左右。"[1]

总的来说，这两年国共双方在山东并没有发生大的问题。日军独立步兵第二十大队田副正信中佐在手记中也写道："国共相克之情况就全般性而言并不显著，惟小部队之间却非常激烈。"[2]朱瑞、陈光、罗荣桓在1943年1月28日给刘少奇并报中央的报告中写道："1942年是磨擦较少的一年，过去反我最厉之地方友军正逐渐改变态度，主要原因是抗战形势有利我党我军疏通工作的推动。敌人压迫更其，友军无以自保。"[3]

那时，还有一个不能不重视的事实：山东又遇到严重的自然灾害。"1941年春天，鲁南地区发生了严重灾荒，赤地千里，颗粒不收。广大群众没有饭吃，不得不离乡背井，外出逃荒。没有外逃的群众，只能靠野菜、树叶和草根充饥。"[4]这无异于雪上加霜。

---

[1]《毛泽东关于山东华中的战略部署给朱瑞等的电报》，中共山东省委党史研究室编：《山东党史资料文库》第8卷，山东人民出版社，2015年版，第167页。

[2] 日本防卫厅战史室编：《大战前之华北"治安"作战》，"国防部"史政编译局，1988年版，第906页。

[3] 朱瑞、陈光、罗荣桓：《关于山东情形的报告》，《山东党史资料文库》第10卷，山东人民出版社，2015年版，第60、61页。

[4] 狄井芗：《忆鲁南三大事变》，《忆沂蒙》（上），山东人民出版社，1983年版，第488页。

为了克服经济困难，山东分局开展的"抗战第五年的山东十项建设运动"中提出"建立自给自足供给后方的经济建设工作""建立新民主主义的财政供给政策"等。罗荣桓叮嘱部下："别忘了我们一一五师刚到鲁南吃黑豆、吃垛垛（是一种□成团的地瓜秧、烂梨掺和一点苞米面的摊饼）的艰难日子。要转告鲁南区党委，群众运动发动起来以后，要下力气组织他们生产。饿着肚子是不能坚持长期抗战的。"[1]

1942年年初，陕甘宁边区参议会通过"精兵简政"方针后，山东战争工作推行会也提出《关于实行精兵简政的决定》，强调要"缩小编制，减少单位"。1月20日中共中央军委决定将山东纵队所属部队划为地方军，归一一五师统一指挥。8月1日，根据中央军委指示，山东纵队正式改为山东军区，黎玉任政委，王建安任副司令员兼参谋长，江华任政治部主任。9月9日，山东分局又发布《关于贯彻精兵简政的决定》，指出这方面虽然做了一些工作，但非常不够。它要求："（一）打破一切借口，无论如何坚决的执行中央所提出党政军民脱离生产人员不超过根据地总人数百分之三（军队不超过百分之二，党政民学不超过百分之一）的规定，在某些山区或工作薄弱地区应少于这个比例。""（二）精简的目的不简单在减少几个人员，而更重要的是如何合理的工作，科学的工作，提高工作效率。""（三）精简政策另一个主要目的，就是一切为了达到减轻人民的负担，储蓄人民的人力、物

---

[1] 陈沂：《像罗帅那样对革命对同志》，《回忆罗荣桓》，解放军出版社，1987年版，第421页。

力、财力,准备坚持长期斗争。"[1]

山东纵队实行地方化和精简编制后大大提高了地方军的军政素质和战斗力,理顺了部队的领导指挥体制,大批机关干部下放到主力连队和区县武装也提高了部队的作战能力。这也为下一步在山东实现党的一元化领导创造了条件。精兵简政还明显地有助于减轻政府开支和民众负担,有利于坚持长期抗战。这些都是当时迫切需要解决的问题。

1942年的山东工作中,还有一件更加重要的事情,那就是刘少奇到山东视察,提出必须大大加强群众工作,切实实行减租减息。

刘少奇是在3月上旬从苏北新四军回延安时途经山东的,在山东共停留了四个月。他在这里进行深入的调查研究,并同山东的党政军领导干部进行多次谈话。他分析国内和山东的形势,鼓舞大家必胜的信念,说明抗日民族统一战线中联合和斗争的关系,而最重要的一点是着重谈了群众工作问题。

中共中央书记处在1939年12月6日就指出,山东工作的严重弱点之一是"没有发动群众为民主民生的斗争,使群众运动的基础直到今日还薄弱得很"[2]。

刘少奇直截了当地指出:"山东分局没有把群众运动摆在适当的位置上,而是被放在第四位的。""可以说,群众运动是山东根据地各种工作中最薄弱的一项工作。"他明确地指出:"在当前,

---

[1]《中共山东分局关于贯彻精兵简政的决定》,中共山东省委党史研究室编:《山东党史资料文库》第9卷,山东人民出版社,2015年版,第362、363页。
[2]《中共中央关于山东及鲁苏战区工作方针的指示》,《八路军山东纵队史》编审委员会编:《八路军山东纵队:综合册》,山东人民出版社,1993年版,第428页。

减租减息就是山东的中心工作,所有的工作都要围绕着这一中心来做。要全党来抓,党政军民各方面的干部都来抓。""首先是由经济斗争逐步吸引人民群众转到政治斗争,改善了群众生活之后,再逐步地提高他们的阶级觉悟和政治觉悟,使他们参加政治工作,参加武装斗争,参加抗战。"萧华写道:"我真正比较深刻地领会和掌握关于群众运动的方针、策略、方式、方法,是从这里开始的。"[1]

刘少奇的讲话,在山东分局领导层中引起巨大震动。他们不仅完全接受这样尖锐的批评,并且下了决心,立刻、坚决地付诸行动,这是中国共产党内已形成的优良传统。5月4日,分局发布《中共山东分局关于减租减息、改善雇工待遇、开展群众运动的决定》,一开始就写道:"分局总结了山东四年工作,着重指出由于山东全党同志上下忽视与轻视群众工作,不甚关心群众利益与改善群众生活,尤其对减租减息工作,没有引起全党一致的注意,这是造成山东群众工作没有基础,基本群众没有足够发动,影响到一切工作的开展,使根据地陷于软弱无力,各种工作陷于停滞的基本原因。""为了更广泛的动员与组织基本群众,纠正过去错误,克服脱离群众与孤立的危险,分局特郑重决定以认真实行减租减息、发动群众运动为建设山东根据地的第一位斗争任务,并首先成为自麦收到年底这一时期的第一位工作。山东全党的领导及党政军民的一切工作,今后均须围绕着并贯彻的完成这一中心任务。""分局将以这一工作为今后检查各地工作的基本标准。对这一工作的任何轻视、忽

---

[1] 萧华:《艰苦岁月》,上海文艺出版社,1983年版,第38—41页。

视与敷衍,以后毫无成绩的地区,定受到严厉的责备。"[1]

这是山东抗日根据地工作中有着关键意义的重大转折。减租减息是中国共产党从抗战一开始就确定下来的,作为抗日战争时期解决农民问题的基本政策。但在许多地方并没有得到认真的贯彻实行,往往只强调合理负担而没有很好地抓减租减息。他们有的是忙于军事斗争和政权建设而忽视这项有根本意义的工作,有的还担心这项工作如果处理不当会妨碍实现抗日民族统一战线。不久后到山东工作的薛暮桥回忆道:"山东各根据地减租减息工作的认真进行,严格讲来直到1942年才开始。在这以前,减租减息还是一个宣传口号,实际并未认真进行。有的地区虽然在1940或1941年就实行二五减租,但其收获不大,后来环境恶化,就连这样所得到的一点小小收获也大多消失了。"[2]山东如此,其他不少地方也是如此。

怎样实行减租减息?怎样发动群众来完成减租减息?山东分局在做出上述决定的同时,制订出详细的补充规定。如:"要按原租额(未实行五一减租前的租额)减去租额百分之二十五,即四分之一。""废除超经济剥削,如拉官工(无偿劳动)、送礼及地位不平等。""战前债务,由政府布告所交利息已超过本金一倍者停息还本,超过二倍者本利停付。""抗战到息借条例颁布的日期已按分半减息者,约按分半计息。""雇农工资应一律改为粮

---

[1]《中共山东分局关于减租减息、改善雇工待遇、开展群众运动的决定》,中共山东省委党史研究室编:《山东党史资料文库》第9卷,山东人民出版社,2015年版,第113—115页。

[2] 薛暮桥:《减租减息中的思想检讨》,《中国土地改革史料选编》,国防大学出版社,1988年版,第219页。

食工资制,其最低工资应逐渐达到三百斤粮食,平均工资应为四百五十斤。""减租减息工作概由党委直接领导,各级党委须以主要力量做这一工作。""在这些斗争和工作中,建立农民对农救会及积极分子的信仰,然后成立并加强农救会,作为发动减租减息运动的核心。""在开始工作时,须切切实实了解当地群众的切身问题是什么,必须首先替群众解决这些切身问题,才容易进行减租减息的工作。"[1]

这些措施,切切实实地使广大贫苦农民得到了看得见、摸得着的好处,解除或减轻了多年以来压得他们透不过气来的沉重负担,使他们真正感到共产党同他们是一条心的。减租减息的这种做法,又使农民看到了自身团结的力量。

一场轰轰烈烈的以减租减息为中心的群众运动,就这样在齐鲁大地各抗日根据地中全面展开了。

拿鲁中地区来说,根据中共中央、山东分局的决定和指示,从5月下旬起开展这一运动,区党委决定以莒南、临沭两县为实施中心县,抽调两百多人组成工作组前往试点。进村后首先向群众广泛宣传减租减息的意义和决心采取的措施。当群众被发动起来后,工作组在群众积极分子中发展了一批党员,建立起党支部、农救会、妇救会、青救会和民兵组织,民主选举了村长,在广大佃农中开展"谁养活谁"的教育,面向地主讲解共产党的减租减息政策,欢迎他们以抗战大局为重,主动接受

---

[1]《中共山东分局关于减租减息、改善雇工待遇工作的补充指示(一)》,中共山东省委党史研究室编:《山东党史资料文库》第9卷,山东人民出版社,2015年版,第176—179页。

减租减息。在试点工作取得经验后,在全区各县推广。"到1942年底,鲁中区的减租减息工作取得了初步成果。据不完全统计,全局共减租粮149372斤,减息粮25343斤、款15072.8元,增资粮505473斤、款4875元。减租减息的初步胜利,一方面,加强了基层党组织和基层政权建设,增强了党组织的战斗力,对巩固鲁中抗日根据地,坚持对敌斗争,渡过抗战的困难时期起到了重要的作用。"[1]

山东抗日根据地其他地区的情况,也大体如此。

说减租减息运动对根据地各方面的工作,包括度过抗战的困难时期起到了重要的作用,并不是夸张之词。1942年12月山东分局宣传部转发的《接受鲁中区反"扫荡"的经验教训》(下文简称《教训》)在叙述日军对鲁中山区第二次"扫荡"的情况时写道:"群众对我党与民主政府的拥护,对干部的亲热,对伤病员的爱护,都是上次'扫荡'所不能比拟的。在上年曾不断发生排斥工作人员、不愿同工作人员在一起,甚至有送礼的事件发生。今年不惟没有这些现象,而相反的大家见了工作人员都觉得有了依靠(这当然也因今年的干部与上年不同了,多数干部能领导群众、替群众解决问题了)。"

《教训》中又讲到民兵的极大重要性:"在这次武装斗争中,我们特别巨大的收获,是群众对民兵的信仰的空前的提高与军民关系的良好。临蒙公路两边的游击小组把垛庄的敌人几乎完全封锁起来,公路附近村庄群众都说'亏了民兵,不然还不知道是个

---

[1] 高克亭:《鲁中区减租减息运动的回忆》,《山东党史资料文库》第16卷,济南:山东人民出版社,2015年版,第421页。

什么样儿了'。他们曾经发起慰劳——豆腐、白菜,还有肉,民兵谢时,他们就说'我们心里不安啊!',中心地区因为民兵掩护群众逃难,博得群众说:'没有民兵,这次咱也跑不出去了。'类似的事情是很多的。"民兵是武装起来的农民,也是八路军正规部队的后备军,民兵在态度和表现上的转变,也正是军民关系发生深刻变化的体现。

为什么会发生这样的深刻变化?《教训》接着写道:"第一个原因,当然由于我们减租减息工作的成绩,由于我们基本群众在根据地已经初步发动起来,又由于在沂蒙区减租、增资、借粮等斗争政策掌握的还比较稳(当然也有过左的现象,过去已检讨),特别是还粮问题,在'扫荡'前期已大部完成。因此各阶层情绪都很高涨,这是这次'扫荡'群众情绪特别好的第一个基本原因。""其中,减租增资后,在9、10月中马上转移工作中心为突击民兵和整理地方武装,以准备反'扫荡',因此民兵在沂蒙广泛的发动起来,民兵的教育与组织也有了初步基础,今年很少插枪逃跑,即使有的被围时插枪,但突围后即马上拿起来,而且始终情绪好,这不能不是主要原因之一。"[1]请注意,这是七十多年前留下的真实记录!

1942年过去了,山东敌我力量的消长日益明显。日本侵略军的颓势越来越明显地暴露出来。共产党和八路军在认真推行减租减息政策、放手发动群众以后,打开了群众心里还存留的锁,一

---

[1]《中共山东分局宣传部关于印发〈接受鲁中区反'扫荡'的经验教训〉》,中共山东省委党史研究室编:《山东党史资料文库》第9卷,山东人民出版社,2015年版,第474、476、480页。

切都变样了，各方面的工作呈现出蓬勃向上的新气象。

山东抗日根据地已经从最困难的时期走了出来。

迎接抗日战争胜利

进入1943年，中国的全面抗战已经进行了五年半，世界反法西斯战争的局势发生了重大转折。德、日、意法西斯势力从气势汹汹的进攻转为开始被迫退缩，他们走向失败已成定局。如何夺取战争的最后胜利，并应对战后的新局势，成为摆在人们面前需要及早考虑的头等重要任务。

在国内外局势如此迅猛发展面前，山东在全局工作中的重要性便凸显出来。毛泽东总是看得很远。1942年7月9日，他就致电还在山东的刘少奇："有一点须与你商酌的，即是山东的重要性问题。""须估计日本战败从中国撤退时，新四军及黄河以南部队须集中到华北去，甚或整个八路新四须集中到东三省去，方能取得国共合作的条件（此点目前不须对任何人说），如此则山东实为转移的枢纽。同又须估计那时国民党有乘机解决新四的可能，如蒋以重兵出山东、切断新四北上道路，则新四甚危险，故掌握山东及山东的一切部队（一一五师、山纵、杨苏纵队），造成新四向北转移的安全条件，实有须先计及之必要。"[1]

那时日军驻山东的总兵力约四万人，山东伪军近十七万人，

---

[1] 毛泽东：《关于掌握山东问题的指示》，《中共中央文件选集》第11册，中共中央党校出版社，1991年版，第419、420页。

居华北各省之首。冈村宁次在回忆录中写道:"在我任中国派遣军总司令官的末期,估计向我军投诚的重庆系地方军兵力共约40万人,其中华北部分就达30万人左右。"叛军将领见到冈村宁次时往往对他说:"我们不是叛国投敌的人,共产党才是中国的叛逆,我们是想和日军一起消灭他们的。"[1]他们继续频繁地对中国军队进行"扫荡"和"蚕食"。

从山东抗日根据地的情况来看,尽管在最困难的时期中,根据地面积缩小三分之一,部队减员四分之一,但深入观察,就会看到这些缩减只是一时的,许多具有决定意义、将要长期起作用的因素却已悄悄地发生根本变化。山东抗日根据地的力量不是弱了,而是更强了。

为什么说山东抗日根据地的力量不是弱了,而是更强了?

1943年3月15日,中共中央北方局给山东分局的指示,对山东根据地已经取得的根本变化进行了认真的分析,把它概括为四点:"(一)有相当强大的武装,这些武装基本上是统一的、团结的,而且和山东人民有着血肉不可分离的联系,是我党今后斗争坚持的一个重要保证。(二)民主政权的上层机构,县以上已经相当的普遍建立起来,民主政治制度已在开始创造,进步法令的颁布与初步的执行,已为多数民众所拥护,民主政权的威信在民众中开始有了相当的提高。(三)自中央土地政策颁布后发动基本群众的问题,已经引起了山东党的注意,并在若干地区(滨海、鲁南、沂南等地)收到了相当大的成绩,使广大基本群众对

---

[1] [日] 稻叶正夫编,天津市政协编译委员会译:《冈村宁次回忆录》,中华书局,1981年版,第327、328页。

我党有了比以前进一步的认识和爱戴。（四）我党我军在五年来的艰苦斗争中，已经积累了相当丰富的斗争经验，这对山东今后坚持是有意义的。"[1]

当时，在山东迫切需要解决的问题是实现党的一元化领导，并且把它作为整风运动的重要内容。

为什么这个问题在此时那样重要？这是一个全局性的问题。中共中央政治局在1942年9月1日通过的《中共中央关于统一抗日根据地党的领导及调整各组织间关系的决定》，指出："根据地的建设与民主制度的实行，要求每个根据地的领导一元化。"这令人想起解放战争快要胜利时，中共中央提出"加强纪律性，革命无不胜"，道理正相类似。怎样实现"领导一元化"？《决定》强调："党是无产阶级先锋队和无产阶级组织的最高形式，他应该领导一切其他组织，如军队、政府与民众团体。根据地领导的统一与一元化，应当表现在每个根据地有一个统一的领导一切的党的委员会（中央局、分局、区党委、地委）。""中央局与中央分局为中央代表机关，由中央指定。区党委、地委，由军队与地方的党组织的统一代表大会选出，经上级批准之。区党委、地委，应包含地方党的组织、军队党的干部与政府党团的负责人。""各根据地领导机关根据本决定的原则，根据各地具体情况，制定与此有关的各种细则。"[2]

---

[1]《中共中央北方局关于加强山东工作的指示》，中共山东省委党史研究室编：《山东党史资料文库》第10卷，山东人民出版社，2015年版，第172页。

[2]《中共中央关于统一抗日根据地党的领导及调整各组织间关系的决定》，中央档案馆编：《中共中央文件选集》第13册，中共中央党校出版社，1988年版，第426、427、436页。

可以看出，中共中央这个《决定》规定的"一元化领导"，重点是放在党和一切其他组织如军队、政府与群众团体的关系问题上，要实现党组织领导的统一与一元化。这对各抗日根据地是同样适用的。而山东抗日根据地又有自己的特点：它的军队有八路军第一一五师和山东纵队这两大支，两支队伍人数相近，有着各自的组织系统，虽然一直协同作战，却没有形成统一的组织，这是其他根据地所没有的。

山东纵队是在山东土生土长地发展起来的。八路军第一一五师是 1939 年从山西省西南部的吕梁山区出发，东渡黄河进入山东的。这年 5 月，中共北方局通知，根据中共中央书记处决定，组织八路军第一纵队，由徐向前、朱瑞统一指挥山东境内第一一五师和山东纵队的军事行动，但没有将两支部队在组织上统一起来。这是什么缘故？它既有历史原因，也有现实原因。

历史原因方面，第一一五师东进山东的部队是原红一方面军的主力，需要承担战略性的野战任务。毛泽东在 1938 年 2 月 15 日曾提出一一五师分三步向东进军的意见：第一步，一一五师全部向东出动，在河北敌后活动，"如证明大兵团在平原地域作暂时活动是有利的，而且渡黄河向南与渡运河向西均不成问题，则实行第二、第三等步。否则至不能立足时及他方紧急时，向安徽、河南出动，或向西撤回"。第二步，如第一步有利，"分数路突然渡河，转入山东境内，在津浦路东山东全境作战，并以鲁南山地为指挥根据地，并发展至徐海南北，在此步骤内依情况尽可能持久，然后实行第三步"。第三步，"转入安徽，以鄂豫皖边为指挥根据地"。"但一一五师最后准备转入豫西与鄂西。"[1]朱瑞在中共七大的发言中也说："一一五师到了山东，受领的任务及最后任务，不是在山东建立根据地，受领的任务是准备参加大别山会战，一一五师受领的是大踏步的运动战的任务。"[2]

可见中共中央对一一五师东进的最初设想，虽提到"转入山东境内"，"在津浦路东山东全境作战"并"尽可能持久"，但只是把它看作过渡性的"第二步"，最后还是准备"转入豫西与鄂西"。这样，一一五师同土生土长的山东纵队能够密切协同作战也就够了，没有考虑把这两支队伍统一编制的必要。

1939年4月21日，毛泽东、张闻天、刘少奇致电朱德、彭德怀等，充分肯定平原地区游击战争的可能性："根据抗战以来的经验与正在深入的群众工作两个条件之下，在河北、山东平原地区广大地发展抗日游击战争也是可能的。"[3]这是一个关系全局的战略性判断。对一一五师来说，也使它原定"三步走"计划的第二步成为可能。

陈光、罗荣桓率领一一五师东进支队是在3月1日渡过黄河故道进入山东省鄄城县境的。14日，师部到达东平县境，同中共鲁西区委、山东纵队第六支队会合。随后，经中共北方局同意，一一五师师部与中共鲁西区委联合组成鲁西军政委员会，罗荣桓为书记，陈光和中共鲁西区委书记张霖之等为委员，统一领导鲁

---

[1] 中共中央文献研究室、中国人民解放军军事科学院编：《毛泽东军事文集》第2卷，军事科学出版社、中央文献出版社，1993年版，第157、158页。

[2] 朱瑞在中共七大上的发言，1945年5月10日。

[3] 中共中央文献研究室、中国人民解放军军事科学院编：《毛泽东军事文集》第2卷，军事科学出版社、中央文献出版社，1993年版，第217页。

西地区的斗争。山东纵队第六支队归第一一五师指挥。[1]双方相处十分融洽，跨出了局部统一指挥的第一步。

6月25日，时任第一纵队政治委员的朱瑞到第一一五师师部干部会议上报告，强调："苏鲁皖边区当华北和华中的枢纽，是华北的第二支点，与太行山区同样重要；第一一五师要发展鲁西、鲁西南、皖北，山东纵队主要是巩固山东，相机配合第一一五师向南发展。"[2]可见在他心目中，这两支部队既要密切配合，在承担的任务上又要有所分工。

这两支部队一时没有统一起来，还有着现实的原因：山东地域广阔，山纵所属部队最初大多在日军侵入时，就地建立起分散的抗日基地。日军又尽力用铁路、公路等交通线和众多碉堡、炮楼将这些抗日基地分割开来，交往不便。一一五师入鲁后最初主要在鲁西、鲁南一带活动，同山东纵队的不少抗日根据地相隔较远。长期的不同环境、不同经验，容易造成彼此间不同的作风、看法和人脉关系，这是自然的，并不是出于某种排他性的宗派之争。解决这些问题，需要有一点时间才能做到水到渠成。

这种情况下，由于两支部队相互没有隶属关系，机关驻地分开，领导人有时对问题有不同看法，仍常会出现一些作战指挥不统一、相互协调不够好等问题，这在一段时间内在所难免，但终究是不利的。

到1943年，情况已发生很大变化，解决这个问题的条件逐

---

[1]《八路军第一一五师暨山东军区战史》编辑室编：《八路军第一一五师暨山东军区战史》，黄河出版社，2005年版，第323页。

[2]同上。

渐成熟。领导人对建设山东抗日根据地的极端重要性已逐步形成共识。彭雪枫、黄克诚等人领导的八路军第三、四纵队在淮北、苏北地区取得巨大成功，八路军和新四军已胜利会师，不再需要第一一五师继续南下。在并肩对日本侵略军的"扫荡"和"蚕食"的浴血奋战中，山东纵队和一一五师的将士间的相互了解和共同认识不断增长，已结成牢固的命运共同体，再加上干部交流和相互参观学习等一系列卓有成效的工作，实现山东抗日根据地的一元化领导已到了条件成熟的时刻。

这年2月25日，彭德怀等致电朱瑞、陈光、罗荣桓并报中央军委，对山东实行一元化领导提出具体意见：第一一五师师部与山东军区（注：1942年8月，山东纵队改编为山东军区，归一一五师领导）机关合并，成为新的山东军区机关。28日，毛泽东致电彭德怀，提出第一一五师与山东军区合并后的人事安排意见：拟以黎玉为第一一五师及山东军区副政委，罗荣桓为师政治委员兼军区司令员及代理师长；黎玉、罗荣桓、朱瑞为中共山东分局委员，朱瑞为书记；陈光调延安学习。3月5日，彭德怀等复电毛泽东，表示完全同意。11日，中共中央书记处正式做出任命。此后，新的山东军区辖胶东、鲁中、鲁南、清河、冀鲁边、滨海六个军区，分别由许世友、王建安、张光中、杨国夫、黄骅、陈士榘任司令员，由林浩、罗舜初、王麓水、景晓村、王倬如、符竹庭任（或兼任）政治委员。整编后，进一步实现了主力部队地方化、地方部队正规化。在干部的配备上，做到五湖四海一视同仁。山东军区精简整编和实行统一领导机构的工作基本完成。

以后，中共中央政治局在8月1日致电北方局及华北各分局，决定让朱瑞等赴延安出席党的七大，山东分局书记由罗荣桓代理。[1]这样,罗荣桓便正式成为山东抗日根据地的最高领导人。

新组成的山东分局和山东军区面对的最严峻的考验,是如何粉碎日伪军的"扫荡"和"蚕食"。当时担任山东分局常委兼山东军区政治部主任的萧华回忆道:"1943年中,敌人对山东之'扫荡''蚕食'更加频繁,其目的在于巩固其过去'扫荡''蚕食'成果,企图继续压缩、分割,进而各个击破,最后摧毁我根据地。据不完全统计,这一年内敌人对我津浦路以东各根据地进行的带战役性的'扫荡''蚕食'共约50次,计千人兵力者26次,二千人者7次,四千人者1次,五千人者3次,万人以上者2次,共使用兵力在16万人左右。按地区言,清河、鲁中最为紧张。以季节言,以春秋两季为主要进攻时间。"[2]

1943年上半年还有一个严重问题:大批在山东的国民党军队投降日军,包括新编第四师师长吴化文、游击第二纵队司令厉文礼、第一一二师副师长荣子恒、第五区专员兼保安第四师师长刘景良等先后率部投敌,所部编成伪军。在此情况下,于学忠难以在山东立足,愤而不等蒋介石派遣入鲁的李仙洲部接防就率余部离开山东。国民党山东省政府也随之撤离。国民党方面编写的《抗日战史》写道:"我军事委员会基于事实,乃命鲁苏游击战区各军放弃鲁南、鲁北各根据地向皖北转移。迄是年(注:1943年)8月,国军逐陆续撤离鲁苏地区。战区总司令部于民国三十三年(注:1944年)奉令撤销。"[3]

---

[1]《八路军第一一五师暨山东军区战史》编辑室编:《八路军第一一五师暨山东军区战史》,黄河出版社,2005年版,第378、388页。

[2]萧华:《艰苦岁月》,上海文艺出版社,1983年版,第170页。

[3]"国防部"史政编译局编:《抗日战史》第13册,1994年版,第128页。

尽管如此，由于日本的人力、兵力毕竟有限，随着战争局面日益扩大，各方面都要应付，缺乏训练的新兵在部队中的比重日益增加，日本侵略军的力量用得快到尽头了。萧华说："在敌人蚕食的过程中，又暴露了他不能克服的弱点，即兵力不足，前紧后松，前实后虚，蚕食方向此起彼落。敌人进攻时伪军留守，便于我乘虚打击。分散守备，使兵力更加分散，便于我军各个击破。一年来，我们反'蚕食'斗争攻打敌人据点，时常延长至三四日，敌人虽想增援，但兵力不大，要想集中兵力，又需相当时日，这就使敌人常常处于被动。"[1]

这年3月间，蒋介石又派第二十八集团军总司令李仙洲率部从皖北进入鲁西和鲁南，代替于学忠部。八路军向李部表示欢迎和慰问。李部反向八路军发动袭击，抢占战略要地。八路军被迫反击，李部只得撤回皖北。

沂蒙山区和诸（城）日（照）莒（县）山区，原是国民党军队控制的主要阵地。吴化文等部降日后，日军力图占领这一地区。山东军区立刻展开争夺战，有效地取得这一地区的控制权。

山东军区还广泛发展分散性、群众性的游击战：组织武工队到敌占区，打击敌伪军，并对伪军进行争取和瓦解。八路军内部，开展了整风学习，全面进行反攻准备。

日本侵略军这时已败象毕露，失却几年前那股气势汹汹的劲头。日方战史写道："到了昭和十八年（注：1943年）精锐兵团逐次调往南方，由缺乏对中共作战经验之警备队接替。""另一方面，中共之军事、行政、经济政策开始逐渐有了成果，'解放区'

---

[1] 萧华：《艰苦岁月》，上海文艺出版社，1983年版，第175页。

之建设有了进展,更由于其拿手之游击战及地下工作,有如水流之渗透一般,在日军占领区内逐渐扩大势力。尤其原来在华北境内之中国中央军,在此一年之前几乎均归顺日军或被击溃,局部所形成之军事上三足鼎立(日军、中央军、中共党军)的局面崩溃,结果使得中共得到渔翁之利。"[1] 黎玉这样评论:"1943年日军虽然出动频繁,但从山东全局的情况看,战争形势已较前两年大为不同了。一方面是由于日军士气低落,作战盲目性大;另一方面我军在对敌作战中越战越勇,越战越精,敌人的'扫荡'往往得不偿失。""日军从此一蹶不振,不得不改变政策,收缩兵力。此后,我军开始了主动进攻,而日军则基本上处于守势了。"[2]

这年下半年还有一个插曲:国民党当局企图乘日军虚弱而控制山东。他们把于学忠部调离山东,又派黄埔一期毕业的李仙洲率部进入山东。李以一个师先入鲁南。八路军最初在李部同日军发生冲突时曾给予支持。李部却与收编的土匪刘桂堂(绰号"刘黑七")部结合,攻占八路军驻地。八路军交涉无效,只能奋起自卫反击,阻滞李部入鲁。李部撤回皖北。7月15日,中共中央书记处复电山东分局并告北方局:"对友好者坚决团结之,对顽固(而)暂时未向我进攻者则设法中立之,对向我进攻者则坚决反击之。这就是你们应付各派国民党军队的原则。"[3]

人们期待已久的大变化,终于到来。

从1944年到日本投降的1945年9月,山东战场局势发展的

---

[1] 日本防卫厅战史室编:《大战前之华北"治安"作战》,"国防部"史政编译局,1988年版,第2页。

[2] 黎玉:《黎玉回忆录》,中共党史出版社,1992年版,第172页。

[3] 《罗荣桓传》编写组编:《罗荣桓传》,当代中国出版社,1991年版,第299页。

特点，可以借用时任中共山东分局副书记的黎玉的一句话来概括："从局部反攻到大反攻。"[1]

1944年最大的特点是：山东军区开始组织局部反攻，恢复与扩大根据地。这年春天，就制订了全年的作战总方针：在山东军区统一的战略指挥下，采取主要方向集中主力与分散的群众性游击战相结合、军事攻势与政治攻势相结合的方法，大量歼灭和瓦解数量众多的伪军，孤立日军，以达到扩大解放区、夺取有利的反攻阵地的目的。6月15日，罗荣桓在山东分局党刊上发表文章写道："由于全山东各地区军事上的胜利，我们坚持斗争的地位大大改善了。军事控制的地区一般恢复到1940年的局面，掌握了一些重要的战略支点，各战略区之间的联系缩短了，对敌斗争的自主权也增大了。"[2]

1944年局部反攻对山东抗日斗争带来的变化，不仅是重大的，而且是深刻的，范围几乎遍及山东全省各地区。日军由于兵力不足，大部分地区都因部队被抽走而采取守势。山东军区命令各军区根据各自情况，主动发动进攻。加上其他方面的因素，山东整个局势在这一年内发生了前所未有的重大变化。这里还是引用黎玉的一段综合性概说来代替分散的细节记述：

> 仅1944年一年，山东解放区就扩大了4万平方公里，人口增加了近千万。伪军在这一年中反正的达140余股，约1200余人枪。山东八路军已经超过15万人，民兵共有37

---

[1] 黎玉：《黎玉回忆录》，中共党史出版社，1992年版，第181页。
[2] 罗荣桓：《罗荣桓军事文选》，解放军出版社，1997年版，第222页。

万，实力远远超过在山东的国民党军队。

为了加强党政军建设，从1943年山东党政军实现一元化领导后，各级机关、部队根据党中央指示，在山东分局统一领导下进行了整风审干、减租减息、拥政爱民、拥军优抗和大生产、大练兵运动，使山东解放区更加巩固和强大。

减租减息运动，经过1943年的推动和1944年一年的努力，开始形成了广泛的群众性运动，有的县这一工作已扩大到人口的百分之七十以上。各地区已经进行查减村庄占所有村庄百分之五十到八十，有些地区甚至已达到百分之九十。查减工作大大提高了群众的积极性，使在封建势力压抑下沉闷了千年的中国农村活泼了起来，发生了翻天覆地的变化。

拥政爱民和拥军优抗工作的开展，使根据地军民融成一体，人民真正感到了八路军是人民自己的队伍。1944年，沂蒙山区只十天半月的时间，就有1000人报名参军；1945年春节"拥军月"，山东全区有3万人参军，1944年2月至8月，仅渤海一个区报名参军的就达2万余人。

自从开展大生产运动以后，山东八路军、民兵积极投入了开荒运动，到1944年底，开荒面积据不完全统计即达34万余亩。为了丰产丰收，渤海区集中力量抓灭蝗蝻，这是一件功在华北的成绩。……工业生产方面，也获得了很大成绩，纺织工业除鲁南刚恢复地区正在发展外，其余地区已经初步达到本区居民所需东西自足自给。……由于这些发展，保证了战争军需，并改善了人民生活，彻底打破了敌人封锁，为取得抗日战争的最后胜利奠定了厚实的物质基础。[1]

这是一幅多么令人兴奋的生气蓬勃的图景！

日军因主力南移，1944年春在山东只留有两万五千余人，是全国抗战以来日军在山东留驻兵力最少的时期，而伪军增至二十余万人，是全国伪军最多的地区，很大部分是由国民党军在山东降敌组成的，士气涣散，已无心作战。宋清渭回忆道："日本鬼子到了1944年底的时候，在世界反法西斯战争取得决定性胜利的强大压力下，已经明显感到穷途末路、四面楚歌了。在各个战场兵力渐感不足的情况下，他们拼凑力量，对我抗日根据地进行了一次搜索性的'扫荡'之后就草草收兵了，敌我双方没有展开大规模的战斗。到了1945年的春天，敌人进一步收缩了兵力。"[2]

罗荣桓在《1944年的过去和1945年的到来》一文中扼要地回顾山东这几年来走过的路："我们经过了1941年到1942年的艰苦斗争，保存了自己，坚强了自己；经过1943年我们从严重的三角斗争中，争取改善了自己的地位；1944年，我们从坚持反对敌人'蚕食''分割''封锁'中，开展了进攻的斗争，粉碎了敌人的分散配备，使之被迫转变和采取了重点主义。"[3]所谓"重点主义"就是指日本侵略者只能重点守备剩下的几个孤立的点了。在国民党领导的正面战场出现令人震惊的豫湘桂大溃退的1944

---

[1] 黎玉：《黎玉回忆录》，中共党史出版社，1992年版，第182、183页。
[2] 宋清渭：《岁月纪实》，解放军出版社，2009年版，第18页。
[3] 罗荣桓：《罗荣桓军事文选》，解放军出版社，1997年版，第320、321页。

年，共产党领导的敌后战场却取得如此重大的胜利，两者形成鲜明的对比，在全国产生相当引人注目的影响。

在所有敌后抗日根据地取得的胜利中，山东处于突出的地位。中共北方局代理书记邓小平和八路军总部原参谋长滕代远在这年9月27日致毛泽东和彭德怀的电报中赞扬道："半年来，（八路军）胜利最大且最突出者是山东。"[1]

日方所编军史在谈到1944年山东战场形势时也写道："中共之潜在势力仍稳定地扩大，到秋季以后，亦开始对日本分驻队进行袭击。"[2]

从1944年冬起，渤海、鲁南、胶东、鲁中等军区的八路军相继发起攻势作战，解放了大片地区。其中，许世友指挥的胶东军区歼灭了总兵力达一万八千余人的山东最大的一股叛军赵保原部；鲁南军区击毙了投敌的伪第十军军长荣子恒，消灭了伪皇协军王洪九部。

1945年5月，日军突然增兵山东，用三万人的兵力，以滨海、鲁中地区为重点，进行大规模的"扫荡"。山东军区立刻组织反击。经过二十多天奋战，歼灭日伪军五千余人，粉碎了日军控制山东沿海地区的企图，扩大了抗日根据地。但日军继续向山东增兵，增加到十万人，仍企图控制山东海岸线，防止盟军登陆。

根据新的形势，山东分局和军区下决心，集中兵力实施为期

---

[1]《八路军第一一五师暨山东军区战史》编辑室编：《八路军第一一五师暨山东军区战史》，黄河出版社，2005年版，第239页。

[2] 日本防卫厅战史室编：《大战前之华北"治安"作战》，"国防部"史政编译局，1988年版，第704页。

三个月的夏季攻势，把攻势范围扩大到山东全区，还争取了伪军一万五千多人反正。经过三个月激战，进行了十多次较大战役，歼灭日军三百余人、伪军三万余人，几个战略区连成了一片，还控制了大段的海岸线。

这三个月的反攻十分重要。罗荣桓曾评论道："山东形势基本好转，但是形势的根本好转，还是在完成了1945年上半年的三个月作战计划以后。三个月作战计划主要是开辟胶济路东段的两侧地区，以打通和扩大渤海和胶东，以及他们同铁路以南的联系；再就是夺取临沂、费县，使胶济铁路以南的鲁中、鲁南、滨海三个地区联成一片，以便在大反攻时腾出手来向大城市进军。""执行三个月作战计划较好的是胶东、渤海和鲁中，执行得不好的是滨海，他们对临沂、费县重视不够，没有把主力摆在临沂。""我们经过了5、6、7三个月作战，基本上完成了预定计划，打通了几个战略区的联系，创造了最后反攻日军的有利阵地。有了这个基础，我们就主动了，抽出了很大兵力参加大反攻。在苏联对日宣战的第二天，我们就编成了50个团，这是执行三个月作战计划的结果。否则，大反攻来了，我们的兵力还没有集中起来，内地的敌占据点还没有肃清，那就被动了。"[1]

8月10日，日本政府表示接受《波茨坦公告》，向盟国投降。11日，山东分局根据中共中央指示，发布《关于调集干部确保城市及交通要道之占领的紧急指示》。16日，山东军区将所属部队编成山东解放军野战兵团，共有正规军二十一万人，分五路实行大反攻。还有十万民兵和十万兵工随军配合行动。"至大反攻结

---

[1] 罗荣桓：《罗荣桓军事文选》，解放军出版社，1997年版，第585、586页。

束时,山东从陇海路以北(包括江苏一部分)、津浦路以东、北至河北省黄骅(燕山)、南皮、景县等地,除铁路沿线极窄的一条外,全部为山东解放区所辖,总面积达12.5万平方公里,约2800万人口。包括冀南、苏北部分地区在内,山东解放区完全辖制的县有65个(津浦路以西30多个县从1940年下半年划给冀鲁豫边区,未计在内),铁路沿线几个敌占城区内,亦有我地下党组织,置敌人于火山口上。"[1]

山东《大众日报》在8月14日发表社论:"胜利并不是突然的。抗战一开始我们就坚信'最后胜利一定是我们的',一天一天我们从苦斗中接近了这一个目标,今天的胜利,也就是我们中国人努力奋斗的成果。"[2]

终于盼到这一天的到来,而新的任务又立刻摆在人们面前。

为了尽快解放东北地区,根据中共中央命令,在10月至11月,山东军区所辖精锐主力八个师及其他部队共七万人,由罗荣桓率领,分两批开赴东北。留在山东的主力和基干武装还有二十余万人,并迅速补充,扩大地方部队,组建新的正规军,投入下一时期的斗争。

几点认识

第一,山东抗日根据地在中华民族抗日战争和战后历史中

---

[1] 黎玉:《黎玉回忆录》,中共党史出版社,1992年版,第186页。
[2] 《日寇无条件投降与我们的紧急任务》,中共山东省委党史研究室编:《山东党史资料文库》第15卷,山东人民出版社,2015年版,第834页。

的作用是十分突出的。罗荣桓后来曾满怀深情地说："山东人民对抗日战争和解放战争的贡献是很大的，出兵总数在百万以上，现在山东籍的干部遍布全国，有好几个军是从山东发展起来的。山东人民在极端困难的情况下，坚定地跟着党走，到抗日战争末期，山东是比较大的一块根据地，有一千几百万人口。所以对山东人民的功绩应有足够的评价。没有山东根据地，解放战争初期华中的收缩阵地，要集中那样多的兵力进行东北以及对大江南北的作战支援也将是很困难的。"[1]这个评论是富有历史眼光的，是符合实际情况的。

第二，山东抗日根据地有一个显著的特点：它的基本队伍在很长时间内是由共产党领导的两部分力量组成的，分别是八路军山东纵队和八路军第一一五师。这种状况在其他抗日根据地都不存在。它们共同浴血奋战，又有着不同的特点，这些不同特点是在不同的环境中历史地形成的。

山东纵队是抗战初期日军侵占平津后大举南下、进入山东，再迅速向南推进、造成后方空虚的情况下，由中共山东省委领导，以本省的地下党员、青年学生、贫苦农民和一部分由平津南下的知识分子为骨干，在全省各地发动起义而形成的抗日武装。它的优点是有强烈的爱国心和较高的文化水平、熟悉山东各地的实际情况和风土人情，是山东人民的子弟兵，不足之处是最初还缺乏实际的政治锻炼，更缺少武装斗争所必需的军事知识。

八路军第一一五师由工农红军第一方面军的主力发展而来。他们经历过土地革命、五次反"围剿"、长征和全国抗战开始后

---

[1] 罗荣桓：《罗荣桓军事文选》，解放军出版社，1997年版，第580页。

进入山西对日作战的长期锻炼,有着很高的政治觉悟和丰富的军事经验。不足之处是最初对山东情况了解不多,不少工农出身的指战员文化水平较低,兵源也有待补充。

这两支队伍会合在一起,恰好起着互补的作用。双方领导人从一开始就自觉地意识到这一点。山东徂徕山起义时,名称是"八路军山东人民抗日游击第四支队",正副司令员不是由本地干部担任,而是由黎玉主动到北方局请求调来的红军军事干部洪涛、赵杰担任。山东纵队成立前,黎玉又主动前往延安请示工作,并要求增派干部。中共中央决定派郭洪涛、张经武等两百多人前往,以郭洪涛代替黎玉为山东省委书记,张经武为山东纵队指挥,江华任纵队政治部主任,黎玉改任纵队政委,主要领导职务大多由延安派来的干部担任。以后,中共中央派徐向前、朱瑞去山东担任第一纵队司令员和政委,和山东纵队合署办公,没有发生过山东地方干部排斥外来干部的现象。

随着八路军第一一五师进入山东后,这两支部队在很长时间内生死与共地协同作战,虽然在一段时间内没有完全形成统一指挥,但对彼此的了解越来越多,相互取长补短,逐步融为一体,是很自然的。

中共中央和中央军委对这两支部队的相互关系一直十分重视。毛泽东在1939年12月6日给徐向前、朱瑞、黎玉、江华并告陈光、罗荣桓等的电报中对山东纵队做了很高的评价:"山东工作在同志们艰苦创造中,已获得巨大的成绩,没有八路军和没有足够数量的具有军队经验的干部帮助条件下,地方党已经单独创造出较有战斗力、走向正规化的军队,它将成为坚持山东抗战的主力军。"他又在电报中要求这两支部队相互学习,并进行大规模的干部交流,写道:"山东纵队中知识分子的干部很多,应当好好地教育这些干部,纠正其弱点,坚定其革命立场。我们提议山东纵队应当以一批知识分子干部拨给一一五师,而一一五师则拨一批有军事经验的干部给山东纵队。这对双方工作都有很大益处。""与一一五师靠近的部队,可与一一五师建立联系,组织干部参观团,吸收主力部队的经验,一一五师对于拨二千五百人给山东纵队,应当郑重其事地组织。对所拨干部与战士,应当给以很好的教育与解说工作。"[1]

这两支队伍的关系越来越密切。1940年5月24日,徐向前、朱瑞致电毛泽东等:山东纵队先后编入第一一五师之武装约一万人。山东纵队所属部队经常组织指战员到邻近的一一五师参观和接受轮训。一一五师也经常派人到山东纵队去参观学习和帮助指导工作。8月9日,朱瑞致电中共中央:"为统一领导、便于应付新情况,前屡电建议山纵归一一五师建制,切实统一指挥与加强领导,应即刻实现。"[2]

各方面的条件日趋成熟。8月28日,毛泽东、朱德、王稼祥致电朱、陈、罗并告彭、杨、黎:"巩固与扩大一一五师与山纵,使两部打成一片。坚持山东根据地,并在将来必要时,准备再调一部向苏北发展,故山东是你们准备发展方向,因此极力加强山纵,提拔山东本地干部,使山纵正规化是你们的共同任务。""为

---

[1] 中共中央文献研究室、中国人民解放军军事科学院编:《毛泽东军事文集》第2卷,军事科学出版社、中央文献出版社,1993年版,第500、501页。
[2] 《八路军第一一五师暨山东军区战史》编辑室编:《八路军第一一五师暨山东军区战史》,黄河出版社,2005年版,第330页。

统一山东领导，分局与师部应靠拢。"[1]明确"山东是你们的基本根据地"，这是一个重要决策，使山东实现一元化领导的步伐加快了。

接到中共中央电报后，9月16日，一一五师在费县桃峪召开高级干部会议。罗荣桓在会上对一一五师在山东工作的总结报告，充分肯定取得的成绩，用"争、插、挤、打、统、友"六个字概括了工作中的成绩。为了加强两支部队的团结，他还做了十分严格的自我批评："由于不善于团结地方干部，求得地方党的配合，造成主力的极不充实，同时地方武装工作薄弱，还没有建立起一块巩固的根据地作为基点。"[2]这种自我批评的精神是积极的，是为了达到团结起来向前看的目的。会后，一一五师师部向北转移到沂蒙山区，同山东分局靠拢。

山东纵队的军事指挥人员，本来大多是从八路军总部和一一五师调去的。两支队伍又经过大规模地交流干部和战士，开展相互学习的互动，逐步形成"你中有我，我中有你"的局面。两支队伍在党的领导下最终经过整编，实现一元化领导。这在那些当时常见的把军队看作个人或某一派系私有的地方是难以想象的。

第三，在山东抗日根据地建立和发展过程中，充满着反"扫荡"和反摩擦的军事斗争，而前者是主要的。这两种斗争的性质不同。正如毛泽东在1941年5月也就是皖南事变发生后四个月

---

[1]中共中央文献研究室、中国人民解放军军事科学院编：《毛泽东军事文集》第2卷，军事科学出版社、中央文献出版社，1993年版，第556、557页。
[2]《罗荣桓传》编写组编：《罗荣桓传》，当代中国出版社，1991年版，第230页。

时所说:"在中国两大矛盾中间,中日民族间的矛盾依然是基本的,国内阶级间的矛盾依然处在从属的地位。一个民族敌人深入国土这一事实,起着决定一切的作用。"[1]

当抗日战争进入战略相持阶段后,日本侵略军将兵力使用的重点转向占领区后方,推行惨无人道的"三光"政策,进行"扫荡"和"蚕食",企图消灭一切抵抗力量。山东纵队也好,一一五师也好,军事斗争的重点都放在反对日本侵略者这种"扫荡"和"蚕食"上。如果不通过一次又一次地有力打击日本侵略者的广泛游击战争,人民武装根本无法在敌后生存,更谈不上发展了。

日本侵略军虽然在某些方面有着优势,但它发动的是非正义而且手段残暴的战争,本身就起着激起广大民众起来反抗的强大动员作用。加上人力、物力的不足和国际局势对它越来越不利,后来它在山东已处在处处被动挨打的地位,只能控制一些重要城市和主要交通线了。

反摩擦斗争是一个复杂的问题。对中国共产党来说,只要你愿意合作抗日,都以合作的态度来对待,不希望发生为亲者痛、仇者快的摩擦活动,这有许多事实可以证明。但国民党最高当局对共产党的疑惧太深了,看到八路军在敌后抗日中得到发展,便觉得是对自己的严重威胁,总想限制以至消灭它。山东、苏北地区的国民党军队,抗战初期在日军猛烈攻势下,大部分已经西撤,只有一小部分(如沈鸿烈、韩德勤部)来不及撤退,被切断在敌后,以后又收编了一些流散士兵和地主团练。他们在抗击日

---

[1] 中共中央文献编辑委员会编:《毛泽东选集》第2卷,人民出版社,1991年版,第781页。

本侵略方面没有多少作为，却层出不穷地以突然袭击的手段残杀正在英勇抗日的八路军将士。对这种从背后捅来的刀子，如果不加以有力的制止，抗日斗争同样也无法继续在敌后生存和发展。因此，八路军不能不严正地宣告："人不犯我，我不犯人；人若犯我，我必犯人。"只有有效地制止这种暴行，才能维持团结，不致造成完全破裂。

进行反摩擦斗争需要十分慎重，要本着"发展进步势力，争取中间势力，反对顽固势力"的原则，严格区别对待。在斗争中，又要尽力做到"有理、有利、有节"。

在山东，对范筑先、常恩多这样的爱国人士，共产党一直给以坚决而有力的支持。即便是像石友三这样反复无常的军阀，当他一度表示愿意合作抗日时，同样也给予一定程度的支持，没有排斥和打击他，而当他同日本勾结时又坚决给予打击。对于学忠这样持中间态度的人，采取团结和争取的态度，但对他提出的某些无理要求仍断然拒绝。后来，于学忠部被国民党当局调离山东。而对沈鸿烈、秦启荣等顽固分子的反共活动，八路军便坚决打击。秦启荣就是在勾结日本侵略军攻击抗日游击队时被击毙的。抗战期间，国民党军队投降日本成为伪军的，以山东为最多，如吴化文、荣子恒等。由于他们投降日本，为群众所唾弃，伪军在山东始终不成气候。

日本投降后，国民党当局在山东能控制的只有从日军手中接收过来的胶济铁路全线和津浦铁路南线附近狭长地带，其他广大地区都已成为共产党领导的解放区，这种格局是山东抗日战争历史发展的自然结果。

第四，山东抗日根据地的创立、发展和成熟，是一个在实践中摸索前进的过程。山东的地方干部在这方面更缺少经验,许多问题是在摸索前进中逐渐弄明白的,在总结经验教训的基础上,跨出新的步子。大体上,迈出过这样几步:一是组织武装部队,二是建立政权,三是放手发动群众(主要是减租减息),四是建立党的一元化领导。这四步,并不是后一步代替了前一步,而是在前进中发现必须解决的问题,提出新的重要内容,逐步形成一套比较完整而成熟的建设大型根据地的做法。这几步,往往相互渗透和交错。

第一步,组织一支武装部队。毛泽东在《抗日游击战争的战略问题》中写道:"建立根据地的基本条件,是要有一个抗日的武装部队,并使用这个部队去战胜敌人,发动民众。所以建立根据地问题,首先就是武装部队问题。""建立武装部队是建立根据地的最基本的一环,没有这个东西,或有了而无力量,一切问题都无从说起。"[1]因此,山东抗日根据地建立初期将主要工作放在军事活动方面是很自然的。

从山东实际情况来看,这时确也是大力发展武装力量的最好时机。那时候,日本侵略军占领平津后正沿津浦铁路长驱南下,进入山东。韩复榘率十万大军不战而退。日军推进到鲁苏边境才遇到李宗仁率领的第五战区官兵的顽强抵抗。日军有限的兵力正集中投入徐州会战,后方极为空虚。而八路军此刻刚从陕北东渡黄河,到山西作战,主力一时不可能来到山东。而山东也不像南方不少省那样存在遗留下来的红军游击队。这个首义的责任便落

---

[1] 中共中央文献编辑委员会编:《毛泽东选集》第2卷,人民出版社,1991年版,第423页。

到山东省委身上。

几乎赤手空拳的山东省委没有错失这个有利时机。他们看到：山东民风刚直强悍，老百姓有强烈的爱国心，不愿做听人宰割的亡国奴，民间又有不少流散的枪支弹药，只要登高一呼，指明斗争的方向和办法，许多人是愿意跟着党起来投身抗日武装斗争的。省委毅然决定：根据中共中央和北方局的号召，在全省发动抗日武装起义，并且由省委直接领导泰安、莱芜、新泰、泗水地区的徂徕山起义。

他们的办法是："通过党员分工，对每个党员要求至少动员二至三人参加抗日游击队，有枪带枪，无枪借枪。每个党员必须通过各种社会关系，进行串联和发动。""县委动员出来的大都是青年学生和青年农民，听说要上徂徕山拉队伍起义，他们带着土枪、大刀、红缨枪纷纷跟随我们上徂徕山。在农村动员出来的，真是子弟兵，不是兄弟、爷们，便是至亲近邻。"[1]省委还向北方局请来几个红军干部，对起义部队进行突击军政训练。八路军山东人民抗日游击队第四支队就是这样组织起来的，并且对日军打了一个伏击战。

这样的队伍虽然简陋，但它是山东人民在共产党领导下建立的第一支武装队伍，为创建抗日根据地夺取了先机。

朱瑞在中共七大上的发言中，对他来到山东前由省委领导的这场全省大起义这样评论道："抗战开始，山东没有我们八路军，但是地下党同人民结合发动起来相当普遍的人民的武装起义，这不仅是武装斗争，而且应该说是一个人民运动。这时群众运动是

---

[1] 黎玉：《黎玉回忆录》，中共党史出版社，1992年版，第121、124页。

一个高潮,是山东历史上从来没有过的一个高潮。"[1]

第二步,建立政权。当有了一支武装部队以后,就需要建立政权。这样,才能将当地群众和社会秩序有效地组织起来,才能帮助群众解决他们迫切需要解决的问题,才能使部队的兵源、粮源、财源得到保障。

蒋介石历来对军权和政权这两件事抓得最紧。他在韩复榘被枪决后,任命沈鸿烈为山东省政府主席。沈到山东后,就在八路军所驻地区任命了一批专员和县长。而山东共产党内也有些人认为沈鸿烈是"合法"的省政府主席,他所任命的专员、县长似乎也不便不承认,而对根据地民众自己选出的专员、县长反觉得有点不"合法"。徐向前回忆道:"山东的游击战争,虽然有了较好的基础,但政权建设工作,还没有跟上去,是个薄弱环节。就拿鲁中、鲁南来说,因为没有建立抗日民主政权,只能算个游击区,谈不上是巩固的抗日根据地。我们刚去,感触最深的是吃饭问题,'叫花子要饭',部队走到哪里,要到哪里,吃了上顿没下顿,因为自己没有政权,不能顺利地筹粮筹款,几万部队的穿衣、吃饭、医药、装备等,很难解决。发动群众也不好办,部队在的时候,把群众发动起来,可是一走,群众就散了。像行云流水一样,扎不下根基。政权在谁手里呢?除了敌占区外,县长、区长、乡长都是国民党的人,听于学忠、沈鸿烈的,不听我们的。处处卡我们,不仅不供应八路军粮食、衣物等,还威胁群众,限制群众同八路军接触。他们作威作福,鱼肉乡民,苛捐杂税之多,令人咋舌。有的还与日寇、汉奸暗中勾结,干卖国勾当,

---

[1] 朱瑞在中共七大上的发言,1945年5月10日。

袭击八路军。"[1]这确是山东抗日根据地继续前进必须解决的首要问题。

1939年2月10日，中共中央书记处发出《关于华北各地磨擦问题的指示》，态度鲜明地指出："我抗战阵营中，又因鹿（钟麟）沈（鸿烈）之极端错误行动引起严重的磨擦与纠纷，使华北抗战遇到莫大困难与危险。""敌后抗战形势，要求军政党民之一致，应由当地高级指挥官兼地方行政官。河北之磨擦原因就在于军政不一致，鹿同八路军抢夺政权与地区所引起。""八路在三省扫荡伪政权，恢复中国政权，位于抗战之最前线，成绩卓著，功在国家。""政府发饷甚少，八路及游击队不能不就地筹粮。人民拥戴，踊跃输财。有利于国，无害于民。今后仍应如此，决不能枵腹作战。"[2]那种一度出现的错误倾向得到纠正。

1940年8月，山东成立省战时工作推行委员会，实际上行使山东省政府职权，黎玉任首席组长，实际上行使省长职权。这样，山东抗日根据地就有了自己的政权机构。

第三步，大大加强和改善群众工作。1942年刘少奇过山东时着重提出这个问题，特别强调了切实执行减租减息的工作。这是山东抗日根据地工作的一个重大进展。朱瑞在中共七大上就这个问题做了严肃的自我批评。他说："我回想到少奇同志说的发动群众的四个基本原则中最主要的一点是群众自觉性。民主、民

---

[1] 徐向前：《历史的回顾》（下），解放军出版社，1984年版，第641、642页。
[2] 中央档案馆编：《中共中央文件选集》第12册，中共中央党校出版社，1986年版，第23、24页。

生不是不靠群众自觉而能够取得的。当时我们的武装打下了政权，才取得了民选方式。那时的民选，不是老百姓选举，而是党的活动分子选举。做了一点民生工作，叫'五一'减租，也不是靠群众得来的，而是用法令达到的，不巩固的，极其狭小的，脆弱的，不是群众性的。""另外还做了一些枝枝节节的工作，忘记了群众的肚子饿，要吃饭，只注意到群众头上要剪发，妇女包脚难看要放脚。青年工作搞起来了，就是搞运动会、野火晚会，提倡青年活泼、青年作风，而农民工作没有被强调。我们做过了这样一些工作，概括起来说，都是一些枝枝节节的问题，形式主义的，是靠法令、条例，是靠军队打天下的方式，而真正发动群众自觉的起来斗争，是很少的。"[1] 他的自我批评是严格的，也是很深刻的，能给人启示。山东的工作，在群众性的减租减息运动后确实进一步出现了生气勃勃的新气象。

第四步，建立党的一元化领导。这样，才能真正保证思想的统一和行动的统一，这在胜利快要到来的关头更加重要。

正如罗荣桓所说："因为当时主要是军事斗争，实行一元化领导，首先要统一指挥。"[2] 所以，这项工作从1943年3月山东纵队和一一五师合并成立新的山东军区时就开始了。3月16日，朱瑞、陈光、罗荣桓、黎玉向八路军总部和中共中央军委报告："山东军区及一一五师各直属机关已实行合并办公，改为山东军区，并与分局合并，统一所有主力及地方武装之领导与指挥。对外保

---

[1] 朱瑞在中共七大上的发言，1945年5月10日。
[2] 罗荣桓：《谈山东抗日战争》，《山东党史资料文库》第16卷，山东人民出版社，2015年版，第4页。

留一一五师及山东纵队名义。"[1]以后，随着反"扫荡"、反"蚕食"斗争的发展，内部的团结越来越紧密。到抗战胜利时，就很难区分哪支部队原来是什么，彼此已很难区别了。

至于山东省委和分局的主要领导人在八年抗战中有过几次调整。他们在不同的历史阶段都做出了重大贡献，解决了一些当时在发展中遇到的重要问题，对加强团结十分重视。他们也有过各自的失误或不足，这需要从当时的历史条件加以说明，使人理解，不可以苛求于前人。毛泽东在延安整风时说过："这次处理历史问题，不应着重于一些个别的同志的责任方面，而应着重于当时环境的分析，当时错误的内容，当时错误的社会根源、历史根源和思想根源，实行惩前毖后、治病救人的方针，借以达到既要弄清思想又要团结同志这样两个目的。"[2]罗荣桓在谈到如何写山东抗日战争的历史时说："抗日战争中山东哪些人犯错误，根本不必提名，但原则问题要谈清楚……我们根本不必谈是不是路线问题，只写发生了一些什么问题就是了，至于犯错误的具体细节，谁说的、谁做的等等都不必写。"[3]这不是为了宽容，更不是主张什么都含糊其词，而是因为这些都是前人在为革命而探索前进时，对一些复杂的新问题一时缺乏正确认识所造成的。应该从中总结经验教训，但不能要求前人对后人弄清楚的问题都早就弄

---

[1]《朱瑞、陈光、罗荣桓、黎玉关于师部、军区与分局合并向集总、军委的报告》，中共山东省委党史研究室编：《山东党史资料文库》第10卷，山东人民出版社，2015年版，第176页。

[2] 中共中央文献编辑委员会编：《毛泽东选集》第3卷，人民出版社，1991年版，第938页。

[3] 罗荣桓：《罗荣桓军事文选》，解放军出版社，1997年版，第579页。

得一清二楚。这样比较公道。

回顾八年抗战中山东抗日根据地的历史,不仅是为了缅怀前人的业绩,而且也可以获得不少有益的启迪。

游击战为主向运动战为主的转变
——从上党战役到平汉战役

上党战役和平汉战役，是中国共产党历史上很值得重视的一页。它发生在抗日战争刚刚结束而全面内战尚未爆发的大变动时刻。人民解放军从以游击战为主重新转变为以运动战为主，在不长的两个来月时间内，由刘伯承、邓小平指挥的晋冀鲁豫部队在自卫战争中取得全胜，打破了蒋介石抢占整个华北的打算，形成双方对峙的新格局，这对以后的影响十分深远。

它虽是两个战役，其实是同一作战目标下前后相续的两个阶段，需要作为一个整体来考察。这里有许多问题值得探讨：为什么在持续八年的全民族抗战刚结束不久，又会发生这样具有相当规模的军事冲突？为什么这两场冲突集中地发生在华北地区？为什么上党战役在前，平汉战役在后？晋冀鲁豫部队怎么能在很短时间内实现由游击战为主到运动战为主的战略性转变？蒋介石对这两次战役的态度有没有微妙的差别？这两次战役的结果，对此后产生怎样的影响？

本文试对这些问题做一些讨论。

战争的责任

这两次战役怎么会发生？实际上就是战争的责任问题。1949

年年初全国解放战争即将胜利的时候，新华社编写出版了一本编年体的小书，书名叫《什么人应负战争责任》，向全国发行。我当时买来读过，留下很深印象。当时，同国民党代表团的和平谈判正要开始。这本书一开始就写道，"全国人民最注意的一个问题"，是他们"对于战争的责任问题将取何种态度"[1]。可见这是必须首先弄清的大是大非问题。

抗战胜利了，中国人最普遍的强烈期待是开始和平建设。这种心情不难理解。经过八年全民族抗战，付出那样沉重的代价才取得胜利，人们自然十分珍惜这个难得的机会，希望集中力量把国家建设好。如果很快又陷入大规模内战，那怎么得了？

中共中央在1945年8月25日发表《对目前时局宣言》，向全国同胞明确提出："在全中国和全世界，一个新的时期，和平建设的时期，已经来临了。"宣言要求国民政府实施若干紧急措施，包括："（一）承认中国解放区的民选政府和抗日军队，撤退包围与进攻解放区的军队，以便立即实现和平，避免内战。""（二）划定八路军、新四军及华南抗日纵队接受日军投降的地区，并给与他们以参加处置日本的一切工作的权利，以昭公允。""（六）立即召开各党派和无党派代表人物的会议，商讨抗战结束后的各项重大问题，制定民主的施政纲领，结束训政，成立举国一致的民主的联合政府，并筹备自由无拘束的普选的国民大会。"[2] 对中国共产党和解放区军民八年浴血抗战所取得的果实

---

[1] 新华社编：《什么人应负战争责任——日本投降以来大事月表》，新民主出版社，1949年版，第1页。

[2] 中央档案馆编：《中共中央文件选集》第15册，中共中央党校出版社，1991年版，第247—249页。

给予承认和保护,是完全合情合理的。如果这样做,内战就可以避免,和平建设就可能开始。否则,势必陷入大家不愿看到的战乱重开。

三天后,毛泽东应蒋介石的邀请来到重庆,进行国共商谈。8月28日,他一下飞机就向记者分发一篇书面谈话:"现在抗日战争已经胜利结束,中国即将进入和平建设时期,当前时机极为重要。目前最迫切者,为保证国内和平,实施民主政治,巩固国共团结。"9月底,英国路透社驻重庆记者甘贝尔向毛泽东书面提出12个问题,毛泽东一一做了答复,包括:"(一)问:是否可能不用武力而用协定的方法避免内战?答:可能。因为这符合于中国人民的利益,也符合于中国当权政党的利益。目前中国只需要和平建国一项方针,不需要其他方针,因此中国内战必须避免。(二)问:中共准备作何种让步,以求得协定?答:在实现全国和平、民主、团结的条件下,中共准备作重要的让步,包括缩减解放区的军队在内。"[1]

这里所说的"中共准备作重要的让步"并不是空话。"撤出八个解放区的协议,早已付诸行动了;原本大家最想不通的整编军队问题,也将开始实施",晋察冀军区"率先复员了十万余人"[2]。时任苏皖边区政府主席的李一氓回忆道:"从中国共产党来讲,是真心愿意和国民党合作建国的。""我曾经得到华中局一个通知,说党中央要从延安搬到淮阴来,参加南京工作的同志有事情要开会就去南京,没有事情又不开会就可以回到淮阴的

---

[1]《为和平而奋斗》,中国灯塔出版社,1946年版,第6、9页。
[2]郑维山:《从华北到西北》,解放军出版社,1985年版,第17、21、22页。

总部。中共中央的总部就要建在淮阴，就由我负责找一个合适的地方，建立中共中央总部。"[1] 即便由于国内外各种因素的制约，和平建国只有一分可能，也要尽一切力量使这种可能转变为现实。

当然，由于对蒋介石的长期了解，他曾多次突然翻脸，狠下毒手，要消灭共产党，共产党人的血流得太多太多了，因此，中共中央必须保持清醒的头脑，做好两手准备。如果蒋介石言而无信，又向解放区大举进攻，那就只能坚决地站在自卫立场，消灭一切来犯者，才有可能实现和平合作。这是以往多少次血的教训告诉中国共产党人的。

可是，蒋介石的决心已经下定：不顾一切也要消灭中国共产党。抗战胜利前不久国民党举行六大时，德、意的法西斯势力刚刚覆灭，日本军国主义势力正在溃败，蒋介石已在考虑战后国内政局的决策。他在大会结束的第二天，向参加这次大会的军队代表讲话。这些代表大多是中央军校毕业生，被蒋介石看作自己的子弟，所以谈得很坦率，也很露骨。他说："大家都知道，共产党的武力和国家比较起来是不可同日而语的。他现在号称有多少正规军，多少游击队，占领多少地区，其实都是乌合之众，不堪一击！"[2] 抗战后期美国给予他的军事援助，包括大量的美式武器装备以及日军投降时交出的日军武器，又被他看作战后消灭共产党的重要本钱。前面所引那些杀气腾腾的话，无异在抗

---

[1] 李一氓：《模糊的荧屏》，人民出版社，1992年版，第354页。

[2] 秦孝仪总编纂：《蒋介石思想言论总集》卷21，中国国民党中央委员会党史委员会，1984年版，第138页。

战胜利前夜向他的将领们进行内战动员，预示着蒋介石在抗战胜利后一定会立刻部署、挑起全面内战。

1945年8月10日，日本政府宣布接受《波茨坦公告》，请求投降。蒋介石立刻致电陆军总司令何应钦，电文所做的部署，充分反映出在他心目中日本投降后最重要且急迫需要解决的问题是什么。电文中除了简要地谈了如何接受日伪军的投降外，最引人注目的是两点：一是"应警告辖区以内敌军，不得向我已指定之军事长官以外任何人投降缴械"；二是"对封锁地伪军应策动反正"，"先将控制敌军撤离后之要点要线，以待国军到达"。第二天，又专门发电报给第十八集团军总司令朱德："政府对于敌军投降一切有关事项，均已统筹决定，分令实施。所有该集团军所属部队，应就原地驻防待命，勿再擅自移动。"[1]

谁都知道，在抗战期间八路军的大部分处于华北敌后，同当地民众一起，坚持长时期的浴血奋战，在广大农村和乡镇建立起大片的抗日民主根据地和民选政权，紧紧包围着日伪军孤立的大小据点和主要交通线，而国民党军队主力却远远地退居西南大后方。如今日本要投降了，蒋介石却立刻命令日伪军不能向一直包围着他们的八路军、新四军投降，只能"待国军到达"，还要八路军只能"就原地驻防待命，勿再擅自移动"。下一步，自然是要利用抗日战争胜利的果实进一步消灭共产党和解放区。这种毫无公道可言的单方面强制行动，自然令人无法容忍，只能使矛盾迅速激化。双方的武装冲突便不可避免了。

---

[1] 台湾政治大学人文中心编：《民国三十四年之蒋介石先生》（下），政大出版社，2015年版，第31、36页。

毛泽东立即做出强烈反应。8月13日，他在延安干部会议上讲演说："比如一棵桃树，树上结了桃子，这桃子就是胜利果实。桃子该由谁摘？这要问桃树是谁栽的，谁挑水浇的。""人民得到的权利，绝不允许轻易丧失，必须用战斗来保卫。我们是不要内战的。如果蒋介石一定要强迫中国人民接受内战，为了自卫，为了保卫解放区人民的生命、财产、权利和幸福，我们就只好拿起武器和他作战。这个内战是他强迫我们打的。如果我们打不赢，不怪天也不怪地，只怪自己没有打赢。但是谁要想轻轻易易地把人民已经得到的权利抢去或者骗去，那是办不到的。"[1]这就是他常讲的"人不犯我，我不犯人；人若犯我，我必犯人"。

我们先来看看上党战役和平汉战役爆发前夜当地的实际情况，看看这两次战役是在怎样的局势下发生的。

上党区，指的是山西东南部在太行山、太岳山、中条山之间的一块比较富饶的盆地，包括长治、长子、屯留、壶关、潞城、襄垣六个县城，它处在黄土高原的边缘，历来是兵家必争的要地。从这里向东越过太行山，便是河北平原，便是贯通中国南北的交通命脉——平汉铁路。抗战初期，这里几个县城被日本侵略军占领，但广大农村一直由八路军控制着，是有着严密组织的老游击区，国民党军队在这里没有根基。日本宣布投降后，八路军迅速采取行动。时任太行区党委书记兼太行军区政治委员的李雪峰回忆：根据刘伯承、邓小平、滕代远8月10日从延安发来的

---

[1] 中共中央文献编辑委员会编：《毛泽东选集》第4卷，人民出版社，1991年版，第1127、1128页。

电报，在 8 月 11 日将部队主力集结，12 日"对本区周围日、伪军发出通牒，限令立即停止抵抗，缴出全部武器，命令伪军立即反正听候编遣"[1]。19 日收复潞城，21 日收复襄垣，并围攻长治等四城。[2]

长期统治山西的阎锡山在太原、临汾相继失守后便西渡黄河，退居陕西宜川县的秋林镇，直到 1940 年 5 月才回到山西，改驻紧靠黄河东岸的吉县克难坡，他所领导的第二战区，"除晋西吉县、大宁、乡宁、隰县、永和、石楼蒲县等六七县政权完整外，其余大部分为交错及沦陷区"[3]。

日本宣布投降后，他以为可以重新恢复他昔日"山西王"的地位，把目光首先集中在三个地区：一是派第七集团军总司令赵承绶、第八集团军副总司令楚溪春进入太原（以后，他前往太原，举行对日军的受降仪式，还把一部分日军改编为晋军，楚溪春部又进占晋北重镇大同）；二是派第十三集团军总司令王靖国率部进占晋南重镇临汾和运城；三是第十九军军长史泽波率部在 8 月下旬从临汾、浮山、翼城到上党地区，夺占八路军已经收复的潞城和襄垣，从日伪军手中接收了正被八路军围攻的长治等四城，还收编了上党地区的伪军三千多人。

八路军对太原、临汾等城市并没有采取军事行动，但对晋军还要强占被八路军已收复或正在围攻中的上党地区便不能再置之不

---

[1] 李雪峰：《李雪峰回忆录（上）：太行十年》，中共党史出版社，1998 年版，第 283 页。
[2]《新华社评论集（1945—1950）》，新华通讯社，1960 年 7 月编印，第 44 页。
[3] 阎伯川先生纪念会编：《民国阎伯川先生锡山年谱长编初稿》第 6 册，台湾商务印书馆，1988 年版，第 2164 页。

理了。上党地区正处在太行和太岳两个根据地中间，国民党军队如果强行霸占上党地区，就把中国共产党八年艰苦经营的太行、太岳两个根据地割裂开，无异于在晋冀鲁豫地区的心脏部位插入一把利刃，这自然是不能容忍的。

这便是上党战役爆发的由来。

再看平汉战役。

抗战胜利后，原来已退居南方的国民党军队便分三路向华北大举推进：中路准备以十个军的兵力约十万人，从郑州、新乡沿平汉铁路向北推进，目标是石家庄和北平；左路有三个军，准备沿同蒲路、正太路，经石家庄北进；右路有两个军和伪军吴化文部沿津浦路经徐州北进。

这三路中，以中路为主，左右两翼为辅。时任晋冀鲁豫军区参谋长的李达指出："他们企图控制铁路，发扬美国现代化装备之优势，割裂我各解放区的联系，压迫我军进入农村或山地，而便于各个歼灭之。"[1]

中共中央没有去同国民党抢夺太原、大同、临汾等重要城市。宋任穷回忆道："中央从全局和长远考虑，决定各地都暂不占领大城市，而采取夺取小城市、县城和广大农村的方针。""实践证明，中央在这个关键时刻所作的决定是完全正确的。因为，国民党反动派要来夺取抗战果实，从峨眉山上下来摘桃子了。美国、蒋、日伪相勾结，阻挡日军向我军缴械投降。而且，日军正从小城镇往郑州、徐州、济南、石家庄、天津等大城市集中、撤退。

---

[1] 李达：《保卫抗战胜利果实的第二仗——平汉战役》，《刘邓大军征战记》第1卷，云南人民出版社，1984年版，第17页。

我军攻取大城市，必遭日伪军顽抗，夺取大城市难以实现。"[1]

但在平汉路北段，八路军已从日伪军手中收复了从石家庄以南的高邑到安阳以北的平汉铁路约一百七十五公里，其中最重要的是冀南的邯郸，在它周围还有大片根据地，国民党军队从郑州、新乡沿平汉铁路北上，直接向晋冀鲁豫解放区发动武装进攻，自然会遭到八路军的顽强反击。刘伯承、邓小平、滕代远在8月14日给各区党委、各军区的电报中提出："必须迅速准备打击沿平汉、同蒲北上之蒋阎军。"并且要求："在部队中人民中进行充分的思想准备，说明蒋阎以内战方式夺取抗战果实，我之方针是消灭发动内战的蒋阎军队，巩固八年抗战民主之成果。"[2]

焦点在华北

把上党战役和平汉战役称为同一作战目标下前后相续的两个阶段，是因为它们都起自国民党军队要争夺华北，中国共产党不能不起而自卫。

当时被称为"华北"的地区，通常是指平津、河北、山西、山东、察哈尔和豫北一带，南以花园口决口后改道的黄河为界，西依从风陵渡北折的黄河与陕西相邻。国民党军队在经历一段时间的抵抗后步步南撤或西移，在庞炳勋、孙殿英、吴化文等部相继叛变降敌、中条山失利和于学忠部被迫撤出山东以后，在这个地区几

---

[1] 宋任穷：《宋任穷回忆录》，解放军出版社，1994年版，第232—234页。
[2] 李雪峰：《李雪峰回忆录（上）：太行十年》，中共党史出版社，1998年版，第286页。

乎没有剩留多少兵力。而自八路军挺进敌后以来，最初创立的一批抗日民主根据地，如晋察冀、晋冀鲁豫、晋陕、山东等大抵就在这个地区。其中晋冀鲁豫地区是全国幅员最大、人口最多的解放区，它包括太行、太岳、冀南、冀鲁豫四块根据地。抗战期间，"中共中央北方局、八路军总部和晋冀鲁豫边区政府等党政军领导机关也驻节太行区"[1]。被蒋介石切齿痛恨、视为"割据"的，主要也是指这一些地区。

这是蒋介石的一块心病。1945年5月25日，国民党六大闭幕后三天，他同美国大使赫尔利商谈六届一中全会的准备，并在日记中写道："注意，一，对华北战略与突袭军之准备；二，对阎今后之用法；三，东北主持人选与运用之方针。"[2]对东北，他的想法是可以在《中苏友好同盟条约》签订后直接从苏军手中接收，余下的只是"主持人选与运用之方针"了。他看得最重的是"对华北战略与突袭军之准备"，也注意到对"阎老西"在这个计划中的"用法"。从这里，我们已可影影绰绰地看出四个多月后上党战役和平汉战役的由来。争夺上党地区和从平汉铁路北进，是他设想的未来棋局中要下的两着棋，一着是主要的，一着是辅助的。

7月8日，对日战争胜利在望，对蒋介石来说，已快到图穷匕见的时候了。他在日记中写道："令各部队对共匪不得不特别加以警觉心，并应增强其敌忾心，不能视剿匪为内战也。"第二天的日记中又写道："国军剿匪与御侮任务，即抗战与建国、安

---

[1] 薄一波：《太行革命根据地史稿》，山西人民出版社，1987年版，第3页。
[2] 蒋介石日记（手稿本），1945年5月25日，美国斯坦福大学胡佛研究所藏。

内与攘外并重。"[1]请看，在蒋介石内心，国共关系不仅谈不上"合作"，甚至谈不上"内战"，有的只是"剿匪"。在这种情况下，如果还要责备共产党的态度过于强硬，不是太可笑了吗？

7月14日，蒋介石在"本星期预定工作课目"中第一条便写道："倭如在三个月内投降，则我华北军事之布置与筹备更应急进，勿再延迟。"蒋介石越来越着急了，而他最着急的不是别的，仍然是"华北军事之布置与筹备"。

9月30日，日本已经投降，蒋介石又在日记中写下一段："第一期接收计划与受降工作，南自越南（廿七日受降），北至郑汴、徐州、沪京、浔汉等地，皆已如期缴械，大体完妥。美国海军亦已进驻青岛、津沽，今后只残华北与东北之接收矣。"[2]读了这段话，能强烈感受到的还是前面所说那几句话：蒋介石越来越着急了，而他最着急的仍然是对华北的争夺和控制。对东北，他准备下一步从苏联红军手中接收过来。蒋介石的大部队行动一向离不开重要交通线。对华北，他的军事计划是沿平汉、津浦、平绥、同蒲四条铁路推进，其中尤以打通贯穿南北的平汉铁路为最重要，是他心目中的主攻方向。山西虽被阎锡山视为"独立王国"，阎锡山对蒋介石素有二心，但他毕竟仍要听命于蒋介石，反共又是同蒋一致的，还是华北问题的一部分。所以蒋介石要讲到"对阎今后之用法"。看了蒋介石日记中所写的这些话，才能真正了解上党战役和对平汉铁路北段的争夺为什么不是偶然发

---

[1] 蒋介石日记（手稿本），1945年7月8日、7月9日，美国斯坦福大学胡佛研究所藏。

[2] 蒋介石日记（手稿本），1945年7月14日"本星期预定工作课目"；9月30日"上月反省录"。

生的。

中国共产党在指挥作战中,历来特别重视对"初战"的选择。初战胜利,不仅可以大大振奋士气,取得新条件下作战的经验,进行自我调整,提高部队的软实力,而且可以在作战胜利时从俘虏中补充兵力,从缴获中增强部队的武器装备和物资储备,提高部队的硬实力,利于再战。如果初战失利,会给下一步带来很大困难。

面对国民党在上党地区和平汉铁路北段的进攻,应该首先集中力量对付哪一方面呢?

这两个地区都属于晋冀鲁豫解放区。它下辖的太行、太岳、冀南、冀鲁豫四个根据地已连成一片,成为华北战略区的南大门,正堵住国民党军队北进的道路。它的主要领导人刘伯承、邓小平、薄一波、滕代远、张际春和重要将领陈赓、杨得志、陈再道、陈锡联等那时因参加中共七大还在延安,到8月25日才得到一个机会,搭飞机回到太行山区的一个简易机场。刘、邓等一到,就决定首先集中太行、太岳、冀南三个根据地的主力,配合其他地方武装和民兵投入上党战役。

既然国民党的主攻方向在平汉铁路北段,这里对它的全局性利害关系更大,为什么首战选在上党地区?这同当时双方力量对比的具体格局有关。上党地区处在太行和太岳两个根据地之间,战士很大部分是当地农民的子弟,对家乡有着深厚的感情,对地方情况异常熟悉。部队八年来在敌后极端困难的环境中坚持抗敌,"由于与广大人民的血肉结合,由于政府与人民的热烈拥护和爱惜,无论在数量上与质量上不仅没有亏弱,而且获得某种程度上的壮大与提高"[1],因而有着很强的战斗力,集中起来也更便捷快速。而晋军的军事素质虽比沿平汉路北上的国民党军队要差得多,进攻解放区的行军距离却近得多,急切地孤军深入,比较起来更易于击破。这个选择是完全正确的。

刘伯承对将领们说:"人家的足球是向我们华北解放区的大门踢过来了,我们要守住大门,保卫华北解放区,掩护我东北解放军作战略展开。平汉、同蒲是我们作战的主要方向,但现在的问题是阎锡山侵占了我上党六城,在我们背上插一把刀子,芒刺在背,脊梁骨发凉,不拔掉这把刀子,心腹之患未除,怎么放得下心分兵在平汉、同蒲去守大门呢?"[2]这就进一步把问题说透了。

当然,主要方向不等于唯一方向,还得像"弹钢琴"那样照顾到其他方面。因此,在集中太行、太岳、冀南三个根据地的主力投入上党地区作战的同时,又将冀鲁豫根据地的主力和其他部队集中在平汉铁路北段,扫清新乡以北的平汉线两侧,创造战场,为下一步即将到来的平汉战役做准备。

8月29日,由刘伯承、邓小平、滕代远、薄一波、张际春签署给中共中央的报告,提出晋冀鲁豫地区全局的战略部署。这个报告得到中共中央的批准。上党战役和平汉战役的基本格局就确定下来,并取得了预期效果。

这以后,直到蒋介石发动全面内战,他力图控制并夺占华北

---

[1]《李达军事文选》编辑组编:《李达军事文选》,解放军出版社,1993年版。
[2]李达:《保卫抗战胜利果实的第一仗——上党战役》,《刘邓大军征战记》第1卷,云南人民出版社,1984年版,第3页。

的计划始终无法实现。

由游击战为主向运动战为主转变

统治山西三十多年的阎锡山对夺取上党地区这块要地，蓄谋已久。1945年3月，日本宣布投降前半年，他在吉县召开高级将领会议。参加会议的第十九军军长史泽波回忆道："阎锡山忽然提出，拟派有力部队进驻晋东南上党一带地区，扩大占领区，问大家有没有什么意见？静默一时无发言者。阎锡山即问我意见如何。我当时答：'去是有办法，但到了那里以后就恐无办法了。……因孤军深入，背后联络线过长，地方工作又无基础，补给及部队住址方面均有问题。如部队过于分散，则恐为八路军各个击破；如大部集结驻扎，日本鬼子绝不相容。所以我说去是有办法，到了就无办法。'阎锡山说：'就怕你们去不了，你们去了，你们无办法，我有办法。'"[1]

日本宣布投降后，阎锡山认为机会已到，"想趁日寇未完全撤出上党地区之前，借日寇力量，先抢到上党，利用上党地区有充足的兵源和粮食，扩张力量，再进而抢占整个晋东南，永远作山西的'土皇帝'"[2]。他以受降为名，限史泽波在五天内赶到上党地区接收，占领长治等城。

这样，上党战役就不可避免了。

---

[1] 史泽波：《上党战役回忆》，《文史资料存稿选编》第9卷，中国文史出版社，2002年版，第24页。

[2] 曹近谦：《上党战役阎锡山增援部队被歼经过》，《文史资料存稿选编》第9卷，中国文史出版社，2002年版，第34页。

打上党战役，对解放军说来，最重要也最艰巨的任务是要在很短时间内实现由抗日战争时期以游击战为主向新历史条件下以运动战为主的转变。

"七七"事变后不久，毛泽东在洛川会议上提出红军的战略方针是：独立自主的山地游击战，包括在新条件下消灭敌人兵团与在平原发展游击战争，但着重于山地。9月21日，他致电彭德怀："今日红军在决战问题上不起任何决定作用，而有一种自己的拿手好戏，在这种拿手好戏中一定能起决定作用，这就是真正独立自主的山地游击战（不是运动战）。"25日，他又致电周恩来等："整个华北工作，应以游击战争为唯一方向。""要告诉全党（要发动党内党外），今后没有别的工作，唯一的就是游击战争。"[1]

在整个全国性抗日战争期间，尽管在平原游击战争和条件许可的运动战方面都有重要的发展，但从总体来说，山地游击战始终处在主体地位。

八年全国抗战中，在极端艰苦的敌后环境中，面对有着现代武器装备并经过严格训练的日本侵略军，红军顽强奋战，取得一系列胜利，部队受到很大锻炼，大大增强了战斗力，但长期处在分散的游击战争环境中，虽然主力是老部队，但长时间内分散到各军分区作为基干团，同地方部队和民兵结合在一起作战，活动范围一般也不越出当地军分区的辖地，更缺乏大兵团机动作战的机会，也存在一些弱点。时任太行纵队司令员的陈锡联回忆道：

---

[1] 中共中央文献研究室、中国人民解放军军事科学院编：《毛泽东军事文集》第2卷，军事科学出版社、中央文献出版社，1993年版，第53、57页。

"太行纵队所属各部队,大部分是抗战前期组成的老团队,经受了抗日战争的考验,政治上很坚强,对于打屯留,部队普遍情绪很高。但存在的问题是,由于长年分散游击,缺乏协同作战经验,各团编制只有两个营,兵员不足千人,装备很差,特别是弹药奇缺,只有2—3发子弹。"[1]太行纵队的情况如此,其他三个纵队的情况也差不多。

为了从游击战为主向运动战为主转变,八路军在抗日战争后期已做了不少准备。

1944年,日军急于打通中国大陆交通线,从晋冀鲁豫边区周围调走六个师团和其他一些部队,而由一些新编成的战斗力较弱的旅团接替防务。为了紧缩防线,日军还把若干城镇交给伪军守备。八路军乘机发动有计划、有重点的攻势作战,收复了不少地区,扩大了根据地,部队也进行了军事政治大整训。1945年1月,晋冀鲁豫部队采取里应外合的方式攻克了冀南大名县城。

6、7月间,太行军区五个军分区主力和集总警备团,连同地方武装和民兵,在豫北发动安阳战役。李达当时就指出:"和我们历次战役有所不同,这次战役主要的是打运动战,游击战则要转到辅助地位。""这次战役,无论对部队还是民兵,都是一个大的锻炼,可以说是向日军举行全面反攻的一次大演习。过去,我们的老兵团有着丰富的山地作战经验,经过这次战役,又获得了平原地区的作战经验。一些新组建的部队也都经过了大规模战斗的锻炼,学到了很多东西。在这次战役中,我军的攻坚精神和作战的持续性,使日、伪军大为震惊。汉奸

---

[1] 陈锡联:《陈锡联回忆录》,解放军出版社,2004年版,第183、184页。

李英所说的八路军攻坚'行不行,两点钟'的断言,已经被事实所否定。"[1]

日本宣布投降后,晋冀鲁豫地区的八路军,根据中共中央的指示,向被包围的日伪军发动大规模的进攻,攻占大小城市(包括冀南在平汉铁路线上的重要城市邯郸),夺取交通要道,创造广阔战场;发动规模空前的参军参战运动,拿太行区来说,从8月15日到8月底,半个月内就扩充了新战士两万五千多名。

为了加强集中领导,8月20日,中共中央决定成立晋冀鲁豫中央局,以邓小平为书记、薄一波为副书记;成立晋冀鲁豫军区,以刘伯承为司令员、邓小平为政治委员。这是一个十分重要的组织措施。25日刘伯承、邓小平等从延安回来。刘伯承一到司令部,当天就说:"当前最急迫的任务是快集中分散作战的部队。要看谁集中得快。集中起来了,形成拳头了就是胜利。"[2] 为了集中兵力,将太行、太岳、冀南、冀鲁豫军区的主力部队编为机动性更强的四个纵队。这样便迎来了上党战役和以后的平汉战役。

长治原为上党地区的府治。那里是抗战时日军设防的重点,城高壕深,工事坚固。加上当时常常下雨,道路泥泞,爬城不易。进入上党地区的阎军有五个师共一万六千人,用于守长治的有一万一千人,守其他五个县城的,各一千人到两千人。参加过上党战役的乔希章写道:"敌人的长处是火力强,善做工事,惯于防御,又有旧城墙和日军修筑多年的堡垒工事作依托;而敌人

---

[1] 李达:《抗日战争中的八路军一二九师》,人民出版社,1985年版,第357、367页。
[2] 《刘伯承传》编写组编:《刘伯承传》,当代中国出版社,1992年版,第326页。

的弱点是，不善野战，害怕近战，更怕白刃格斗，而且孤军深入和分散守备，利于我各个歼灭。"[1]对解放军来说，一开始就强攻长治显然不利，还是先夺取外围各城，吸引长治守军出援，在运动战中伺机消灭来援阎军，再攻长治。

晋冀鲁豫主力部队，多年来全部分散进行游击战争，对马上集结起来进行大规模运动战，还要在一定程度上进行攻坚战，还是比较陌生的。9月5日，刘伯承发出《上党战役某些战术问题的指示》，对这次战役中应该采取怎样的战术做了详细的规定和说明，并且分析道："伪阎作战特点，长于防御，构筑品字形的据点碉堡，控制强大的预备队，实行反突击；此外，它配置有外围据点，形成掎角之势。因此，我们必须进行连续的城市战斗（村落战），才能消灭之。此种战斗是一种精细而不痛快的技巧战斗，决不能粗枝大叶，用密集队形一冲了事。"[2]

9月7日，刘伯承、邓小平下达作战的"第一号命令"。10日，上党战役正式发起。解放军的作战，除以部分兵力围困长治外，重点首先放在扫清长治以外的五个"外围据点"上。这样，既可打破阎军的"掎角之势"，还可吸引长治守军出援，在运动中加以打击和消灭。而史泽波部以近三分之一的兵力分散驻守在外围的五个县城，备多力分，各县城之间相距三十公里至五十公里，且阎军作战又缺乏主动精神，这就便于对他们实施各个击破。

解放军九天时间内连克五城。到19日，长治外围各城在解

---

[1] 乔希章：《上党战役综述》，《山西文史精选》第7册，山西高校联合出版社，1992年版，第1页。
[2] 《刘伯承军事文选》，解放军出版社，1992年版，第300页。

放军集中优势兵力、分别击破的战术下相继被攻克。守备长治的阎军只在最初曾出动六千人增援,但稍一接触便因害怕被歼而退回城内,以后再不敢出援。解放军在攻克其他五城时歼敌七千多人,士气高涨,又缴获了大量武器弹药,战斗力和作战水平得到很大提高,开始合围长治。

史泽波在被困后心慌意乱,连去电向阎锡山告急。这下阎锡山沉不住气了,复电史泽波:"上党必争,潞安必守,援军必到,叛军必败。"[1]匆忙地命令第七集团军副总司令彭毓斌率两个军和省防军(由伪军山西绥靖军改编)的共八个师两万多人,在祁县集结,驰赴长治解围。但阎军在全国抗战初期太原沦陷后一直退居晋西一隅,长期没有同日军进行过激烈战斗,由此换得的结果是作战乃至行军能力的低下,在这次增援上党的行动中便暴露无遗。

阎锡山在抗战期间又不断同日本侵略军勾勾搭搭,力求避战。1945年5月28日,他会见中外记者西北参观团外籍记者时,记者问:"日本曾否企图与长官谈判和平提携或者诱导合作?如有此事,共有几次?各在何时?"阎锡山回答:"有两次:一在民国28年5月中旬,临汾敌司令因同学关系,托我一个家居的学生,以私人资格来传话。……一在民国32年5月上旬,岩松(敌驻太原司令官)在我防区内之安平(吉县辖境)与我见面一次,所谈者与前略同。"[2]地方最高军政长官如此丧失斗志,晋军在抗

---

[1] 山西省政协文史资料研究委员会编:《阎锡山统治山西史实》,山西人民出版社,1981年版,第355页。
[2] 阎伯川先生纪念会编:《民国阎伯川先生锡山年谱长编初稿》第6册,台湾商务印书馆,1988年版,第2210页。

战期间的士气之低落不难想象。

对这次增援上党，原为山西伪军头目、时被阎锡山任命为省防军第三军军长的杨诚描写他看到的阎军状况道："他所谓已出发的部队，都是阎部一窃据太原后，从晋西回来的，自命抗战八年，功在党国，在大街上贴的标语是'抗战资格，高于一切'，满以为回到太原，就可以升官发财，享受特权，高枕无忧了。不想事与愿违，势不从心。到了太原反而是'吃的马料，发的鬼票'，上下不满，怨声载道。所载兵心士气本来不高，加以多年来，在阎锡山投降反共的罪恶过程中，都和八路军较量过，不是惊弓之鸟，便是漏网之鱼。此次迫于命令，增援潞安，脑袋上都上了一个紧箍咒，人人硬着头皮，进入了子洪口这个死胡同。"[1]

国民党政府军令部部长、曾任山西省政府主席的徐永昌在这年9月22日的日记中写道："今日大军官要求地盘，小军官随时营私，已无纪律可言。""法令如毛而弊端百出，上无道轨，下无法守，国家至此，危险极矣。"[2]

像这样的军队，还没有作战就可以预料它的下场。而以后战场出现的事实，也证明前面所说的状况并非夸张。

彭毓斌率领这支八个师两万多人的增援部队，9月15日从祁县出发，中间因山洪暴发，道路泥泞，人地生疏，在当地民众实行"坚壁清野"下，找不到居民，也找不到粮食，士气低落，沿途还受到袭击，有一天只前进了十多里，到9月26日才到达沁

---

[1] 杨诚：《上党战役阎锡山最后一批增援部队行动纪实》，《文史资料存稿选编》第9卷，中国文史出版社，2002年版，第43页。

[2] 徐永昌：《徐永昌日记》第8册，"中央研究院"近代史研究所，1991年版，第166页。

县。"一百余公里之途程,耗时竟达十二天之久。继续南下,又经六天,行四五十公里,于 10 月 1 日抵达关上、交川间地区,然距被围之长治县城,犹有八十公里左右。"[1]

解放军最初得到的情报,以为来援的晋军是三个师七千人,后来才发现是八个师两万多人,立刻决定只以一小部分兵力继续围攻长治,主力大部立刻星夜回师布置阵地,迎击援军。刘伯承对原来准备留下来围攻长治的冀南纵队司令员说:"长治这块骨头先不啃它,咱们先吃掉眼前这块肥肉。"[2]

彭毓斌、史泽波两部加在一起,本来在人数上超过上党地区的解放军很多,武器装备更有很大优势。但由于阎锡山最初打算要在战后重新霸占全山西各个地区,兵力分散,在上党战役开始后又是走一步看一步,逐次使用兵力,犯了兵家的大忌。各自为战的彭毓斌部的兵力少于前来迎击的解放军,孤军深入,又经长途跋涉、饥寒交加,士气极度低落,没有察觉解放军重点已放在"打援"上,仍一味催促部队火速南进,闯入解放军预先设下的伏击圈中。

10 月 2 日,彭部被早就守候着的陈赓、陈锡联指挥的两个纵队分别包围在老爷山、磨盘垴两个山头。随后赶来的陈再道部立刻从老爷岭和磨盘垴中间的大道猛烈插入。来援阎军逐渐不支,而周围已无重兵包围的史泽波部却依然守在长治城内,不敢出来支援彭部。国共两军素质的高下,于此显露无余。彭毓斌逐渐无

---

[1] "三军大学"编:《国民革命军战役史第五部——戡乱》第二册(上),"国防部"史政编译局,1989 年版,第 105 页。
[2] 陈再道:《陈再道回忆录》(下),解放军出版社,1991 年版,第 12 页。

法坚持，决定将全军撤回沁县。但兵败如山倒，部队立刻陷入一片混乱。在渡过漳河退到虒亭镇时，解放军在这里已有伏兵，阎军在大溃退中已失去指挥系统，乱作一团。经过一夜混战，到10月6日，除两千人逃回沁县外，其余全部被歼，彭毓斌受伤毙命。

援军被歼，阎锡山先是电告史泽波说援军无望，要他自找生路。彭部被歼后隔不久，据史泽波回忆，阎锡山"是时即电我，撤出长治速回临汾。我请缓期行动，后电速照前电指示施行。当即召集部队长研究。我说：'放弃上党恐怕是个完，不放弃也是完，因为我们未接收日寇的一粒弹药，随身带的能用几时？说放弃吧，一则士气不好，二则抱着个逃生心理，但方案已定，我们要鼓舞士气，确实掌握部队，死里逃生。'"[1]于是，史部全军在10月7日夜乘大雨从长治向西南突围。此时他们势单力孤，军无斗志。解放军围城部队毫不停顿地跟踪追击，地方部队也到处堵截，10月12日在沁河以东将史部围住全歼，史泽波被俘。进入长治城内的一万多人的部队，就这样真的"完"了。

这样，上党战役胜利结束，全歼阎军十一个师和一个挺进队共三万三千多人，阎锡山部只得从原来的八个军改编为五个军。徐永昌在11月27日的日记中记录道："盖三分之一力量已为共军摧毁矣。"[2]山西的双方力量对比从此发生巨大变化。

更重要的是，经过这次战役的实践，解放军方面初步实现了

---

[1]史泽波：《上党战役回忆》，《文史资料存稿选编》第9卷，中国文史出版社，2002年版，第26页。

[2]徐永昌：《徐永昌日记》第6册，"中央研究院"近代史研究所，1991年版，第180页。

从游击战为主向运动战为主的转变：从根据地来说，解放军拔掉了原被阎锡山控制的在太行地区和太岳地区之间的"上党六城"这个钉子，使晋冀鲁豫地区连成一片，形成具有重大战略意义的大块解放区，这是以前所没有的；从解放军来说，以前进行的是分散的游击战，现在能够进行集中的大部队运动战，还积累起一些攻坚战的初步经验，部队经过扩军和从俘虏中增补新战士，兵员有很大程度的增加，武器装备有明显改善，特别是增加了炮兵部队，能在作战中发挥重要作用；各支部队之间，提高了协同作战的能力。

战役结束后，将冀鲁豫、冀南、太行、太岳各军区主力依次整编成第一、二、三、四纵队，分别以杨得志、陈再道、陈锡联、陈赓为司令员，以苏振华、宋任穷、彭涛、谢富治为政治委员，成为晋冀鲁豫军区直辖的野战部队，可以集中地、机动地使用主力。这些就为取得下一阶段平汉战役的胜利做了重要准备，也在解放军建军史上揭开了新的重要一页。

值得注意的是：蒋介石对上党战役的失败，反应相当冷漠。他在1945年9、10月间的日记中一句也没有提到上党战役和对这次战役失利的看法，仿佛没有发生这件事那样。

这也并不奇怪，蒋阎之间的矛盾一直很深。阎锡山一直担心蒋介石的中央军开入山西，抢挤他的地盘，使他的"山西王"地位受到威胁。抗战胜利后不久，胡宗南派李文率两个军从风陵渡渡过黄河，借道同蒲、正太铁路，开到河北石家庄，再继续北上。阎锡山始终疑虑重重，一再向重庆去电诘询，以致蒋介石致电李文部"速即离开"。这些，蒋介石是不会忘记的。到上党战役危急时，阎锡山顶不住了，就在9月15日向蒋介石告急，并称：

"势难久持，万恳立赐电示。"蒋介石这下只批了一句："交军政部核办，并具报。"[1]事实上，没有看到采取什么措施就没有下文了。10月21日，徐永昌在日记中写道："阎先生来电，谓中共军占据晋西北及上党（同蒲路南北多节为共军所据），殊焦急。电末请蒋先生莅太原。"蒋介石没有答复。24日，在蒋处开汇报会议，徐永昌讲到阎锡山要求增援，"蒋先生力言无法"[2]。

10月26日，上党战役已经结束。焦头烂额的阎锡山仍从太原飞往重庆，在重庆停留了近一个月，到11月22日才回太原。这在他身上是不多见的。临走前，阎锡山对他的参谋长郭宗汾说："蒙（我）将去重庆一趟，非亲自和蒋先生当面交涉不可。"[3]蒋介石十分冷淡，给了他一个软钉子碰。这些日子里，只有在10月27日（也就是阎锡山到重庆的第二天）的日记中淡淡地写了一句："正午与阎伯川聚飧。"[4]没有片语只言提到上党战役或山西的其他问题。阎锡山向重庆方面要求各方面援助，直到他离开，并没有得到多少结果。

阎锡山急于抢占上党地区是为了恢复他的"山西王"的地位，这不可能合蒋介石的心意。但如果能借此削弱共产党在华北的力量，倒是蒋所乐见的。这就是蒋介石在日记中所说要研究"对阎今后之用法"。现在，阎锡山打了败仗，损兵折将，又希望蒋出

---

[1] 台湾政治大学人文中心编：《民国三十四年之蒋介石先生》(下)，政大出版社，2015年版，第283页。

[2] 徐永昌：《徐永昌日记》第8册，"中央研究院"近代史研究所，1991年版，第177页。

[3] 贾文波：《上党战役与阎锡山》，《山西文史精选》第7册，山西高校联合出版社，1992年版，第23页。

[4] 蒋介石日记（手稿本），1945年10月27日，美国斯坦福大学胡佛研究所藏。

大力扶他一把，自然只是痴心妄想。这充分反映出蒋阎之间的矛盾既久且深，也反映出国民党高层之间也各怀私心，彼此之间钩心斗角，难以形成有力的统一行动。

阻断南北铁路线

对蒋介石来说，抗战胜利后第一位的、最重要的工作是受降和接收，特别是对大城市的受降和接收。这是蒋介石要恢复他在全国统治地位所必需的。

国民党最精锐的主力部队就首先使用在对重大城市的受降和接收上：到首都南京的先后是新六军和七十四军（即后来的整编七十四师），到广州的是新一军，十八军先接收长沙再移驻武汉，第五军为了准备收拾云南的龙云而仍在昆明。此外，胡宗南的第一军留在西安，监视中共中央所在的陕甘宁边区；汤恩伯率领第九十四军开往上海；曾担任中央警备部队的第七十一军（就是"一·二八"事变时参加淞沪会战的第五军）驻在上海和苏州之间（上海还有美军）；开往北平和石家庄的还有胡宗南的两个军（平津地区也有美军）；准备开往东北的第十三军和第五十二军，前者是汤恩伯的起家部队，后者是关麟征的起家部队。这些都是蒋介石的嫡系部队，从中可以大致看出蒋介石在抗战胜利时的军事布局。

抗战期间，国民党军的主力基本上已相继退居西南的川、云、贵、桂、湘等省，要在短时间内把这些部队移动到原沦陷区，特别是各大城市去，实在不是一件轻而易举的事情，只能依靠美军的空运和一部分海运。

美国总统杜鲁门在回忆录中写道:"当对日战争胜利时,中国的情况就是这样。蒋介石的权力只及于西南一隅,华南和华东仍被日本占领着。长江以上则连任何一种中央政府的影子也没有。"[1]时任盟军中国战区参谋长的魏德迈把当时运送国民党军队四五十万人的事称为"世界历史上规模最大的空中军队调动"。他在一份报告中写道:"领先收复失地的军队由美国飞机空运到上海、南京和北平。从太平洋调来美国第七舰队的一部分军舰,后来运送中国部队至华北,另有五万三千名海军陆战队占领平津地区,负有军事占领任务的中国部队的空运工作由第十和第十四航空队负责。这无疑是世界上规模最大的空中军队调动。"[2]

"空中军队调动"规模再大,它所能载运的兵力毕竟有限,只能将蒋介石一些主力部队运送到他最需要受降和接收的重要城市去,更多的部队需要经陆路从大后方向其他地区运送。这样,无论从装载量和运输时间来看,迅速抢占和打通原沦陷区内的几条铁路干线自然成为异常重要而紧迫的事情。

除了运兵的需要以外,蒋介石尽力抢占铁路干线还有一层更深的用意,那就是企图以此割裂各解放区之间的联系,迫使解放区的军队退入农村或山区,以便各个歼灭。蒋介石在军官训练团向全体学员的一次报告中说:"大家要知道,现代作战最紧要的莫过于交通。""交通线如果在我们控制之下,则匪军即使有广大

---

[1] [美]哈里·杜鲁门著,李石译:《杜鲁门回忆录》第2卷,世界知识出版社,1965年版,第70、71页。

[2] 《中国战区史料》第2卷,转引自资中筠:《美国对华政策的缘起和发展(1945—1950)》,重庆出版社,1987年版,第43、44页。

的正面,也要为我所分割,所截断,使其军队运动的范围缩小,联络断绝,后勤补给都要感到困难,终于处处陷于被动挨打的地位。""我们作战的纲领可以说是先占领据点,掌握交通,由点来控制线,由线来控制面,使匪军没有立足的余地。"[1]

国民党当局对华北铁路线的争夺,大体沿着三条铁路线展开:西路,是前面提到的胡宗南部两个军沿同蒲、正太铁路到石家庄,再继续北上;东路,是两个军加吴化文部伪军,从徐州、济南沿津浦铁路北上;中路,就是第十一战区副司令长官马法五、高树勋率领的三十军、四十军、新八军,从郑州、新乡北上,直扑邯郸,要打通平汉铁路。这三路中,最重要的是中路:第一是因为平汉铁路是当时唯一贯通全国南北的交通大动脉,可以从华中直达北平;第二是因为它攻击的方向可以把晋冀鲁豫和晋察冀这两个根据地的东部和西部割裂开,便于各个击破。

国民党军队沿平汉铁路的进攻,交战区域主要在平汉线的邯郸以南。"这不仅因为当时的晋冀鲁豫边区政府设在邯郸,更重要的是蒋介石要实现其打通平汉线、运兵抢占东北的野心,必须控制以邯郸为中心的交通枢纽。"[2]因此,平汉战役有时也称为邯郸战役。

那时,上党战役虽近尾声,但还没有完全结束。晋冀鲁豫根据地的主力大部分在晋东南,一时难以立刻赶到邯郸一带,但刘伯承、邓小平在上党战役时特意将原在邯郸附近的冀鲁豫纵队留

---

[1] 秦孝仪主编:《蒋介石思想言论总集》卷22,中国国民党中央委员会党史委员会,1984年版,第112、113页。
[2] 杨得志:《杨得志回忆录》,解放军出版社,1993年版,第368页。

在那里，监视平汉铁路北段国民党军队的动静，这时便担负起阻击任务。10月10日，刘伯承、邓小平电令："冀鲁豫、冀南应放松次要方向，抽出大军使用于平汉线有决定意义的方向，不可处处顾虑，兵力分散，到处无力。"[1] 16日，晋冀鲁豫军区下达了进行邯郸战役的命令和作战方案。

10月17日，毛泽东已结束重庆谈判，回到延安，以中共中央名义致电晋冀鲁豫中央局："在你们领导之下打了一个胜利的上党战役，使得我们有可能争取下一次相等的或更大的胜利。""即将结束的新的平汉战役，是为着反对国民党主要力量的进攻，为着争取和平局面的实现，这个战役的胜负，关系极为重大。""务望鼓励军民，团结一致，不失时机，以上党战役的精神，争取平汉战役的胜利。"[2] 同天，刘伯承又发出《平汉战役战术之某些问题的指示》。

这次沿平汉铁路北上的国民党三个军，共四万五千人，原来都是冯玉祥部的西北军，作战能力比晋军要强得多。鲁崇义的第三十军本是孙连仲的嫡系部队，又掺入一部分中央军，是半美械化装备。马法五的四十军是庞炳勋的余部，能够近战，也能拼手榴弹，这在国民党军队中是不多见的。高树勋的新八军也是一支老部队，战斗力不弱。他们的军队数量是解放军冀鲁豫部队的三倍。后续国民党还有四个军赶来，其中一个军已进达新乡。邯郸以南的漳河两岸是一片平原，而且大多是沙土地质，难以构筑工

---

[1] 刘武生主编：《从延安到北京》，中央文献出版社，1993年版，第67页。
[2] 中共中央文献研究室、中国人民解放军军事科学院编：《毛泽东军事文集》第3卷，军事科学出版社、中央文献出版社，1993年版，第60页。

事。要在这种情况下阻挡国民党军的进攻,是相当艰难的。

国民党军统帅部给这一路军的任务是:"接收冀省,击破奸匪囊括华北企图之目的,使三十军及新八军等部,自丰乐镇强渡漳河,沿平汉路向北推进,击溃当面之逃匪后,迅速进出于保定、石家庄各附近地区。"[1]第十一战区司令长官部提出的目标是:两天到安阳,五天下邯郸,十天打到石家庄。可见他们对这次进攻期望之殷切。

但是,这支进攻军队也有很多严重弱点:

一是部队虽善于阵地战,长于固守,射击技术比较准确,但缺乏机动、反攻击精神,不善于运动战。装备笨重,行动迟缓,不善于远距离追击,互相间应援与协同都欠积极和灵敏,对后方顾虑多,并不善于夜间作战。新到这个地区,地理民情不熟,只能沿几条漫长道路孤军深入,疲劳困惫,补充困难,不善野战,突击力弱,又急于求胜,有着轻视解放军的心理,有隙可乘。

二是指挥不统一。台北刘凤翰教授的著作写道:"本作战本由〔第十一〕战区司令长官先生(孙连仲上将)统一指挥,但因接收孔急,北平指挥需人,故孙上将先飞北平主持接收及受降事宜,部队交由战区参谋长宋肯堂将军率领,并代长官发命。而在编组中,又有两位副长官兼军长,指挥责任不明,如遇紧急事故,则决心之下达,与命令之执行,自不免发生滞碍。"[2]如果突然发生重大变故,更会陷于一片混乱。

---

[1] 军事科学院军事历史研究部编:《中国人民解放军全国解放战争史》第1卷,军事科学出版社,1993年版,第149页。

[2] 刘凤翰编:《孙连仲先生年谱长编》第5册,"国史馆",1993年版,第2719页。

三是这三支部队虽有较强的战斗力,却不是蒋介石的嫡系部队,许多将士对蒋介石在抗战胜利后发动内战不满,对国民党统治的腐败也有不满。其中,突出的是第十一战区副司令长官兼新八军军长高树勋。他是一个有爱国思想的高级将领,曾参加冯玉祥在1933年组织的察哈尔民众抗日同盟军,又备受蒋介石的歧视和排挤。他当时的机要秘书马骏写道:"高树勋在内战前线高举义旗,对国民党当局幻想的破灭,是一个重要因素。高树勋戎马半生,历经坎坷,深知自己作为一个曾经受到蒋介石通缉过的旧西北军将领,在国民党当局手里,最终不会有什么好的结局。自己这支在抗日战争中,以旧西北军干部为骨干组建起来的国民党杂牌军队,最后也难免被吃掉。"[1] 孙连仲在口述历史中也说:"高树勋初来的时候,也很受歧视,大家都'吃'他。何应钦派胡伯翰去接他的军长,他当然不乐意。高树勋的内弟刘洁,大学毕业,是共产党,对高也有影响。有一次我们一起喝酒,高借酒就打了胡伯翰两个耳光,并且说:'我们都是河北人,你怎么搞我?'"[2] 可见矛盾已发展到异常尖锐的程度。

这三支部队,在豫北新乡附近组成北进兵团沿平汉线平行前进,准备攻陷邯郸,再继续北进,以保定、石家庄为直接目标。已沿同蒲、正太铁路东进石家庄的胡宗南第三军、第十六军划归第十一战区,也准备南下夹击邯郸地区的解放军。作为主力的北进兵团那三个军更急于进攻,由于没有受到解放军主力拦击,推

---

[1] 马骏:《我所了解的高树勋将军》,《高树勋纪念文集》,中国文史出版社,1998年版,第182页。

[2] 刘凤翰编:《孙连仲先生年谱长编》第5册,"国史馆",1993年版,第2729页。

进很快，在 10 月 22 日北渡漳河，第二天进攻磁县。这是他们气势最盛的时候，国民党军队完全处于进攻态势。

刘伯承在清醒地分析进犯的国民党军队的长处和弱点后，接着指出："但反动派忽视了这些弱点，相反地把我军都当作只能扰乱的游击队看待，以为它用三个军沿滏阳河轻装急进，就可以把我们撇在两侧，尤其撇开磁（县）邯（郸）向平汉路西之侧击，而自由进入邯郸、邢台，接上石家庄的第三军、第十六军。因此它不需要飞机、坦克的配合，也不需要其他兵团在邻近左右前后直接策应，也不需要带足够的弹药，就能完成任务。这就犯了'夜郎自大'的骄傲和孤军深入的错误。"[1]

晋冀鲁豫部队除士气高涨外还有一个有利条件：控制着从邯郸到高邑的两百五十余公里的平汉铁路，有相当充分的回旋余地。

陈锡联回忆道："但我后续部队尚未全部到达。因此，刘邓首先决定暂时不发起总攻，而是采取'猫逮老鼠，盘软再吃'的战法，令第一纵队先行阻击敌人，坚决迟滞其前进，将各参战部队分成路东、路西两个方向，压缩、分割敌人。"[2]

国民党军队渡过漳河后，主力到达离邯郸约十五公里的马头镇和离邯郸不到十公里的崔曲村。解放军的第一纵队和一部分冀南地方部队顽强阻击，双方在这里展开激烈的拉锯战。战斗比上党战役激烈得多，确实把国民党北进兵团的进攻势头迟滞住了。

---

[1]《刘伯承军事文选》，解放军出版社，1992 年版，第 316 页。
[2] 陈锡联：《陈锡联回忆录》，解放军出版社，1994 年版，第 194、195 页。

这时，局势发生了两个重大变化。

一个是参加上党战役的解放军主力三个纵队除太岳纵队继续留在晋东南地区巩固上党战役成果外，其他部队相继赶到邯郸地区战场。

最早到的是杨勇率领的冀鲁豫骑兵团，投入从正面阻滞国民党军北上的战斗。接着，陈再道率领的第二纵队（原冀南纵队）到达后，刘伯承在电话中告诉他们："决战时机已经成熟，你们要准备向南打，但不要打马头镇地区的新八军，李达参谋长正在和高树勋谈判。"[1]这就为切断三十军、四十军向南的退路做了准备；陈锡联率领的第三纵队（原太行纵队）随即开到，奉命向南开到磁县县城以东的国民党军队退路上隐藏设伏，待机歼敌。

10月27日，毛泽东为中共中央军委起草致刘邓薄张（际春）李（达）电："部署甚当，俟后续到齐，养精蓄锐，那时敌必饥疲，弱点暴露，我集中主力寻求弱点，歼灭其一两个师，敌气必挫。"[2]

上党地区与邯郸，中隔太行山，相距两百多公里。国民党方面撰写的战史也写道："能于七日之时距中，完成部队修整、扩编、机动、战略配置诸事务，行动相当迅速。"[3]这是他们无法做到的。28日，从三面围歼傲慢自负的国民党军北进兵团的部署格局已悄悄地准备就绪，并赢得了宝贵的时间。这具有极重要的

---

[1]陈再道：《陈再道回忆录》（下），解放军出版社，1991年版，第21页。
[2]中共中央文献研究室、中国人民解放军军事科学院编：《毛泽东军事文集》第3卷，军事科学出版社、中央文献出版社，1993年版，第84页。
[3]"三军大学"编：《国民革命军战役史第五部——戡乱》第二册（上），"国防部"史政编译局，1989年版，第134页。

意义。

另一个极重要的变化,是争取高树勋部起义取得完全成功。

高树勋早有意同中国共产党取得联系。1945年8月1日,抗战即将胜利时他就要部下中共地下党员王定南将他的亲笔信送给彭德怀,表示愿友好联合。因彭德怀已离开太行,王定南把信送交刘伯承、邓小平。刘伯承写了回信,表示欢迎。王定南在10月间把复信送给高树勋,他很高兴。高部奉蒋介石之命由平汉铁路北上后,刘、邓二人决定派曾同高在西北共事的晋冀鲁豫参谋长李达在28日带了刘伯承的亲笔信去高树勋军部见高。彼此谈得很好。高树勋断然下了决心。"根据这一新情况,刘邓首长对下一步的作战重新作了部署。刘邓分析,高一起义,马法五必感到恐慌和孤立,有可能突围逃跑,故特别注意了歼灭突围之敌的部署。"[1] 10月30日,高树勋在马头镇通电率所属新八军和民军一万多人起义。

高树勋部战场起义,对正傲慢地准备向北推进的国民党军团而言无异于晴天霹雳。用国民党方面出版的军史的话说:"变生肘腋,全线混乱。"他们已丧失固守的信心,慌忙掉头南撤。

"晋冀鲁豫军区领导判断,高树勋部起义后其余敌人必然向南突围,乃故意放开退路,将主力(注:指从上党赶来的陈锡联、陈再道两个纵队等部)先敌南移到漳河以北敌退路两侧,准备歼灭突围之敌。31日黎明前,敌主力开始向南突围。"[2] 他们脱离即

---

[1] 李达:《高树勋起义促成平汉战役迅速胜利》,《高树勋纪念文集》,中国文史出版社,1998年版,第204页。

[2]《中国人民解放军第二野战军战史》编委会编:《中国人民解放军第二野战军战史》第2卷,解放军出版社,1990年版,第24、25页。

设的阵地后已陷入一片惊慌和混乱，早就等待在他们侧后的解放军立刻多路在漳河北岸兜击，将漳河以北的村庄要点全部占领，断绝了他们的退路。11 月 1 日晚解放军突入其长官部，国民党军失去指挥，顿时大乱，四散奔逃。解放军南北集团各部奋起围追堵截。到 11 月 2 日，向南突围的国民党军除少数漏网外，被全歼于临漳、磁县之间。国民党军本来准备南北齐来夹击的增援部队（在石家庄的第十六军和在安阳的第三十二军）闻风撤退。

这次战役，除新八军等部近一万人起义外，共毙伤国民党军三千人，俘马法五、宋肯堂等高级军官以下一万七千余人，缴获大量武器弹药，包括一批美式武器。溃散时俘虏敌军人数是战斗中毙伤者的近六倍，反映出这次战役并没有经过激烈拼杀的特点。

11 月 11 日，邓小平在中共晋冀鲁豫中央局第一次会议上概括地指出："上党战役取得了完全的胜利，平汉战役现在至少可以说第一阶段已取得了胜利，这都是歼灭战，而且平汉线上高树勋的起义，还是政治上的胜利。这些胜利是由于前后方一致、军民一致、上下一致取得的。"[1]

二十多年后，邓小平又深情地回忆道："我们打平汉战役比打上党战役还困难。打了上党战役，虽然弹药有点补充，装备有点改善，但还是一个游击队的集合体。在疲惫不堪的情况下，又打平汉战役。"他特别讲到高树勋的起义，说："他的功劳很大。没有他起义，敌人虽然不会胜利，但是也不会失败得那么干脆，

---

[1] 中共中央文献研究室、中国人民解放军军事科学院编：《邓小平军事文集》第 2 卷，军事科学出版社、中央文献出版社，2004 年版，第 4 页。

退走的能力还是有的，至少可以跑出主力。他一起义，马法五的两个军就被我们消灭了，只跑掉三千人。"[1]

高树勋起义，在国民党军队中震动也很大。11月12日，中共中央为此专门发出了《关于扩大邯郸起义宣传的指示》。

蒋介石对平汉战役比上党战役要看重得多。他在10月29日的日记中写道："共匪又在漳河以北马头镇附近占领阵地，阻止我孙连仲部北进，到处发动攻势。晋南长治据点亦于上周为匪攻陷，故平汉北段比较吃紧也。"11月2日记："平汉路与陇海东段，暂置缓图。"11月3日记："平汉路北上之孙连仲部，竟被共匪在磁县以北阻制，其高树勋部且突然叛变，至今尚无下落也。"[2]这时，他的注意重点已转到由杜聿明指挥的第十三、第五十二军从陆路向东北进军，平汉路的战局只能暂时搁置。11月6日，孙连仲致电蒋介石："拟请钧座对职严予处分，以彰赏罚。"蒋介石当日批示："所谓处分一节，应勿庸议。"[3]他已无可奈何了。

几点认识

现在可以回到本文开始时谈到的一些问题：

（一）这两场战争怎么会发生？什么人应负战争责任？

---

[1] 中共中央文献编辑委员会编：《邓小平文选》第3卷，人民出版社，1994年版，第337页。

[2] 蒋介石日记（手稿本），1945年10月29日、11月2日、11月3日，美国斯坦福大学胡佛研究所藏。

[3] 台湾政治大学人文中心编：《民国三十四年之蒋介石先生》（下），政大出版社，2015年版，第488页。

只要看一个简单的事实：八年来在中国大地上进行的是以国共合作为基础的全民族抗日战争。双方都做出了贡献，都应该公平地分享各自应得的果实。上党地区也好，邯郸地区也好，国民党军队在抗战初期就早已从那里撤走。而中国共产党率领八路军同当地民众一起，在这些敌后地区的极端困难的条件下，同日本侵略军浴血奋战，在广大农村和大多数乡镇建成大片的抗日民主老根据地，产生民选的政府。但抗战一胜利，当年仓皇撤往后方的国民党军队却远途赶来，开进这些地区：晋军从晋西开来，第四十军从第一战区开来，第三十军从第六战区开来，新八军也是自豫西开来的。这些国民党军队甚至还强行夺占八路军已从日伪军手中收复的地域。军事冲突由谁引起，是十分清楚的。

国民党方面编写的战史也承认上党战役和平汉战役有一点是相同的："同样行军于匪所经营多年之地区。国军之行动、兵力，匪了若指掌，而匪之行动，除在道路上予我阻挠之部队外，其主力之所在、动向、企图既不明了，亦无征候可资判断，是我有形而匪无形，匪能掌握我之行动，我对匪则茫然无知。"[1] 除了"匪"之类那些他们惯用的词汇外，这里说的倒是事实：这些根据地是共产党"经营多年之地区"，党同当地民众有着极密切的关系，对环境地形了如指掌；而国民党军队长途远来，眼前一片漆黑，却要独吞一切，还要把共产党、八路军"经营多年"结出的果实抢走，单就这一点来说，他们又怎么能不败呢？

在国民党长期统治的地区，他们对反对内战的民众运动的残

---

[1]"三军大学"编：《国民革命军战役史第五部——戡乱》第二册（上），"国防部"史政编译局，1989年版，第144页。

酷镇压，也使相当多的人看清了谁是内战的发动者。平汉战役结束后二十多天，11月25日，远在云南昆明的西南联大、云南大学等四所高等学校的师生五千人在西南联大举行反对内战、呼吁和平的座谈会。费孝通、钱端升等四位民主教授在大会上做了慷慨激昂的反对内战的讲演。参加这次大会的闻一多教授写文章叙述了当夜的情况："似乎反对者也不肯迟疑，在教授们的讲演声中，会场四周企图威胁到会群众和扰乱会场秩序的机关枪、冲锋枪、小钢炮一齐响了。散会之后，交通又被断绝，数千人在深夜的寒风中踟蹰着，抖颤着。昆明愤怒了！"[1]第二天，全市各校学生在市民普遍同情和支持下宣布罢课。30日，特务们对全市学生罢课委员会的宣传队沿街追打。12月1日，携带武器的军人和特务对学生毒打并用手榴弹和刺刀杀害西南联大等校学生四人。这种骇人听闻的事实传来，全市四十多所大中学校的学生立刻宣布罢课，并且得到全国学生的响应和社会各界人士的同情支持。这是抗战胜利后第一场席卷全国的爱国民众运动。人们不能不思考：为什么国民党政府当局对手无寸铁、只是要求制止内战的青年学生要如此狠下毒手？到底是谁在制造这场内战？从而激起对国民党政府强烈的愤怒。它产生的影响极为深远。

（二）为什么八年来一直分散在各地从事游击战争的八路军能够在很短时间内迅速集中起来，组成强大的野战部队，在上党战役和平汉战役中战胜进攻解放区的国民党正规兵团？

一支有强大战斗力、能够在运动战中克敌制胜的军队，首先

---

[1] 闻一多：《一二一运动始末记》，《一二一运动》，中共党史资料出版社，1988年版，第48、49页。

需要有正确的领导和指挥，需要有一批富有实战经验的战士作为骨干。其实，中国共产党领导的人民军队，在土地革命时期已经在实践中形成一条以毛泽东为代表的正确路线，拥有一批能征惯战的优秀将领和战士，并同人民群众建立起血肉联系。这支新型军队曾在多年中以运动战为主要作战形式，粉碎国民党军队的多次"围剿"，积累起丰富的作战经验。

全民族抗战开始后，根据新的形势特点，毛泽东及时提出要转变到以山地游击战为主的战略方针。这个转变是完全正确的：第一，面对由现代武器装配起来、经过严格军事训练的日本侵略军，这种作战方式，便于根据实际情况，灵活机动地选择敌军弱点，给予突然打击，不断削弱敌军并壮大自己，逐步改变双方的力量对比。第二，将主力分散到各地充当基干团，有利于同民众建立起血肉联系，深入发动并武装群众，建立起"主力部队—地方武装—民兵"的多层次军队结构，在战斗实践中逐步将一部分民兵上升为地方武装，将一部分地方武装上升为主力部队。这就是八路军能在敌后的艰苦环境下不断得到发展壮大的原因所在。

但情况总在发展和变化中。就在抗战初期，毛泽东已预见到将来又会有一个由游击战为主向正规战为主的转变。1938年11月，他在中共六届六中全会上说："在抗日战争的过程中，就我党的军事任务来说，也将大体上分为两个战略时期。在前期（包括战略防御和战略相持两个阶段），主要的是游击战争，在后期（战略反攻阶段），主要的将是正规战争。"[1]

---

[1] 中共中央文献编辑委员会编：《毛泽东选集》第2卷，人民出版社，1991年版，第549页。

抗战胜利前夜，当大反攻刚刚开始的时候，毛泽东和中共中央意识到战争局势正在发生根本变化，又抓紧时机，及时提出准备由游击战向正规战转变的任务，并在大反攻开始后采取了一些实际措施。在中共七大基本通过的《关于军事问题的决议（草案）》明确地指出："准备战略上由以游击战为主到以运动战为主的转变。"[1]这为应对抗战胜利后的新局势做了重要的思想准备。

日本投降的消息刚传出，中共中央立刻在8月11日发布《关于日本投降后我党任务的决定》。这是毛泽东起草的。对军队工作，它规定："各地应将我军大部迅速集中，脱离分散游击状态，分甲乙丙三等组成团或旅或师，变成超地方性的正规兵团，集中行动，以便在解决敌伪时保证我军取得胜利。解决敌伪后，主力应迅速集结整训，提高战斗力，准备用于制止内战方面。但各地均应保留必要数量之地方兵团与游击队，放手提拔地方干部带兵，用以保卫地方，民兵枪支必须保留，决不可一切皆集中。"[2]这是一个为适应新形势需要实行大幅度改组而又考虑得十分周密的原则决定。能在得知日本投降消息后的第二天就果断地做出这样的决定，实在是一件极不容易的事情。

根据中央这个决定，中央军委在8月20日指示各战略区应就现有兵力迅速抽出二分之一到五分之三编为野战兵团，其余编为地方兵团（以后，野战兵团兵力的比重又有提高）。晋冀鲁豫军区下的太行、太岳、冀南、冀鲁豫四块根据地，分别抽调基干

---

[1] 中央档案馆编：《中共中央文件选集》第15册，中共中央党校出版社，1991年版，第113页。
[2] 中共中央文献研究室、中国人民解放军军事科学院编：《毛泽东军事文集》第3卷，军事科学出版社、中央文献出版社，1993年版，第1页。

主力组成四个具有高度机动性、能调离本区域到其他区域作战的纵队，又有作为地方兵团而有相当战斗力的四个军区，并保留游击队和民兵。这种组织系统和机构的大调整，对适应新局势下的战略性转变、提高部队战斗力，是极为重要的组织保证。

同时，全区开展了规模空前的参军运动，使部队迅速壮大。以后，中共中央军委又发出指示：要求抽调地方军补充野战军。不少地方兵团陆续上升为主力部队，而游击队和民兵又不断补充地方兵团，使部队有源源不断的补充来源。以后，来自原国民党军队的"解放战士"也成为不断补充解放军的重要来源。

为了适应运动战和逐渐增加的攻坚战的需要，解放军把军事教育和训练放在十分重要的地位。在上党和平汉两次战役开始的时候先后写了《上党战役某些战术问题的指示》和《平汉战役某些战术问题的指示》；当战役结束时，又写了《上党战役经验的初步总结》和《平汉战役的战术总结》，以提高部队指挥作战的水平和动力，适应向运动战为主转变的需要。而对部队来说，最重要的是在战争中学习，是在实践中采取边打边建、边打边练、边打边补、以战教战的方法，在运动战中做到越打越强。部队的精神面貌和作战能力比战前有了很大提高，解放军就是这样成长起来的。

（三）蒋介石一心想以第十一战区兵力打通平汉铁路，进而全面控制华北，它的结局怎么样？

平汉铁路是当时贯通中国南北的交通命脉，是国民党军向华北、东北推进的主干线。蒋介石在抗战胜利后的最初一段时间，十分重视用伪军来"维持治安"。第十一战区司令长官孙连仲指挥北进的三个军原来都是西北军，而蒋介石8月11日命令在当地"维持地方治安""不得受未经本委员长许可之收编"的华北伪军总头目——绥靖军总司令门致中过去也是西北军将领,与孙连仲等有旧。当第十一战区三个军北渡漳河、兵临邯郸城下时,还有四个军正向豫北新乡开进,且第十六军又从石家庄南下准备南北夹击,蒋介石对这个计划是满怀信心的。

但他这样发动内战只能丧失民心。从平汉战役结束到1949年全国解放,国民党军队再也没有向北跨过邯郸一步,平汉铁路始终没有被打通,国民党在华北的局势江河日下。晋冀鲁豫地区内各根据地已连成一片,横亘东西,像一排屏风那样挡住国民党军队北进,而国民党在平津、石家庄一带的军队始终无法同华东、汴洛等地区直接相连接。1947年国民党军队在关内集中力量对山东和陕北发动重点进攻,对处在这两个地区之间的晋冀鲁豫地区已没有力量再发动大规模的攻势。这年7月,刘邓大军抓住它这个薄弱环节,千里挺进大别山,把战争引向国民党统治区的腹地,揭开解放军战略进攻的序幕,全国战局发生根本变化。局势发展得那样快,是许多人没有想到的,更是蒋介石完全没有想到的。

李雪峰写道:"蒋介石、阎锡山只是一厢情愿。他们在密谋向上党、平汉线进攻时,都忽视了一个极其重要的事实:在华北最大的解放区晋冀鲁豫区内,经过局部反攻和大反攻,太行、太岳、冀南、冀鲁豫四个解放区已基本上连成一片,八十多个城市已在人民之手,解放区内有两千四百万人口,八路军主力近三十万,还有四十余万民兵。共产党、八路军同人民群众在八年抗战中结成了血肉联系,这是一股强大的不可战胜的力量,这一现实是蒋介石、阎锡山无法估计到的,也是决定其在上党、平汉两大战役中遭受惨败的主要原因。"[1]

（四）抗战胜利时，中国共产党不是力主反对内战、和平建国吗？为什么在上党战役和平汉战役时坚决地实行自卫反击，消灭了那么多国民党进犯军，这是不是扩大战火、妨碍和平建国的实现？

中国共产党那时确实真诚地希望实现和平建国，这在前面已经说过。但蒋介石一定要不顾一切地打上门来，如果不坚决地进行自卫反击，那只能是坐以待毙，还有什么和平合作可言？只有坚决进行反击，警告蒋介石不能再这样蛮干下去，而又留有余地、适可而止，才有可能争取和平。这是多少年来血的历史教训告诉人们的。

平汉战役结束后十来天，邓小平在中共晋冀鲁豫中央局全体会上的讲话中说："和平、民主、团结、统一，这是我党既定方针，也是它国民党不得不走的道路。""要经过激烈的军事斗争才能有和平，才能站得住。""目前斗争是激烈的，甚至可以说带全面性的内战局面是存在的。但这个内战不同于过去，这是过渡阶段由抗战转入和平的内战。"[2]

邓小平这篇讲话是面向党内高级干部的内部讲话，表达了中国共产党的真诚愿望，希望经过这一阶段的斗争，教训了国民党，从而达到和平建国的目的。因此，紧接着就有了双方停战协定的签订和政治协商会议的举行并达成协议。

---

[1] 李雪峰：《李雪峰回忆录（上）：太行十年》，中共党史出版社，1998年版，第287页。

[2] 中共中央文献研究室、中国人民解放军军事科学院编：《邓小平军事文集》第2卷，军事科学出版社、中央文献出版社，2004年版，第1—3页。

但是，蒋介石早已下定决心一定要消灭中国共产党。签订这些协定，做出这些姿态，只是因为他从前一阶段的事实中认为自己的准备工作还没有完全做好，加上一些国内外的困难因素的影响，所以想暂时拖延一下。但他是个极端迷信武器的人，认为共产党在这方面无法同他相比，最后必将化为流寇而被消灭。一旦觉得自己的准备已经就绪，所有签订的协定统统可以撕毁，隔了半年多时间便公然蛮横地发动全国范围的内战。但是，人心向背终究是决定一切的。内战的结果大家都清楚，是国民政府统治的结束，是中华人民共和国的诞生。

历史就是这样在矛盾中不断前进的。

附 录

从迅猛兴起到跌入低谷
——大革命时期湖南农民运动的前前后后

读大革命的历史,很容易注意到一个问题:北伐初期,湖南农民运动在中国共产党领导下开展得如火如荼,全省农民协会会员达到一百二十万人[1],采取激烈的革命行动,在多数农村取得支配地位,对全国产生巨大影响;但在1927年5月的"马日事变"和7月的武汉分共后,却迅速低沉下去,农民协会组织几乎全部瓦解,毛泽东和朱德领导的工农革命军先后从湖南转移到井冈山后,把主要发展方向指向赣南、闽西,而不是重返湖南。前后之间形成如此强烈的反差,这是什么原因呢?本文试图从这个角度做一点探讨。

前　夜

事情要从比较远处说起。

中国共产党在湖南,早期成员大多是青年知识分子,其中师范生占有不小比重,如毛泽东、蔡和森、郭亮、夏曦、蒋先云、

---

[1]《湖南农民第一次全省代表大会宣传工作决议案》,中央档案馆、湖南省档案馆编:《湖南革命历史文件汇集》甲1,1983年版,第191页。

夏明翰、黄克诚、粟裕、萧克、黄春圃（江华）、张际春、张平化等。这是因为师范生一般家境比较贫寒而又有较高的文化水平，容易接受新的思想。那时候，第一师范在长沙，第二师范在常德，第三师范在衡阳，这三个地方便成为党组织在湘中、湘西、湘南的活动中心。

湖南的党组织成立后，除发展党员、在各地建立党支部外，最初的活动集中在两个方面：一个是宣传马克思主义，如组织马克思主义研究会，创办自修大学，出版《新时代》月刊，通过文化书社和各地分社发行《共产党宣言》《新青年》《劳动界》等书刊；另一个是从事工人运动，建立劳动组合书记部湖南分部，通过办工人夜校等，推动成立工会，发动罢工。到1923年年初，在湖南已有工会二十多个，并成立全省工团联合会，有组织的工人达到四五万人，工作很有成效。但"湖南本在产业不发达之区。全省矿业，均多系土法开采；商办之工厂，几无一所"[1]，工人大多是手工业工人和苦力，生活艰难而缺乏保障。倒是江西萍乡的安源煤矿是当时中国较大的厂矿，日产煤两千吨左右，供大冶铁矿和汉阳铁厂之用，因此修有铁路通往湖南株洲与粤汉铁路相接，政治、经济上同湖南的关系反比同江西更为密切，在湖南工人运动中产生了极大影响。

湖南是重要的农业省份，向有"湖广熟，天下足"之称。但在地主剥削下，失去土地的农民生活极为贫困。拿地租租额来说，长沙"最高十分之七，普通十分之五"；湘潭"佃农所得占

---

[1]《团湖南区委关于湖南社会经济情况的报告》，中央档案馆、湖南省档案馆编：《湖南革命历史文件汇集》甲2，1983年版，第147页。

收获十分之三，田主所得占十分之七"；湘乡的封建剥削更严重。[1]由于一家一户生产的分散状况和受多年传统的束缚，农民一般仍是忍气吞声，默默挣扎。

湖南党组织的注意力很长时间内集中在城市里，工人工作做得比较多，农村工作做得很少。直到北伐战争开始前一年，社会主义青年团湖南区委的一个报告中谈到"农村工作问题"时仍写道："此项没多讨论，因为农民运动太没有做，有些意见或议案，都不能实行，明白的说：无人去执行。"[2]这虽是青年团的报告，但党组织在这方面的状况也大体上可想而知。

党史研究者常常谈到衡山农民成立的岳北农工会。事情是这样的：1923年春天，原在湘南常宁水口山铅锌矿做工、刚参加过当地大罢工的共产党员刘东轩、谢怀德等回到家乡衡山。"农友均是因连年水、旱、兵三灾猛进，而地主官府及劣绅与衡山皇族贵族等，均尽力压迫自耕农，而佃农及顾（雇）工均是一样的挨饥挨饿。再又加上水口山之工友多半是此地农人，如此这个农人团体遂由农友们自己发动了。"[3]8月间，谭延闿奉孙中山之命，从广东举兵入湘讨伐那时正控制着湖南的军阀赵恒惕。9月间，衡山农民乘谭赵作战、赵恒惕部退出衡山的机会，成立岳北农工会，推举刘东轩、谢怀德为正副委员长。它的名称叫农工会，表

---

[1]《湖南农民第一次全省代表大会地租问题决议案》，中央档案馆、湖南省档案馆编：《湖南革命历史文件汇集》甲1，1983年版，第154页。

[2]《团湖南区委兼长沙地委对于第三次全国代表大会的意见》，中央档案馆、湖南省档案馆编：《湖南革命历史文件汇集》甲3，1984年版，第15页。

[3]《晓云致中夏的信》，中央档案馆、湖南省档案馆编：《湖南革命历史文件汇集》甲2，1983年版，第106—107页。

示同水口山工人相联的意思。岳北农工会成立后,主张改良农民生活,"阻禁米谷出口以平谷价"[1]。入会的有六千多家,因为实行一家一人入册,总人数当在四万人以上。但湖南的党团组织并没有对它实行有力的领导。据赶去指挥的青年团湖南区委委员长戴晓云在一封信中说:"自刘冬生兄回衡山着手农民运动后,湘区S(指青年团——引者)校连接冬生数次信,催湘区派人赴衡助理一切。湘C、S(指党、团——引者)两校共商数次,因无相当人可派,而有的人,他又不肯就道,如是弟遂受湘区C、S两区校之命来此地矣。此地遂吾乡,地主多数认吾的很多,弟在此只能暗中指挥而已矣。"[2]衡山是赵恒惕的家乡。11月中旬,重新占领衡山的赵部派军队一营捣毁岳北农工会,枪杀农民四人,捕去七十多人。"初起的农民,当然受不了这样的打击,于是农民的反抗运动又暂行停止。"[3]这件事引起人们的注意。陈独秀在不久出版的《向导》上写了一篇《广东农民与湖南农民》,文中得出结论说:"因此,我们应该彻底觉悟:一切工人运动、农民运动、学生运动,都不能离开政治运动,因为政治上的自由是一切运动所必需的。"[4]但岳北农工会毕竟是在特殊条件下产生的,只存在两个月左右,实际活动并不多,同省内其他地区也没有多少联系。

---

[1]陈独秀:《广东农民与湖南农民》,引自《向导周报》第48期,1923年12月12日。
[2]《晓云致中夏的信》,中央档案馆、湖南省档案馆编:《湖南革命历史文件汇集》甲2,1983年版,第106页。
[3]湖南省博物馆编:《湖南全省第一次工农代表大会日刊》,湖南人民出版社,1979年版,第52页。
[4]陈独秀:《广东农民与湖南农民》,引自《向导周报》第48期,1923年12月12日。

随着大革命的发展和对国情认识的加深,中国共产党对农民运动逐渐重视起来。一年多后召开的中共四大强调了农民运动的重要性。这次大会通过《对于农民运动之议决案》,指出不解决农民问题,希望中国革命成功是不可能的。据当时担任中共湘区执行委员会委员长的李维汉说:"在党的四大以前,湘区党委已开始进行农民运动,主要是通过乡村教师以及号召学生和工人利用寒暑假和年假回乡的机会向农民做宣传和组织工作。对在乡当小学教员的党、团员,更要求他们用办夜校的方法,接近农民,发现积极分子,组织秘密农会。"[1] 1925年春,毛泽东从上海回到湖南湘潭韶山家乡养病,在附近农民中组织雪耻会,宣传"打倒洋财东"、打倒军阀的道理,推动在韶山、银田寺一带组织乡农民协会。"到10月间,所成立之乡协达二十余处,人数达千余"[2],开始做一些阻禁运粮外出、实行平粜、增加雇农工资、减租等斗争。但毛泽东不久便离开家乡,这些斗争没有持续发展下去。同年11月,机匠出身的汪先宗根据党的指示,利用在附近农民家中织布的机会联络群众,在湘潭东一区株洲建立农民协会,会员达5000多人,开展平粜斗争。当月,汪先宗被当地土豪勾结赵恒惕部杀害,湘潭的农民运动又被迫转入秘密状态。再看长沙:"长沙农民运动,始于民国十四年,当时很秘密。十五年一月,有大贤、嵩山等六镇乡组织农协。去年(指1926年。——引者注)三月成立长沙县农民协会,

---

[1] 李维汉:《回忆与研究》(上),中共党史资料出版社,1986年版,第60页。
[2] 湖南省博物馆编:《湖南全省第一次工农代表大会日刊》,湖南人民出版社,1979年版,第172页。

恰是唐军（指一度进占长沙的唐生智部。——引者注）退衡时，所以招牌只挂一天，便取消了。"[1]中共湖南区委扩大会议通过《关于农民运动决议案》后，党在农村中的工作有了些加强。"据1926年4月统计，全省有农协组织的已达二十八个县"[2]，这些农协组织大抵都处在秘密状态，没有开展很多活动。

这便是1926年7月北伐战争开始前湖南农民运动的基本情况。可以看出，当时中国共产党在湖南农民运动中虽已做了一些工作，工作有了进展，但时间毕竟不长，活动比较零碎，基础依然相当薄弱。

高 潮

湖南农民运动的迅猛发展，是在北伐军大举进入湖南后。

北伐军前进时，高唱"打倒列强，除军阀"的歌曲。军队中的政治工作人员很多是共产党员、青年团员和国民党进步人士。国民党的湖南省党部和各县党部是在共产党湖南区委帮助下重新建立和发展起来的。国民党湖南省党部的工人、农民、青年、妇女部长在这年年底前都由共产党员担任。在他们的积极推动下，特别是由于有了比较好的政治环境，农民协会取得公开活动的地位，各处农民便踊跃奋起投身支援北伐战争的活动。1927年1月出版的《中国农民问题》中记载："北伐军入湘而后，平江、浏阳诸役，皆得农民为向导与协助，使我军不至陷于逆敌伏军及地

---

[1]《县农协代表大会开幕盛况》，引自《湖南民报》1927年4月2日第7版。
[2] 李维汉：《回忆与研究》（上），中共党史资料出版社，1986年版，第69页。

雷之险。平江之役，农民引导我军，从间道抄平江北门，敌军几疑我军从天而降，敌将陆沄因势穷自杀，农民因此而牺牲者亦数十人。凡我军所到，农民必担茶担水，以相慰劳，跋涉险阻，以为向导。""故此次我军长驱而北，不两月已克武汉，进兵豫赣，扑灭吴佩孚军阀，得助于农民群众者，实为至多。"[1]湖南农民运动出现了一个以往从未有过的蓬蓬勃勃的新局面。

《向导》刊载的一篇长沙通信，把湖南农民这时支援北伐战争的活动，归纳为五个方面：（1）供给：北伐军所经地方，农民均能供给饮料，或少数之食粮，代为煮饭等事；（2）向导、侦探：此种工作，沿萍株路、浏阳、平江、长沙、湘潭、宁乡、衡山、南县、华容等处都有；（3）运输：农民受军队雇请运输者之外，有组织地替军队运输之事亦有；（4）扰乱敌人后方：湘潭、平江、南县、浏阳、沿株萍一带等处皆有；（5）参加战斗。

为什么农民会如此踊跃地支持北伐战争？这篇通信分析了四个原因："A. 党人宣传的效果，农民都知道北伐军是拥护工农利益的，要援助北伐军胜利，农民然后才能得到利益。B. 对北兵叶军（指赵恒惕旧部叶开鑫的军队。——引者注）之仇视，两方军纪比较，使农民仇视更深。C. 受农民协会的指挥（有最少数是自动的）。D. 在9、10月中农民之愿意参加战争，则为欲得到枪支，因此时农民武装的要求已经起来了。"[2]这四条原因分析得都是对的。还有一点似乎也应该提到：北伐军对军阀部队

---

[1] 人民出版社编：《第一次国内革命战争时期的农民运动》，人民出版社，1953年版，第15、16页。

[2] 湘农：《湖南的农民》，引自《向导周报》第181期，1927年1月7日。

迅速地取得摧枯拉朽式的胜利，并对农民的活动采取热情、鼓励和支持的态度，也为农民这样做壮了胆，减除了许多顾虑。

这时，各县的农民协会得到比较快的发展，但在农村中还没有发生大的冲突。毛泽东在不久后的一篇通信中写道："此时期农会会员人数总计不过三四十万，能直接指挥群众也不过百余万，在农村中还没有甚么争斗，因此各界对他也没有甚么批评。因农会会员能做向导做侦探做挑夫，军官们还有说几句好话的。"[1]北伐军前敌总指挥唐生智就说过："我们这次革命的成功，完全是工农群众的力量，并不是兵士的力量。我们在北伐的时候，在衡阳，在醴陵，在粤汉路，都得着农工群众的帮助，才得狠[很]顺利的杀却敌人。"[2]

农民协会纷纷成立，使原本十分分散的农民有了组织，从这年10月起，湖南农民运动便进入一个新阶段。

农民运动的进一步发展，经历了一个过程。前面所引《向导》11月30日那篇长沙通信已经开始注意到"现在农民的倾向"："农民已觉得他们参战有功，需要报酬了，就是没有参战的各县，也觉得党人的宣传应该兑现了。"[3]他们在经济上的要求主要是减租、减息，解决荒月食粮问题，减捐税、减押金及不得无故退佃等；在政治上的要求主要是改造团防局，反抗都团，希望有一个好的政府。这些要求还很低，有些地方只提出其中的一两种。但

---

[1] 毛泽东：《湖南农民运动考察报告》，引自《向导周报》第191期，1927年3月12日。

[2]《唐总指挥在长沙对农工之重要讲话》，引自《民国日报》1927年2月19日第2张第1页。

[3] 湘农：《湖南的农民》，引自《向导周报》第181期，1927年1月7日。

再过一个多月,毛泽东在1927年1月4日至2月5日到湘潭、湘乡、衡山、醴陵、长沙这五个农民运动高涨的县去进行三十二天调查时,发现这些地区的形势已有了很大变化。

农民组织起来后,局势发展速度之快、规模之大,远远超出人们的预料。毛泽东在2月18日所写的长沙通信中对这种新局面做了有声有色的描述:"十月至今年一月为第二时期,即革命时期。农会会员激增到二百万,能直接指挥的群众增加到一千万(农民入农会大多数每家只上一个人的名字,故会员二百万,群众有一千万),在湖南农民全数中,差不多组织了一半。""农民既已有了广大的组织,便开始行动起来,于是在去年十月至今年一月四个月中造成一个空前的农村大革命。""他们主要攻击目标为土豪劣绅不法地主,旁及农村各种宗法思想制度;城里的贪官污吏;乡村的恶劣习惯。这个攻击形势,简直是急风暴雨,顺之者存,违之者灭,结果把几千年封建地主特权,打得个落花流水。他们的体面威风扫地以尽。绅士权力既倒,农会便成了唯一的权力机关,真正办到了一切权力归农会。"[1]

这是一场广泛而深刻的社会变动。它大抵是农民主动起来争取自身权益时发生的,带有相当大的自发性。在运动发展中也出现一些过激的行动。据李维汉回忆说:"在这场农村革命的大风暴中,不可避免地出现一些'左'的偏差,诸如擅自捕人游乡、随意罚款打人,以至就地处决,驱逐出境,强迫剪发,砸佛像和祖宗牌位,等等。这些做法容易失去社会同情。""此外,还冲击了少数北伐

---

[1] 毛泽东:《湖南农民运动考察报告》,引自《向导周报》第191期,1927年3月12日。

军官家属，引起同湖南农村有联系的湘籍军官的不满。这些虽是运动的支流，但不利于巩固和扩大农村联合战线，最大限度地孤立打击敌人。"[1]

为什么湖南农民运动会这样迅猛地发展起来？在相当大的范围内采取如此激烈的行动，人们又应该怎样看待它？这自然有深刻的社会原因，绝不是谁要它怎么样就能够怎么样的。

中共湖南区委在一篇公开发表的宣言中写道："从前的乡村，是土豪劣绅的乡村。土豪劣绅是乡村中的剥削者，他们必须拿得乡村政权来维持其剥削的利益。他们把团防局拿在手中做镇压农民的武装，同时和贪官污吏军阀政府勾结，共同压迫农民。所以被剥削的农民群众听受怎样严酷的剥削，也不敢反抗。国民革命的目标，是要推倒剥削农民的军阀，同时也要推倒乡村中与军阀夥通压榨农民的土豪劣绅，将来要使乡村中确实建设民主主义的自治制度。""由土豪劣绅专政的乡村到民主政治的乡村，其中必然有一个过渡的时期，这一个时期是革命的时期。"它还写道：过去数月间是湖南乡村中农民革命的时期，革命的波涛涌起万丈，"尤其是湘江流域的中部各县，农民于政治上打击土豪劣绅的事做得不少的。农民所取的手段，有些看起来好像太简单，太粗野，其实是革命手段，是在任何革命时期所免不了的现象"[2]。

当时《湖南民报》有一篇论说，在叙述湖南农民运动发展的状况和原因后，得出这样的结论："农民已经取得自由，若要不发生纠纷，除非剥夺其自由，任他永远压在地狱。""不仅离世已

---

[1] 李维汉：《回忆与研究》（上），中共党史资料出版社，1986年版，第97页。
[2] 同上。

远的辫子先生,就是新人物甚至也懂得革命理论的,一到事实摆在面前,不觉触动了潜伏的封建思想,说'这怕不好吗'。土豪劣绅屠杀农民,一次至十数十百人,他们熟视无睹,一闻农民逮捕个把绅士,拿起短棍梭镖游行,就伸着舌头,'危险咧'。农民反抗事件与所受压迫事件,虽不过几分之几,而已震惊殊俗了。"[1]

我们可以再看一看,就是武汉政府一些国民党要人当时也有类似的说法。唐生智说:"目前的阶级争斗,与其说是劳资冲突,无宁说是压迫者与被压迫者的冲突。几千年的历史,农民都伏在统治者之下,忍气吞声。现在革命的呼声,将他们唤起了。他们从被治的地位,渐渐要爬起来了。以历史上的因果及物理上的通性,冲突自然是有的。在这个情状之下,各界应该平心静气的承认封建的遗迹快要消灭了,民主制度的社会必须建立了。"[2]孙科说得更激烈:"现在一般的民众,以至党内的同志,却都有不少是怀疑农民运动的人。他们撷拾一两件农民运动初期的病态的幼稚举动,便想[把]本党的农民运动根本抹煞。""如果那个人是根本不赞成革命,那我们便不必和他再讲了。但设使他也是赞成革命的,那便一定要明白,革命以[之]所以发生,并不是因潍[为]任何个人的意思,乃是因为当时的民生实在受着重大的压迫。中国现在的农民,一方面既受土豪劣绅残酷的剥削,一方面又受军阀和帝国主义双重的压迫。他们终岁勤苦,不特不能得着丰衣足食,简直是要过一种非人的劣陋的生活。他们一遇饥荒

---

[1]觉斋:《农民运动与国民革命》,引自《湖南民报》1927年3月15日第2版。
[2]《湖南人民欢迎唐总指挥大会纪盛》,引自《民国日报》1927年2月11日第1张第2页。

还常常要卖儿鬻女,所谓新文化、新教育,他们都完全没有享受的机会。爽快说句,中国的农民实在都有革命的要求,这是我们万万不能抹煞的事实。那末我们在今日唤起农民去参加革命,还有什么可疑惑之点呢?"[1]

可以说,这场革命大风暴是湖南农民在长期以来受尽地主豪绅欺凌压迫而无处诉说中郁积起来的全部仇恨和愤怒,在特定历史条件下的一次大爆发,真是所谓"压迫愈深,反动愈大,蓄之既久,其发必速"[2]。如果没有农民长久蓄积的强烈仇恨和反抗要求,没有这种深层背景,任何人或任何政党都不可能在农村中掀起一场革命大风暴来。运动中的某些偏差自然无须讳言,那是在这场革命风暴短时期内以席卷一切之势迅猛展开中出现的,而且相当程度上是农民处在极端兴奋状态下的自发行动。

在谈了这个根本方面以后,还要注意到事情的另一个方面。湖南农民遭受深重的封建压迫,是多少年来一直存在的事实,并不是在这一年内矛盾突然激化了。为什么他们此时会在很短时间内掀起如此规模的革命大风暴?这又离不开一个重要的外在条件,那就是当时国共合作下的北伐军迅速北上,以摧枯拉朽之势击溃北洋军阀吴佩孚支持的叶开鑫部湘军,克复长沙、控制湖南全境这个大形势。前面所说"特定历史条件",就是指这一点。

那时北伐军和湖南的国民党党部、省政府仍高举国民革命的旗帜,公开表示支持农民运动。北伐军"长驱直入,湖南境内除

---

[1] 孙科:《国民革命中之农民运动(续)》,引自《湖南民报》1927年3月15日第3版。

[2] 毛泽东:《民众的大联合(三)》,《毛泽东早期文稿》,湖南出版社,1990年版,第394页。

汨罗江一战之外,可谓所向无敌"[1]。1926年8月30日,也就是北伐军占领长沙后一个多月,国民党湖南省党部执行委员会根据第二次全省代表大会的精神,通告各县农运特派员,遵照1924年中国国民党中央执行委员会颁布的农民协会章程迅速组织新农会,以击破各地土豪劣绅利用宗族观念组织的假农会。9月15日,湖南省政府建设厅因为不少县农会仍在豪绅把持下,颁布了整顿旧农会的四项办法,包括:凡依据国民党一大宣言及政纲组织的农民协会,一律保护提倡;旧农会概行取消;没有组织农民协会的各县,由国民党省党部农民部商同省农民协会督同特派员前往组织;各级旧农会应将所有房屋财产,分别移交各级农民协会。[2]这些具体措施由省政府出面推行,对湖南各地农民运动的大发展直接产生了巨大的推进作用。

农民中的大多数人,由于传统的束缚,往往十分看重行动的合法性。一旦见到有北伐军和党部、政府的公开支持,他们的顾忌就少了,胆子就大了,敢于放手成立自己的组织,行动起来。9月下旬,全省各县农民协会已纷纷成立或筹备成立。到这年11月,全省七十五个县中建立了县农民协会的有三十六个,已有县农民协会筹备处的有十八个。[3]湖南农民运动所以会从10月起由"组织时期"进入"革命时期",就是在这个背景下发生的。还要注意到,县农民协会会员在这时发展到十万人以上的有湘乡、湘

---

[1] 沈云龙访问,谢文孙、刘凤翰记录:《钟伯毅先生访问记录》,"中央研究院"近代史研究所,1992年版,第119页。

[2] 湖南省志编纂委员会编:《湖南省志》第1卷,湖南人民出版社,1959年版,第515页。

[3] 湘农:《湖南的农民》,引自《向导周报》第181期,1927年1月6日。

阴、浏阳、湘潭四县，在五万人以上的有衡阳、长沙、安化、醴陵、宁乡、郴县六县，这些正是北伐军由南向北挺进所经过的区域。而农协会员最少的是芷江县，只有两百七十四人，那是在北伐军主力没有经过的湘西地区。[1]从这里也可以清楚地看出，湖南农民运动的迅猛兴起同北伐军北上之间的密切关系。

中国共产党在湖南农民运动的兴起中一直站在前列。这里必须注意到国民党湖南省党部在这个时期同共产党的特殊关系，甚至可以说它是在共产党的帮助下成立起来的。中共湖南区在1926年10月召开的第六次代表大会决议中写道："湖南先有C.P.（即中国共产党。——引者注），后有国民党，国民党是由C.P.做起来的。"到北伐军克复长沙后，共产党才"渐次退到在野党的地位，把国民党重要的工作交给（国民党）左派"[2]。唐生智也回忆道："当时，湖南是先有共产党，后有国民党组织。1924年春国共合作以前，湖南不但没有国民党的公开组织，暗中活动也很少。国共两党合作以后，在湖南的共产党员参加了国民党组织。夏曦、郭亮等都是国民党湖南省党部的负责人，我和他们会见过。"[3]前面所说决定湖南各县要迅速组织新农会这个关键性措施的国民党湖南第二次全省代表大会共有代表七十八人，加上在长沙有表决权的执行委员共九十人。中共湖南区委给中央的报告中写道："此

---

[1]《中共湖南区委通告——发展党在农民中的组织计划》，中央档案馆、湖南省档案馆编：《湖南革命历史文件汇集》甲5，1984年版，第55—57页。

[2]《中国共产党湖南区第六次代表大会关于湖南区C.P.与K.M.T.关系的决议案》，引自《中央政治通讯》第11期，1921年11月14日。

[3] 唐生智：《关于北伐前后几件事的回忆》，《湖南文史资料选辑》（修订合编本）第3集第6辑，湖南人民出版社，1982年版，第106页。

90人中，我们的同志占43人，与我们接近而可称为左派者约13人，中立而可受我们或左派之全部或一部分影响者约23人，右派约13人（其中反动者不过6人，其余还称是莫明其妙者）。"[1]到1927年1月，由国民党湖南省党部派到各县直接从事推动农运的工作人员两百零三人，其中共产党员一百八十二人，国民党员二十一人。"工作同志，幼稚则为普通毛病，贪污或不听指挥则为极少数矣。"[2]

事情很清楚，中国共产党湖南党组织在发动农民运动的实际工作中确实起着主导作用。但也要看到，它当时存在两个严重弱点：

第一，党员人数太少，在波澜壮阔的湖南农民运动中难以实行强有力的领导，更不可能完全左右局势的发展。1926年10月中共湘区第六次代表大会时，"农运有工作者六十五县，其中四十五[县]是我们有把握的，会员约三十万至四十万；同志不甚多，大概不出七百人"[3]。这年11月份的统计，共产党员在农民协会会员中所占比重超过1%的，只有湘乡、湘阴、浏阳三县（比重最大的湘乡占1.39%）；其他如长沙只占0.685%，平江只占0.074%，常德只占0.069%。这些还是比重较高的，有七个县在0.01%以下。中共湖南区委在1926年2月的一个内部通告中写道："我们的农民同志据一月份统计，仅一千七百余人，湖南现在有组织的农民群众已二百万，在农协旗帜下起来了的已千万县

---

[1]《中共湖南区委给中央的报告》，引自《中央政治通讯》第7期，1926年10月3日。
[2]《湘区一月份农民运动报告》，中央档案馆、湖南省档案馆编：《湖南革命历史文件汇集》甲5，1984年版，第62页。
[3]《中共湖南区委书记报告》，引自《中央政治通讯》第10期，1926年11月3日。

[余]人,这样的比较,一千人中还只有同志一人,又怎样去领导呢?"[1]何况,那样少的党员大多还是刚入党不久、政治上比较幼稚的新党员。党员的活动大多停留在县一级,一般还不曾深入乡和村里同当地群众打成一片。

第二,共产党当时从事的农运工作,一般都用国民党的旗号进行。这种做法很早就是如此。1924年中共湖南区委的报告中已经讲道:"一切社会运动,如劳动运动、农人运动、妇女运动、学生运动、平民教育运动等概统一于国民党之下。"[2]北伐军进入湖南后,共产党推动各项民众运动,更是多用国民党的名义进行。湖南区委在一个报告中说:"有些地方同志还未能注意公开本校(指共产党。——引者注)之主张,仅建立国民党的信仰。"[3]中共湖南区第六次代表大会的决议中也指出:"我们所有的主张都经过国民党,在民众中没有独立的主张,因此民众分不清C.P.与国民党,我们在民众中还没有能够建立独立的信仰来。"[4]"民众分不清C.P.与国民党",是一个十分值得重视的现象。尽管农民运动的实际工作主要由共产党员在那里做,但大多数农民不见得都了解这一点,而以为他们获得的自由是国民党给予的。一旦国民党宣布反共,群众便很难弄清是怎么一回事。"马日事变"后出现的严重思想混乱,同这种现象直接有关。

---

[1]《中共湖南区委通告——发展党在农民中的组织计划》,中央档案馆、湖南省档案馆编:《湖南革命历史文件汇集》甲5,1984年版,第55—57页。
[2]《湘区报告》,中央档案馆、湖南省档案馆编:《湖南革命历史文件汇集》甲1,1983年版,第9页。
[3]《湖南十月份民校运动报告》,引自《中央政治通讯》第12期,1926年11月。
[4]《中国共产党湖南区第六次代表大会关于湖南区C.P.与K.M.T.关系的决议案》,引自《中央政治通讯》第11期,1926年11月14日。

中国共产党在湖南农民运动中存在的这两个根本性的弱点，加上只注重民众运动，不注重掌握军队和政权，又缺乏应对突然事变到来的精神准备，当客观形势发生急遽逆转时，便导致十分严重的后果。

逆　转

在考察湖南农民运动蓬勃兴起的状况后，不能不再看一看同它站在对立地位的湖南军阀势力和地主武装的状况。这样才能全盘地了解双方力量对比的实际情况，否则，也很难理解以后局势的逆转是怎样发生的。

湖南是军阀势力和地主武装有着盘根错节基础的地区。这种状况，远比中国南方许多省更为突出。它由来已久。当晚清咸同年间镇压太平天国时，曾国藩、左宗棠等带领一大批封建士大夫和湘军，势力遍布全国，不可一世。进入民国时期后，湖南又是北洋军阀同南方势力反复拉锯较量的必争之地，连年混战不已，本省军队不断扩编，此伏彼起，兵多枪多。还有地主豪绅控制的团防局武装，从县到乡，遍及全省，密如蛛网，成为他们统治乡村的强力支柱。

北伐军前敌总指挥唐生智所部，原是长期统治湖南的军阀赵恒惕部的第四师，在赵部中兵力最强，驻防衡阳，"名义上是一个师，实有人枪在五万以上"[1]；参加北伐后被改编为国民革命

---

[1] 唐生智：《关于北伐前后几件事的回忆》，《湖南文史资料选辑》（修订合编本）第3集第6辑，湖南人民出版社，1982年版，第102页。

军第八军，下辖三个师和一个教导师。北伐军进入湖北，唐部首先渡过长江占领汉口和汉阳，控制了汉阳兵工厂，取得大批军械，部队迅速扩充。这年冬天，前敌总指挥部被撤消，成立第四集团军，由唐生智担任总司令，原第八军扩编为三个军。唐部军官大多同湖南地主有着千丝万缕的联系。"在当时种种闲谈和议论中，有些人毫不掩饰地流露出对农民运动的仇恨，说：'这太无法无天了！'有的拍桌大骂共产党'革命革到老子头上来了！'……有人公开恐吓说：'继续这样搞下去，上面也不理，我们底下就只有造反了！'"至于各地团防局的武装和潜在势力大多仍保存着，正在伺机而动。[1]

这种状况在最初一段时间内，还是一股被暂时掩盖着的潜在逆流。当北伐军迅速控制湖南全境时，北洋军阀军队全面溃退，热烈的革命空气笼罩全省。各地农民协会如火如荼地普遍建立起来。刚刚归附广州革命政府、兵权在握，又兼任湖南省政府主席的唐生智，出于种种考虑，一度对农民运动表示积极支持。当时担任中共湘区书记的李维汉回忆道："唐生智在大革命时期，从北伐战争开始到1926年12月湖南全省工人代表大会和农民代表大会召开为止，他在政治上是中左态度，因此，他的属下何键所部三十五军留守部队在这段时间里对工农运动采取了中立的态度。"[2]甚至到1927年2月15日，唐生智回到湖南召集各界人士开联席会议，还在会上说："革命政府要站在民众前面，为民众

---

[1] 魏镇：《马日事变亲历记》，《湖南文史资料选辑》（修订合编本）第2集第5辑，湖南人民出版社，1981年版，第2、3页。

[2] 李维汉：《回忆与研究》（上），中共党史资料出版社，1986年版，第138、139页。

谋利益。譬如农民协会组织完全的地方，禁止赌博，禁吃鸦片，肃清匪盗，夜不闭户，道不拾遗，可以说已经实行乡村自治了。又如农民罚到土豪劣绅的款子，用来修路，并且只要饭吃，不要工钱，又可以说农民自己在那里解决经济问题。我们现在来讨论乡村自治，可算已经迟了。所以我们以后应该要全站在他们面前，领导他们的工作，代表他们的要求。""解决农民问题，对于农民中百分之七十的贫农利益，尤须着眼顾到。"[1]虽然他谈的只限于"乡村自治"的范围，但总是表示了对农民协会的明确支持。在这种压力下，各地地主豪绅和他们控制的团防局势力在一段时间内仿佛销声匿迹，气焰被压了下去。

但这只是一时的现象。随着湖南农民运动的迅猛发展，农村中不同社会势力的冲突便日益尖锐起来。军队最初一段时间还没有公开介入。明显地表现出来的，是地主豪绅和团防局势力的反扑已日见猖獗。

翻开当时的《湖南民报》，此类记载几乎连篇累牍。这里只能举几个例子。1926年11月3日报载："衡山农运近来进展虽速，但反动派亦极力向农协进攻。本县著名劣绅刘岳崚（焱生）等，对于农运嫉视尤甚，造谣诬陷，不遗余力。""近见农民协会巩固，不因其破坏阴谋而停止，乃复假冒名义，另组农民协会，以为反革命之根据地，并于邻近已经正式组织之乡农民协会极力破坏。"[2] 11月4日报载：湘潭马家堰的乡农协、国民党区党部及各团体举行庆祝北伐胜利大会，该地团防局"率队来市，冲入会

---

[1]《唐生智发表政治方针》，引自《盛京时报》1927年3月2日第2版。
[2]《衡山农民请求严办劣绅刘岳崚》，引自《湖南民报》1926年11月3日第8版。

场,扯毁农旗,撕毁标语,大呼打倒农民协会,铲除革命党。民情愤极,群起反对。该团兵竟敢用刺刀乱击,实弹乱射,打伤民众甚多"[1]。这还是前期的情况。1927年1月28日,该报发表湖南省农民协会的调查报告说:"当此农民组织兴起的时期,一切反动势力,如土豪劣绅贪官污吏,凭借势力,互相勾结,加租退佃,闭借闭粜,横摊苛索,凡有农民协会组织的地方,即有他们摧残诬陷甚至殴打屠杀的事件发生,都是使农民的生活不安定,农民的组织不易起来,还要引起社会上许多误会,指摘农民要求过高。"[2]他们还利用家族宗法关系,煽动群众,破坏农民运动,而以湘西、湘南等聚族而居的地区为更甚。这种冲突已越来越趋激烈。

3月12日,该报发表的文章中做了一个概括的叙述:"过去一年奋斗经过,打败了许多魔王,但决不能说已到平安境地,环境的恶浊或者更甚于前。"[3]在城市中,农民运动中某些过火行为被过分渲染,而地主豪绅对农民运动的残酷镇压以至血腥屠杀行为却很少被人提起,一时在不少人中造成一种片面的只有农民运动过火的错觉。3月16日,该报发表中共湖南区的一篇宣言,沉痛地指出当时农村冲突的严重性:"现在的农村,有的是政权仍然拿在土豪劣绅手里。这样的乡村,农民如果没有觉悟没有组织,就仍然安静无事,受着压榨而不反抗。农民如果觉悟了有组织了,便和土豪劣绅成为势均力敌的对抗形势,不过土豪劣绅镇

---

[1]《湘潭团兵打伤平民》,引自《湖南民报》1926年11月4日第8版。
[2] 省农民协会:《农村争斗调查记(一)》,引自《湖南民报》1927年1月28日第6版。
[3] 觉斋:《去年今日》,引自《湖南民报》1927年3月12日第2版。

压农民革命的手段是很严酷的,屠杀农民的惨剧是不可胜数的。(最近宜章农民,因团防卖赌敛钱,自动抗拒,土豪劣绅利用机会,嗾使团防大肆仇杀,杀死农民十余人,生死无踪者数人,重伤者数人。从前各县惨案,我们不必重述了。)有的乡村是农民打倒了土豪劣绅,用强力镇压土豪劣绅,而土豪劣绅则还秘密活动,只想以最后的反攻恢复他们的权势。"[1]只要深入乡村底层去观察,不难发现,农村土豪劣绅正在重新集结力量,他们的全面反扑正在逐步走向一触即发的地步。

局势急转直下的变化,是从这年5月发生的"马日事变"开始。事变看起来好像突然到来,其实只是前一阶段早就逐步酝酿成熟的危机终于大爆发。

它所以在此时爆发,有一个全国范围的大的政治背景。大家知道,蒋介石在4月12日发动了反共政变,同月18日在南京另立国民政府,宁汉分裂。在"清党"的口号下,上海、南京、杭州、广州、重庆各地强行解散工会和农会,昔日的盟友突然翻过脸来,成为凶残的刽子手。南中国上空顿时阴云密布,笼罩着白色恐怖。而成为"马日事变"导火线的是,5月中旬在鄂东南发生的夏斗寅部叛变造成的混乱局势。这时,武汉政府的军队,包括唐生智、张发奎部主力已北上河南,同南下的奉军作战,武汉驻军很少。5月13日,原归附北伐军的鄂军夏斗寅部独立第十三师突然通电反共,从沙市坐船到嘉鱼登陆,从19日起向武汉猛扑,使武汉与长沙间交通中断。一时谣言在湖南四起,如"武汉的国

---

[1]《中国共产党湖南区对湖南农民运动宣言(续)》,引自《湖南民报》1927年3月16日第7版。

民政府倒台""各军政治人员皆被枪决""（广东）李福林的军队到了衡州，夏斗寅与三十五军即日到长沙"等，人心动荡不安。这一切，给了湖南的土豪劣绅和反共势力以巨大的兴奋和鼓舞。而中共中央重要领导人谭平山正在"马日事变"前一天（5月20日）就任武汉国民政府农政部部长，举行隆重的就职典礼。中共湖南党组织及民众团体仍忙于向在河南进行第二次北伐的军队提供粮食和人员招募，不知大难将临，对局势逆转没有必要的应对准备，再加上"乡村的农民没有完全接收乡村的武装及政权"[1]，农民自卫队一般只以梭镖为武器。长沙工人纠察队在叶开鑫部湘军溃退时曾缴得三千多支枪，北伐军进长沙后，这些枪支被缴去，"只剩下两百零四支破烂枪，放在东长街工团联合会"[2]，这种力量对比和几乎没有戒备的状态，为反动势力发动"马日事变"提供了便利条件。

"马日事变"的直接发动者是当时驻在长沙的独立第三十三团团长许克祥和第三十五军教导团团长王东原、后方留守处主任陶柳等，而幕后策划者是第三十五军军长何键。中共湖南省委也指出："'马日事变'表面上系许克祥所发动，实际上完全为何键所主持。"[3] 何键是一个野心勃勃而又有着强烈反共思想的军官。1926年冬，他就曾对人说："国民革命在军事上节节胜利，政治

---

[1]《湖南请愿代表团关于长沙事变经过情形第一次报告纲要》，中国革命博物馆、湖南省博物馆编：《马日事变资料》，人民出版社，1983年版，第2—4页。

[2] 屈绍琪等：《关于马日事变的片断回忆》，《湖南文史资料选辑》（修订合编本）第2集第5辑，湖南人民出版社，1981年版，第29页。

[3]《中共湖南省委目前工作计划》，中央档案馆、湖南省档案馆编：《湖南革命历史文件汇集》甲5，1984年版，第104页。

上却处处失败。"[1]当时担任夏斗寅部副师长的万耀煌描述何键为人"心机最深，办法最多"，虽是唐生智的部下，但"他的阴谋奸诈远在唐之上"[2]。何键自己叙述"马日事变"的经过时说："时本司令任三十五军军长，驻汉口，已奉令为北伐援师，出河南。湘人惶惶，来求拯救者不知若干人。哀此孑遗，遂密定铲共大计，以迅雷手段，先发制胜，密约驻省八军师长张国威克日发动。张犹豫，将所部开鄂，计不得行。讵此消息传出，共党即欲解决三十五军驻湘后方。余参谋湘三见事危近，乃与许团长克祥、王教导队长东原、陶营长柳，约定为断然处置，推许主持其事。许、王遂于五月二十一日黎明，集合驻省军队，一面搜捕共首，一面解散共匪凭借之工农自卫军武装，即今所称之马日运动也。"[3]撇开"共匪"这类污蔑之词，抛开"共党即欲解决三十五军驻湘后方"这类子虚乌有的话，何键倒说得很明白：是他早已"密定铲共大计，以迅雷手段，先发制胜"。

"马日事变"的具体经过在这里不需要多讲。简单地说：5月21日晚，也就是夏斗寅部向武汉发动攻击的第三天，许克祥等根据事前的商议和部署，率兵一千多人分头突然袭击湖南省市党部、省工会、省农会等，缴去工人纠察队等的枪支，惨杀共产党员和工农民众、青年学生等四百六七十人。城内枪声大作，直

---

[1]魏镇：《马日事变亲历记》，《湖南文史资料选辑》（修订合编本）第2集第5辑，湖南人民出版社，1981年版，第1页。

[2]沈云龙访问，贾廷时等记录：《万耀煌先生访问记录》，"中央研究院"近代史研究所，1993年版，第169、170页。

[3]《何键谈马日事变》，中国革命博物馆、湖南省博物馆编：《马日事变资料》，人民出版社，1983年版，第189页。

至次日拂晓。共产党负责人因事出意外，并无戒备，除遭捕杀者外，被迫出走。党组织和工会、农民协会顿时陷于瘫痪或半瘫痪状态。一夜之间，风云变色。23日，许克祥等宣布成立中国国民党湖南省救党委员会。这就是"马日事变"。

"马日事变"发生后，湖南各地立刻笼罩在一片白色恐怖下。军警的大规模搜捕和屠杀活动，从城市扩展到乡村。地主豪绅和团防局乘机活跃起来，大肆反攻倒算。到处充满着血雨腥风。沈雁冰在当时一篇文章中描写道："所有各县消息全是土豪劣绅捣毁党部、残杀民众的消息。""最近土豪劣绅的猖獗，完全是一种有组织有计划的反攻。他们的目的是再建土豪劣绅的政权。"[1] 以当时农民协会会员最多的湘乡来说，许克祥原驻湘西时"与过境烟商交往甚密，从中分润不少，后许即以此在湘乡购置田产百余亩"[2]。"马日事变"后不到一个星期，许克祥派营长罗鑫（湘乡人）率部向湘乡推进。武器粗劣的农民自卫队奋起迎战，很快被击溃，伤亡不少。罗鑫部随即进入湘乡县城。"当许克祥的部队开到湘乡以后，地主阶级越发嚣张起来。他们纷纷组织武装与组织起来的农民对抗，各地大打小打的消息时有所闻。许克祥也派兵协助他们收缴农民的武器。"湘乡中里团防局局长杨道南，"以办团防起家，马变后更杀人无数。据他自己说，平生杀了一千三百人"[3]。湖南其

---

[1] 雁冰：《肃清各县的土豪劣绅》，引自《民国日报》1927年6月18日第1张第1页。

[2] 魏镇：《马日事变亲历记》，《湖南文史资料选辑》（修订合编本）第2集第5辑，湖南人民出版社，1981年版，第11页。

[3] 宁纯宦、李良佐：《马日事变后湘乡屠杀情况》，《湖南文史资料选辑》（修订合编本）第3集第7辑，湖南人民出版社，1962年版，第246、247、249页。

他各县的情况也大体如此。

"马日事变"的发生,有如晴天霹雳,使设立在武汉的中共中央受到极大震动。这是一个再清楚不过的信号,说明国共全面分裂已迫在眉睫,一场生死搏斗已难以避免。对中国共产党来说,必须不再抱任何幻想,唯一的出路只有放开手脚地发动贫苦农民,努力满足他们对土地的要求,并尽可能争取军队,积聚更多的力量,应对这场生死搏斗。

但是,按照共产国际的决策,弥漫在以陈独秀为首的中共中央领导层中的却是一味以退让求团结的错误思想。"马日事变"发生后的第四天,5月25日,中央政治局讨论后认为:"湖南工农运动所引起的纠纷,会形成全部政局上很严重的问题。纠纷之起因,一方面是由于蒋介石叛变后资产阶级、地主阶级(湘籍军官在内)的势力及宣传,动摇了国民党领袖的工农政策,一方面是由于贫农幼稚行动,如均分土地、均分财产、对于土豪劣绅之逮捕罚款以及关于宗教道德革命等,引起了小资产阶级、小地主尤其是军人之剧烈反对。"面对"马日事变"引起的如此严重的政治问题应该采取怎样的态度?对政变发动者,中共中央似乎束手无策,没有实行任何有力反击;而对农民运动,他们只说了两句话:"乡村中农运问题,一切非本党政策规定的幼稚行动,立须依本党的领导力量,切实矫正。已没收之军人产业一概发还(其曾愿捐助者得不在此例)。"[1]

共产党员主持的武汉国民政府机关报——汉口《民国日报》

---

[1]《对于湖南工农运动的态度》,中央档案馆编:《中共中央文件选集》第3册,中共中央党校出版社,1989年版,第136页。

的社论也以同样的口气写道:"工人农民的头脑,自然比较我们简单。俗语说得好:'初生犊儿不怕虎。'他们只听了本党(指国民党。——引者注)'打倒土豪劣绅'的口号,便当真的实行起来;他们并没顾及到环境,也或许没有顾及前线上武装同志的社会关系,遂不问张三李四,便打上前去,使武装同志有后顾之忧。这的确是我们工农运动的一种幼稚举动,一种错误。本党既然以领导民众自认,当然要设法纠正,以巩固工农及小资产阶级联合战线的一个小小的障碍。"[1]

中共中央并不是完全没有看到局势的危险性,但中共中央认为在目前条件下"冒立即同敌人发生武装冲突之险"是不可取的,并且对主持武汉国民政府的汪精卫等所谓"左派领导人"依然充满幻想,认为他们代表着革命的小资产阶级,生怕采取激进的措施会把他们吓走,力图以退让的办法,同汪精卫等建立更密切的关系,联合他们同武汉国民政府管辖范围内的军阀反动势力做斗争。中共中央在局势已处在生死关头的危急时刻,不是义无反顾地带领尽可能多的贫苦农民起来武装反抗,而仍不断地指责农民"幼稚举动"的"错误",以为这样便可以使局势缓和下来。事实很快就证明,这完全是不切实际的幻想,步步退让只能使分裂更快地到来,一味采取这种态度就无异坐以待毙。

"马日事变"成为湖南农民运动从蓬勃兴起到迅速低落的转折点。

---

[1] 语罕:《当前的难关》,引自《民国日报》1927年5月31日第1张第1页。

低 谷

局势的逆转发展得很快。7月15日,以汪精卫为首的武汉国民政府公开宣布"分共",第一次国共合作全面破裂。中国共产党在灭亡的威胁面前,终于实行了坚决的转变。8月1日,根据中共中央的决定,周恩来等领导南昌起义,向国民党反动派打响了第一枪。8月3日,通过《关于湘鄂粤赣四省农民秋收暴动大纲》。8月7日,中共中央举行紧急会议,清算大革命后期的右倾机会主义错误,确定进行土地革命和武装反抗国民党反动派的总方针。

这是一个转折点,是由大革命失败到土地革命战争兴起的历史性转变。

新的总方针确定后,重要的问题是怎样对形势做出正确的估量。大革命失败后,事实无情地表明:中国革命已进入低潮,反共力量大大超过共产党所领导的革命力量,中国共产党正面临被敌人瓦解和消灭的危险。中共中央勇敢而顽强地领导全党坚持战斗,这样做是正确的,但他们对革命已进入低潮这个事实严重认识不足,对形势仍做出过于乐观的估计。8月21日,中央常委通过决议案说:"据一般客观形势看来,资产阶级军阀的反动,其胜利是极不巩固的,而革命之重新高涨,不但在最近期内是可能的,而且是不可免的。""工农之革命的群众运动,虽然受着失败,然而还[没]有大破坏,还没有因为受了镇压简直不能够重新高涨。"[1]

---

[1]《中国共产党的政治任务与策略的议决案》,中央档案馆编:《中共中央文件选集》第3册,中共中央党校出版社,1989年版,第332、333页。

对湖南的局势，中国共产党同样做了过分乐观的估计。7月间，中共湖南省委的工作计划中写道："在全国范围中，民众的革命潮流仍在高涨，新旧的反动统治不仅不能稳定，且日在分裂崩溃。在湖南也是一样，工农学生群众在这样横暴的压迫之下，其革命的情绪只有奋发而不会低落的。同时唐生智的内部已自兹分化（最显著是唐、何冲突），此时湖南的党部如果有最大的中心秉着适当的策略去奋斗，在不久的将来，胜利便会回到我们。"[1] 8月19日，湖南省委在给中央的报告中说："湖南的秋收暴动决定以长沙暴动为起点，湘南、湘西等亦同时暴动，坚决地夺取整个的湖南，实行土地革命，建立工农兵苏维埃的政权。""长沙暴动以工农为主力。"[2] 8月29日，中共中央常委通过决议案说："目前两湖的社会经济政治情形，纯是一个暴动的局面。本党当前唯一重要责任，就是坚决的实行土地革命，领导两湖的工农群众实行暴动，推翻武汉政府与唐生智的政权，建立真正的平民革命政权，如此才能保障革命猛烈的继续进展。"[3] 9月8日，湖南省委书记彭公达、行动委员会书记易礼容正式下达命令："湖南省委决议令各地赶紧动员，限于阳历本月十六日会师长沙，夺取省城，建设中国革命委员会湖南分会，令到即各遵照实行。"[4]

---

[1]《中共湖南省委目前工作计划》，中央档案馆、湖南省档案馆编：《湖南革命历史文件汇集》甲5，1984年版，第105页。

[2]《中共湖南省委给中央的报告》，中央档案馆、湖南省档案馆编：《湖南革命历史文件汇集》甲5，1984年版，第113页。

[3]《两湖暴动决议案》，中央档案馆编：《中共中央文件选集》第3册，中共中央党校出版社，1989年版，第363页。

[4]《中共湖南省委关于夺取长沙的命令》，中央档案馆、湖南省档案馆编：《湖南革命历史文件汇集》甲5，1984年版，第128页。

实际情况同他们对形势的估计距离实在太远，根据这种估计做出的工作部署自然难以实现。我们可以对此时的双方力量再做一些具体比较。

前面说过，湖南的军阀势力和地主武装有着根深蒂固的基础，两者紧密地联结在一起。这时，已公开反共的唐生智部大多退回湖南，反唐军事势力（包括谭延闿、程潜等部湘军）也追踪入湘。奉中共中央之命赴湘的林育南在9月22日的报告中坦率地讲道："长沙暴动事非常困难，敌人的武装军队比我们的徒手多得多，我们只有枪十枝，炸弹很少。""而敌人方面之镇压、戒备与向我们进攻则是雷厉风行，积极动作，萍、醴、浏、平方面叠传不利消息。"[1]中共中央特派来湘全权代表中央指挥省委执行原定暴动计划的任弼时在27日的报告中说："长沙城内据省委报告有敌军九千余人，约六千五百余枝枪，且军队布置非常严密，四郊农民又未发动……此时长沙的暴动必大遭失败，因此，我与马也尔商量结果是：长沙暂时不举行暴动。"[2] 10月4日，任弼时在给中共中央的第二份报告中更详细地报告："全省唐的势力尚有三万五千六百九十人，枪枝二万三千八百枝左右。""反唐倾向的军队约一万六千九百人，枪枝一万三千左右。"两者合计超过六万人，并且大多是本省军阀的军队。这两股势力虽然相互冲突，但在反共、镇压农民运动上是一致的。任弼时在这份报告中做了一个对比：我们的军事力量，在长沙城内只有盒子炮二十支，手枪六支，炸弹都不能用；湘东还有余贲民、苏先俊、王新

[1]《育南报告》，引自《中央政治通讯》第12期，1927年10月27日。
[2]《弼时报告》，引自《中央政治通讯》第12期，1927年10月27日。

亚、余洒度部二千九百人，枪支一千五百七十支左右（注：这就是以后由毛泽东率领上井冈山的秋收起义部队）；湘南的唐提雄部土匪部队不能做依靠。[1]双方力量对比之悬殊不言自明。

湖南的地主武装团防局，虽然在湖南农民运动迅猛兴起时很多一时陷于停顿。但有如中共湖南区委所说："封建政治犹如一整个的塔"，"即就湖南的情形看，'塔顶'诚哉其崩倒了，而下层的基础——贪官污吏，土豪劣绅还没有根本掘去。"[2]局势一变后，团防局势力几乎立刻恢复起来，作为地头蛇，会同军队残酷镇压农民运动，起着一般军阀部队难以完全替代的作用。任弼时在给中央的报告中说："马日事变后，各级农协均无形消灭。党亦未去进行秘密农协工作，土豪劣绅的势力均渐次恢复，各地团防局均为土豪劣绅把持。所有前在农协工作农民，除一部分外，已被土劣送解省城县署枪决囚禁外，余均逃了不能回籍，妻离子散，居住被封者极多，情形非常凄惨。"[3]湖南省委书记彭公达在一份报告中讲到长沙近郊农民"因图解决九峰的团防失败，农民争斗的勇气几乎消灭"，这一来，"长沙暴动的力量去了五分之三"[4]。难怪有人得出这样的结论："唐在湖南的势力是建立在土劣的广大的挨户团身上。"[5]

---

[1]《弼时报告（二）》，引自《中央政治通讯》第12期，1927年10月27日。

[2]《中共湖南区委关于二七惨案四周年纪念宣言》，中央档案馆、湖南省档案馆编：《湖南革命历史文件汇集》甲5，1984年版，第36页。

[3]《弼时报告（二）》，引自《中央政治通讯》第12期，1927年10月27日。

[4]《彭公达关于湖南秋暴经过的报告》，引自《中央政治通讯》第12期，1927年10月27日。

[5]《伍桐口头报告：湖南现状及长沙暴动组织经过》，中央档案馆、湖南省档案馆编：《湖南革命历史文件汇集》甲5，1984年版，第452页。

农民作为小生产者，平时一向分散而缺乏组织，一般没有受过军事训练，很难单靠自己建立起有较强战斗力的武装来。"马日事变"后，湖南驻军、政府和各地团防局对农民运动实行最残酷的镇压，省城没有一天不杀人，各县也是如此，并且采取种种极端残暴的手段。屠杀的标准是："各级党部、各级工农团体及执委的人及曾做或现在仍做革命工作的，皆罪在不赦，格杀勿论。"[1]被杀的人当在万数以上。在这种高压状态下，农民协会纷纷自行解体，农民分化为三种态度——革命的、畏缩的、反水的，其中畏缩的人所占比重很大。"多数的自耕农畏缩犹移，不敢挣扎"，"农民没有枪支，不敢动作，已成为一种普遍的现象"[2]。"中农有衣有食，在这白色恐怖下，自然要安居乐业，所谓'各人自扫门前雪，不管他人瓦上霜'。"[3]任弼时在给中央的报告中讲到秋收起义部队向长沙进攻时的情形："据明翰同志说，这次我军所到之地农民并未起来，远不及北伐军到时农民的踊跃。大多数农民甚恐慌不敢行动，恐怕军队失败大祸临来的心理充满了农民的脑筋。"[4]他在另一份报告中说："省委少数同志怀疑到土地革命说：'农民是否真要土地还是问题。'其实农民何尝不要土地，只不过因为土劣的势力过高，农协又已消灭，农民过于畏惧而已。就是在这次暴动中，农民不敢起来，这个原因也有极大关

---

[1]《中共湖南省委宣传部宣传大纲第二号》，中央档案馆、湖南省档案馆编：《湖南革命历史文件汇集》甲5，1984年版，第338页。

[2]《中共湖南省委通告第十一号》，中央档案馆、湖南省档案馆编：《湖南革命历史文件汇集》甲5，1984年版，第324—325页。

[3]《中共湖南省委宣传部讨论大纲第二号》(1927年12月3日)，中央档案馆、湖南省档案馆编：《湖南革命历史文件汇集》甲5，1984年版，第418页。

[4]《弼时报告》，引自《中央政治通讯》第12期，1927年10月27日。

系，惟恐失败后又遭土劣残杀。"[1]

再看湖南党组织此时的状况。

中国共产党在湖南的组织成立得比较早，做了许多工作，取得不少成绩。但那时的中国共产党毕竟是一个年轻的、相当幼稚的党。大革命初期，党是在和平的状态下发展起来的，不少是建立在私人感情的结合上，没有经历过严重的斗争考验，缺乏政治经验。当"马日事变"突然发生后，党组织的弱点便充分暴露出来了。

湖南党的领导人和领导机构，在国共合作的条件下处于公开半公开的状态，事变后便很难开展活动。7月17日，湖南省委书记易礼容在给中央的信中说："长沙反动共〔空〕气日益紧张，公安局自周安汉任事以来，月必捉人数起，虽然有一些似与我们无关系，实在无法清查。又传唐（生智）近颁布通缉之十一人，令许各地就近便宜处决，我简直不能外出，似此何能指挥工作。"[2]

党在乡村中的工作尚不深入。中共湖南省委7月的工作计划写道："党的组织在湖南确有相当的基础，但亦有不少的弱点。如在乡村中没有深入群众（乡农乡会），如除少数厂和工会学校外，支部和党、团不起作用，因此党的政策不能达到群众。又如许多群众斗争，多半只是少数领袖的个人活动，而不是党的有组织的领导，一旦反动势力一来，领袖不能存在，群众也就随〔之〕溃散（如许

---

［1］《粥时报告（二）》，引自《中央政治通讯》第12期，1927年10月27日。
［2］《云给润兄并转中兄的信》（1927年7月17日），中央档案馆、湖南省档案馆编：《湖南革命历史文件汇集》甲5，1984年版，第89页。

多地方的农协）。"[1]

更严重的是许多地方的党组织被打散了，久久不能恢复。事变前全省党员达两万以上，占全国党员的三分之一，事变后不过五千左右，只有原来的四分之一。其实，连这些数字也未必可靠。湖南省委在9月5日向中央所写的组织报告中说："现在要做一个较详细的湖南组织报告，简直不可能，因为省委会不能接到各地详细报告，不悉各地情形"，"所以这个报告，只是就现在负责人所知道的概括而且浑混白说一说"。"湖南的党经过五月事变的打击，差不多完全瓦解了，其所以致此之原因约为：一、无积极的争斗政策领导党员及群众与敌人战斗，致全失政治的出路；二、省委会及一部分地方指导机关不能担负它应担负的责任，事变一来，不但完全失了指挥力，并且不顾全党的生死，负责人首先各自逃走了，有许多还是未闻风而先自溃；三、训练工作太差，负责同志多半是书生，没有战斗经验，一般同志亦多不能战斗，因之省委失指挥力而后各地多不能独立发挥其战斗力，而同志更多表现僵死的状态；四、党只有纵的系统而无横的联系，各地党部相互隔阂着各自为战，不通声息；五、只有机械的纪律，缺乏政治的纪律。"[2] 党内这种混乱现象，存在了很长一段时间才有所改变。而党内那些出于强烈的复仇心理、不顾力量对比实情的盲动行为，又使好不容易保存下来的那点力量招致更大的损失。

可以清楚地看出，在"马日事变"和武汉政府"七一五"反

---

[1]《中共湖南省委目前工作计划》，中央档案馆、湖南省档案馆编：《湖南革命历史文件汇集》甲5，1984年版，第111页。

[2]《湖南组织报告（五月—八月）》，中央档案馆、湖南省档案馆编：《湖南革命历史文件汇集》甲5，1984年版，第125、126页。

共以后，湖南农村局势变化得很大、很快。在双方力量如此悬殊的情况下，中国共产党领导的湖南革命运动（包括湖南农民运动在内）已迅速跌入低潮。一些人甚至断言：中国共产党的前途已十分黯淡，再也站不起来了。

面对如此严峻的生死考验，年轻的中国共产党并没有对自己的信念发生动摇。它认真总结失败的教训，继续带领党员和群众，迎着狂风恶浪坚持战斗。正如毛泽东在十多年后所说："中国共产党和中国人民并没有被吓倒，被征服，被杀绝。他们从地下爬起来，揩干净身上的血迹，掩埋好同伴的尸首，他们又继续战斗了。"[1]这是十分可贵的。当然，在如此险恶的环境下如何战斗、如何重新站住脚跟并能走向胜利，是一个异常艰难的课题，没有现成的经验，也不可能那样顺利，只有到实践中去独立地进行探索。

中共中央八七紧急会议结束后，毛泽东作为中央特派员到湖南去改组中共湖南省委并领导秋收起义。8月18日，在湖南长沙举行的省委会议上，根据毛泽东的意见，决定缩小范围，将原来计划的湖南全省暴动改变为先在以长沙为中心的湘中七个县发动，并成立以毛泽东为书记的前敌委员会。湖南秋收起义的主力包括两个部分：一部分是没有赶上参加南昌起义的原国民革命军第四集团军第二方面军总指挥部警卫团，另一部分是平江、浏阳等地的农军和安源煤矿的工人武装，两者共约五千人。起义在9月9日爆发，最初目标仍是夺取湖南省省会长沙。起义军一度占

---

[1]《论联合政府》，中共中央文献编辑委员会编：《毛泽东选集》第3卷，人民出版社，1991年版，第1036页。

领醴陵、浏阳县城和一些集镇，但由于国民党军队的力量远比起义军强大，各路起义军先后遭受严重挫折。中共六大代表丁继盛在大会上讲到没有受过军事训练的工农武装攻占浏阳时的经过："进攻了浏阳城，占住了一晚。因为我们没有放哨，敌人来了我们还不知道，因此被敌军包围了，打的打死了，捉的捉了，走了的也不知多少。"[1]在这种情况下，如果要继续坚持攻取国民党当局重兵驻守的长沙的计划，势必导致全盘失败。毛泽东清醒地看到了这一点。9月19日，前敌委员会在浏阳县文家市举行会议，经过激烈辩论，否定了一部分人坚持进攻长沙的主张，决定迅速脱离险境，进入国民党控制力量比较薄弱的江西省，沿罗霄山脉南移，在山区寻求立足地，以保存革命力量，再图发展。最终建立起井冈山革命根据地。这是中国共产党领导的革命史中的重要转折点。

在这以后很多年内，湖南一直处于国民党军事势力的严密控制下，难以再出现像大革命时期那样全省规模的农民运动高潮。但是，在国民党统治力量相对薄弱的边界地区，仍然相继爆发中国共产党领导的武装起义，并先后建立起湘鄂赣、湘鄂西、湘赣等革命根据地来。

结 语

湖南农民运动迅猛掀起高潮，是大革命时期的突出事件；湖南农民运动在"马日事变"后很快跌入低谷，也是大革命时期很

---

[1] 湖南代表丁继盛在中共六大上的发言记录，1928年6月25日，中央档案馆藏档。

引人注目的现象。它的起和伏,都是整个大革命历史的组成部分,绝不能离开这个大背景,孤立地对它进行考察。大革命失败的原因至少包括:帝国主义和封建势力在中国的统治根深蒂固,绝不是一两次革命浪潮的冲击就能把它打垮;中国共产党此时又是一个成立只有六年、在政治上缺乏经验的幼年的党,在共产国际指导下犯了右倾的错误,等等。本文不准备也不可能全盘地探讨这些问题,只能着重就湖南农民运动的兴起和跌落过程看看有什么可以发人深思的地方。

其中一个重要问题是:军事运动和民众运动的关系。

毛泽东在十一年后的一次讲演中说:"在北伐过程中,忽视了军队的争取,片面地着重于民众运动,其结果,国民党一旦反动,一切民众运动都塌台了。"[1]也就是说:中国共产党那时还不懂得武装斗争在中国的极端重要性,不去认真地准备战争和组织军队,不去注重军事的战略和战术的研究,结果吃了大亏。

毛泽东的话是对北伐战争时期的全局情况来说的。这在湖南表现得更为突出。北伐初期,在湖南曾出现热气腾腾的农村大革命的局面。但是,共产党那时"片面地着重于民众运动",军队和政权都不在他们手中。在当时中国的社会条件下,军队和政权处于支配地位。离开它们,只靠民众运动在关键时刻是不能左右局势的。

湖南的民众运动确曾搞得轰轰烈烈。我们可以举一个例子:"马日事变"前不到一个月,在长沙为了声讨蒋介石发动的

---

[1]《战争和战略问题》,中共中央文献编辑委员会编:《毛泽东选集》第2卷,人民出版社,1991年版,第544页。

"四一二"政变,湖南省农民协会、总工会、省党部、学联会、教联会、女联会、商协会等在4月26日举行反对国际帝国主义及讨伐蒋介石的大示威,参加集会的达到二十万人,"群众之多,无有过于此次者"。主席朱剑凡宣布:"今天大会是打倒帝国主义,尤其是打倒帝国主义的新工具蒋介石。"接着讲话的熊亨瀚也激烈地说:"我们要打倒帝国主义,必先瞄准敌人,打倒蒋介石。不把蒋介石除掉,革命则难成功。其蒋介石在湘余孽,尤应肃清。如反对共产党者,反对农工运动者,均是蒋之余孽,要将他们打倒。"湖南省政府代主席张翼鹏等十多人也相继讲话。会后举行游行。[1]这次大会的声势不能说不大,从表面上看,仿佛很可使人乐观。可是,无情的事实证明,片面地着重于民众运动,不管搞得怎样轰轰烈烈,如果没有军事力量的支持,都是不可靠的。后不到一个月,许克祥等突然发动武装政变,到处大肆搜捕和屠杀,只有梭镖和少数破烂枪支且又没有受严格军事训练的工人、农民立刻无法抵拒,许多民众团体迅速瓦解。轰轰烈烈的民众运动很快跌入低谷。

毛泽东是比较早认识到这个问题的。他在八七紧急会议上就尖锐地指出:"从前我们骂中山专做军事运动,我们则恰恰相反,不做军事运动专做民众运动。蒋、唐都是拿着枪杆子起家的,我们独不管。"他着重强调:"以后要非常注意军事,须知政权是由枪杆子中取得的。"[2]这是对中国革命有着极其重要意义的论断。

---

[1]《长沙反蒋示威大运动》,引自《盛京时报》1927年5月15日第2版。
[2]《毛泽东关于共产国际代表报告的发言》,中共中央党史资料征集委员会、中央档案馆编:《八七会议》,中共党史资料出版社,1986年版,第58页。

他比其他人高明的地方在于：经过痛苦的事实教育，能够迅速看清问题的实质，做出合乎实际的新的理论概括，用来改正自己原有的思想，指导今后的行动。

八七会议后不久召开的湖南省委会议，着重讨论了两个问题：一个是暴动问题，一个是土地问题。毛泽东对这两个问题都发表了意见。对暴动问题，他主张："要发动暴动，单靠农民的力量是不行的，必须有一个军事的帮助。有一两团兵力，这个就可起来，否则终归于失败。""暴动的发展是要夺取政权。要夺取政权，没有兵力的护卫战去夺取，这是自欺的话。我们党从前的错误，就是忽略了军事。现在应以百分之六十的精力注意军事运动，实行在枪杆上夺取政权，建设政权。"对土地问题，他认为："单只没收大地主的土地，不能满足农民的要求和需要。要能全部抓着农民，必须没收地主的土地交给农民。"[1] 两天后，毛泽东又给中央写信提出："我们不应再打国民党的旗子了。我们应高高打出共产党的旗子，以与蒋、唐、冯、阎等军阀所打的国民党旗子相对。国民党的旗帜已成军阀旗子，只有共产党旗子才是人民的旗子。"[2] 他的这些意见，切中要害，是对大革命失败留下的痛苦教训的重要总结。

以后土地革命时期各革命根据地的形成，从另一个角度证实了这个道理。拿井冈山革命根据地来说，它所以能存在和发展，既同当地存在着大革命时期受过革命浪潮影响的农民武装有重要

---

[1]《彭公达关于湖南秋暴经过的报告》，引自《中央政治通讯》第 12 期，1927 年 10 月 27 日。

[2]《湖南致中央函》，中央档案馆、湖南省档案馆编：《湖南革命历史文件汇集》甲 5，1984 年版，第 115 页。

关系，也不能忽视另一个因素，那就是湖南秋收起义队伍中有着第二方面军总指挥部警卫团这样一支正式武装，以后又有朱德率领的有着较强战斗力的南昌起义军余部上山。毛泽东在《中国的红色政权为什么能够存在？》这篇文章中说道："若只有地方性质的赤卫队而没有正式的红军，则只能对付挨户团，而不能对付正式的白色军队。所以虽有很好的工农群众，若没有相当力量的正式武装，便决然不能造成割据局面，更不能造成长期的和日益发展的割据局面。所以'工农武装割据'的思想，是共产党和割据地方的工农群众必须充分具备的一个重要的思想。"[1] 如果说毛泽东在八七会议和湖南省委会议时的主张还只是基于反思做出的判断，那么，这时所说的已是经过实践检验所证明了的真理。

至于毛泽东和朱德领导的工农革命军转移到井冈山后，为什么把主要发展方向指向赣南、闽西（其中重点又在江西），而不是重返湖南，这也是由双方力量对比的实际状况决定的。当工农红军还处在敌强我弱的态势时，绝不能到湖南去同实力比自己强大得多的国民党军队以及同它密切结合在一起的地主武装硬拼，只能先转移到国民党统治势力相对薄弱的边界农村地区立住脚跟，再求得发展。那时候，南方数省中要算广东、湖南的国民党军事力量最强，而江西、福建、浙江三省的国民党兵力虚弱。在这三个省中，江西的国民党兵力比其他两省强，但比起湖南来就差得多，而且主要是朱培德部的云南军队，同江西本省的地主武

---

[1] 中共中央文献编辑委员会编：《毛泽东选集》第1卷，人民出版社，1991年版，第50页。

装没有很深的关系,自然就便于工农红军和革命根据地的存在和发展。这也是从实践中得出的结论。

"农村包围城市,武装夺取政权"这条导致中国民主革命取得胜利的道路,便是以此为起点,在实践的探索中一步一步形成的。

较量：东北解放战争的最初阶段

　　东北解放战争的最初阶段，是指1945年9月东北局成立至1946年6月国共双方暂时停战。在东北解放战争全过程中，这个阶段的情况特别复杂：矛盾涉及国际、国内方方面面；事态发展充满变数和未知数，而且急剧地变化着，常会发生出人意料的事情，双方都在摸索着前进，多次变更原定的决策和部署；国民党军队在进攻初期拥有显然优势，咄咄逼人地向前推进，共产党军队虽已先入东北，但环境陌生，立足未稳，又受到种种限制，处境十分艰难。经过九个月的较量，力量对比逐步发生变化，中国共产党终于渡过最困难的时期，形成双方相互对峙、此消彼长的格局，为下一阶段扭转整个东北战局奠定了基础。

　　由于这个阶段情况极端复杂，许多问题无论当时或以后，包括在一些亲身经历这段历史的人中间，都常存在争议。这些争论的发生，往往是因为只看到事情的一个方面而没有看到其他方面，或者没有足够估计当时东北环境的异常复杂和迅速变动带来的影响。本文试图粗略地考察和探讨这个阶段东北局势是怎样在如此复杂的环境中一步一步发展过来的。

抗战胜利前夜国共双方对东北问题的设想

中国有句老话:"凡事预则立,不预则废。"事情的成败,在相当程度上取决于事先能不能有正确的预见和准备。

日本那样快宣布投降,对国共两党来说多少都有点意外,但总的趋势在1945年上半年已能感觉到了。那时相继召开的国共两党全国代表大会上,对东北在战后全局中的地位以及相应对策,两党的态度有相当大的不同。

中国共产党将东北问题看作战后全局工作中的"重中之重",把极大的注意力投向这里。毛泽东在中共七大上说:"东北是一个极其重要的区域,将来有可能在我们的领导下,如果东北能在我们领导之下,那对中国革命有什么意义呢?我看可以这样说:我们的胜利就有了基础,也就是确定了我们的胜利。现在我们这样一点根据地,被敌人分割得相当分散,各个山头、各个根据地都是不巩固的,没有工业,有灭亡的危险。所以,我们要争城市,要争那么一个整块的地方。如果我们有了一大块整个的根据地,包括东北在内,就全国范围来说,中国革命的胜利就有了基础,有了坚固的基础。"[1] 十天后他在大会上的讲话,分量说得更重:"从我们党,从中国革命的最近将来的前途看,东北是特别重要。如果我们把现有的一切根据地都丢了,只要我们有了东北,那末中国革命就有了巩固的基础。当然,其他根据地没有

---

[1] 中共中央文献编辑委员会编:《毛泽东文集》第3卷,人民出版社,1996年版,第410、411页。

丢，我们又有了东北，中国革命的基础就更巩固了。"[1]这是一个战略大思路。以后，中共中央提出"向北发展，向南防御"的战略方针，甚至一度设想要争取"独占东北"，就是循着这个思路而来的。

国民党和蒋介石对战后的设想，着力点首先放在关内的上海、南京、北平、天津、武汉、广州等大城市上，这是中国最富庶的地区，是战前国民党统治的心脏地带，被他们视为命根所系。在国民党六大上，蒋介石有六次讲话，没有一次谈到东北问题。[2]这多少也可以看出蒋介石的关注重点在关内，尤其是江浙地区，还不在东北。

当然，东北不会完全置于国民党视野之外。对东北问题，国民党怎样打算？这就得说到美、英、苏三国在1945年2月签订的《雅尔塔协定》。它规定苏联在欧洲战事结束后三个月内对日作战，条件包括苏联取得在大连、旅顺、中东铁路及南满铁路的特权，并提出"中国保留在东北主权之完整"。这个协定，中国国民党和中国共产党当时都毫不知晓。6月15日，美国总统杜鲁门才通知赫尔利大使将协定条款正式告知蒋介石。根据《雅尔塔协定》的要求，8月14日，国民党政府同苏联签订《中苏友好同盟条约》。在换文和所附各项协定中，除确认《雅尔塔协定》规定的苏联在华各项特权外，并在《关于中苏此次共同对日作战苏联军队进入中国东三省后苏联军总司令与中国行政当局关系之协

---

[1] 中共中央文献编辑委员会编：《毛泽东文集》第3卷，人民出版社，1996年版，第426页。
[2] 秦孝仪主编：《蒋介石思想言论总集》第21卷，中国国民党中央委员会党史委员会，1984年版，第91—140页。

定》中写道:"一俟收复区域任何地方停止为直接军事行动之地带时,中华民国政府即担负管理公务之全权。"[1] 也就是说,苏联在进军中国东北时控制的地区只能够交给国民党政府接管,不能交给别人。据杜聿明回忆:蒋介石那时"幻想在苏军完全消灭日本关东军后,从苏军手中毫不费力地把东北接收过来"[2]。这以前不久,蒋介石对将要回国述职的美国大使赫尔利说:"俄国对中国与中共之政策与行动所表现之事实,证明只要美国对华政策坚定,则其决不敢对中国甘冒不韪,承认中国共产党政权或接济武器。"[3]

此外,蒋介石曾要中央设计局秘书长熊式辉主持草拟一个《东北复员计划纲要》。这个纲要只是简单地规定方方面面的接收办法,其实无异一纸空文。[4] 1945年春,"中央党部临时成立一个对外不公开的东北党务高级干部会议,由吴铁城(当时任国民党中央秘书长。[5]——引者注)和陈立夫(组织部部长。——引者注)召集",个把月吃饭一次,"事实上也没有什么事情好谈"[6]。

比较一下,就可以清楚地看到:战后东北的地位,在国共两党心目中相差悬殊。在共产党方面,已富有远见地把建立东北根

---

[1] 陈志奇编:《中华民国外交史料汇编》第15册,渤海堂,1996年版,第7093页。
[2] 杜聿明:《蒋介石破坏和平、进攻东北始末》,《文史资料选辑》第42辑,文史资料出版社,1964年版,第5页。
[3] 秦孝仪总编纂:《蒋介石大事长编初稿》卷5(下),1978年版,第678、679页。
[4] 佟冬主编:《中国东北史》第6卷,吉林文史出版社,1998年版,第691—693页。
[5] 李云汉:《中国国民党职名录》,中国国民党中央委员会党史委员会,1994年版,第138页。
[6] 沈云龙等访问,林忠胜记录:《齐世英先生访问记录》,"中央研究院"近代史研究所,1990年版,第235页。

据地看作战略重点,将它视为中国革命胜利的巩固基础,全力争取,甚至认为即令为此"把现有的一切根据地都丢了"也在所不惜;在国民党方面,不是完全没有认识东北的重要性,但相对而言,他们的注意力首先集中在关内,而且以为有了《中苏友好同盟条约》,就可以"毫不费力地把东北接收过来",对东北工作并没有认真地研究和部署。从这两种不同态度,我们在相当程度上可以看出战后国共两党在东北的较量会怎样发展。

中国共产党领导的军队首先进入东北

1945年8月8日,苏联宣布对日作战。一百五十万苏联红军大举跨过边境进入东北,迅速控制东北各大城市和主要交通线。10日,日本表示接受《波茨坦公告》。15日,日本天皇裕仁向公众宣布无条件投降。从19日到月底,日本在东北的关东军已全部解除武装。

面对短时间内如此迅猛的急转直下的巨变,谁能够当机立断,毫不延误地争取先招,谁就能在事态的下一步发展中取得主动地位。

中国共产党丝毫没有错失时机,立刻采取了相应的有力行动。尽管情况还没有完全明朗,8月10日、11日,朱德总司令就接连发出七道命令,命令各解放区抗日部队对日军展开全面反攻并受降。其中,第二号命令要求原东北军吕正操、张学思、万毅部和现驻冀热辽边境的李运昌部立刻向东北和内蒙地区进发,以"配合苏联红军进入中国境内作战,并准受日'满'敌伪军投降"[1]。可以注意到：延安总部要求首先向东北进发的部队，一部分是东北民众熟悉并感到亲近的原东北军，一部分是离东北地区最近的冀热辽部队。这种选择是十分恰当的。

最先行动的是冀热辽部队。他们做到了雷厉风行、闻风而动。尽管蒋介石要解放区抗日军队"应就原地驻防待命"，但据李运昌回忆，"冀热辽区党委、军区接到（总部）命令后，于8月13日在（冀东）丰润县大王庄召开了紧急会议，决定全力以赴坚决执行党中央交给的光荣任务，抽调八个团、一个营、两个支队，一万三千余人和四个军分区司令员、四个地委书记兼政委及二千五百名地方干部挺进东北，并由我负责组成'东进工作委员会'"。冀热辽的东进部队分为三路，其中东路的第十六军分区部队由曾克林、唐凯率领，绕开山海关，经九门口跨越长城，先用十天时间扫清山海关外围，将日伪军三百多人围在山海关城内。30日，在苏军炮火配合下，曾克林部攻克了战略重镇山海关。9月4日，曾克林部乘火车北上，进入并接管锦州。第二天，曾克林、唐凯又率部乘火车继续前进，直抵沈阳。沈阳是苏联红军在8月21日解放的。他们事前没有得知有关八路军的任何消息，对曾部的到来感到十分突然，立刻调部队将火车站包围起来，不准曾部下车。曾克林前往苏军司令部交涉。三次没有结果，曾克林只能以大家都是共产党人来打动对方。这时，部队在车上已停留一天了。苏军沈阳卫戍司令卡夫通少将最后同意部队下车，到离沈阳三十公里的苏家屯去。这是东北民众在东北沦陷十四年后

---

[1] 中央档案馆编：《中共中央文件选集》第15册，中共中央党校出版社，1991年版，第219页。

第一次见到中国军队。部队行进途中,民众情绪十分热烈。卡夫通又改变主意,同意部队改驻沈阳故宫东面的小河沿。9月7日,苏联驻沈部队近卫军第六集团军司令员克拉夫琴科上将等会见曾克林、唐凯。商谈时,苏军提出:"从现实看,由于受中苏条约的限制,国民党接管东北似乎是合法的,共产党接管东北似乎是非法的。因此,建议你们对外最好不叫八路军,把八路军改成东北人民自治军。""我们可以在东北睁一只眼,闭一只眼,在外交上也可以争取主动。"苏军远东司令部又下达命令,凡佩戴东北人民自治军标志的部队,可以在东北各地活动。苏军还一度把日本关东军最大的苏家屯仓库交给曾克林部看守,但不久又收回了。[1]

除了可以首先行动的冀热辽部队以外,中共中央接着调动的是在山东的原东北军万毅部。万毅是辽宁金县人,满族,十八岁投入东北军,做过张学良的临时副官,西安事变时是东北军中最年轻的团长,1938年秘密参加中国共产党,1942年带领原东北军第一一一师进入山东滨海抗日根据地,后任滨海军区副司令员兼滨海支队支队长。日本准备投降的消息传出的当天,中共中央立刻考虑到需要运用这支原东北军的部队,致电山东负责人:"万毅部东北军人数、战斗力与干部配备状况请查明即告,并待命调动。"[2]但没有向他们言明要调动到哪里去。两天后,又致电山东,这次就讲明白了:"万毅东北军速即完成出发准备,待命开往东北。"[3] 8月20日,中央军委致电山东分局等,作进一步

---

[1] 曾克林:《戎马生涯的回忆》,解放军出版社,1992年版,第209—225页。
[2] 中共中央致罗荣桓、黎玉、萧华电,1945年8月10日。
[3] 中共中央致山东分局电,1945年8月12日。

指示:"红军占领东北,国民党力图争夺东北,我方除李运昌率三个大团深入辽宁,冀东、冀察两区各有一部深入热河之外,中央决定从山东调两个团(万毅支队在内),冀鲁豫调一个团,冀中调一个团,共四个团,归万毅率领开赴东三省。""必须配备必要之地方工作干部。三处所集中之东北干部亦望交万毅带去。"电文又谈到调一批干部去东北的事:"另由陕甘宁边区配备一个团,晋绥军区配备三个团,中央配备一个干部团,共五个团,由吕正操、林枫率领开东三省。以上告知万毅,但勿在报上发表。"[1] 吕正操是辽宁海城人,林枫是黑龙江望奎人,可见中共中央十分重视第一批进入东北的部队和干部要尽可能多一些东北民众容易亲近的东北籍人士。万毅部原定由陆路经河北到热河边境集结待命。29日,中央又来电:"山东干部与部队如能由海道进入东三省活动,则越快越好。"罗荣桓找万毅谈话时说:"你们滨海支队的底子是东北军,比较熟悉东北的民情风俗,到东北去扎根比较方便。但是,现在部队里绝大部分是山东人了,东北人只有百把人了吧!你们还可以把原在东北军一一一师工作的干部集合起来,带到东北去发挥作用。"[2]

正当中国共产党领导的军队紧锣密鼓地向东北开进的时候,我们再来看看国民党在这段时间内做了哪些事。那完全是另一番情景。

抗日战争胜利时,国民党在东北没有一兵一卒。它的精锐主

---

[1] 中共中央文献研究室、中国人民解放军军事科学院编:《毛泽东军事文集》第3卷,军事科学出版社、中央文献出版社,1993年版,第45页。

[2] 万毅:《万毅将军回忆录》,中共党史出版社,1998年版,第142、143页。

力已退到中国西南地区，短时间内难以抵达。蒋介石一时也没有准备把精锐主力调到东北。杜聿明回忆蒋介石的方针是："集中全力，先劫收关内，再劫收关外。"[1]美军又指明南京、上海、广州、天津、北平等大都市必须由美械装备的部队前往受降和接收。因此，国民党军队迟迟没有进入东北，打算在稍后从苏军手中现成地把东北整个接收过来。

9月1日，国民党发表熊式辉为军事委员会委员长东北行营主任。翻开熊式辉日记可以看到，他在这前后花时间最多的是东北党政军的人事安排。在忙碌地会见的众多来访者中，有自荐要求去东北担任某职的，有来介绍某人可任某职的，有应熊邀前来征询可否担任某职的。熊式辉还在一些人的名字下标注自己对这个人的印象。他在9月18日的日记中写道："以余之不才，担负收复东北重任。两旬以来寝馈难安，盖平素固不曾考虑及此，因之于事须从头研究，于人须从新物色，此受命后百务丛脞，旦夕不遑也。"[2]

在人事安排中，争夺职位异常激烈。杜聿明讲得很坦率："东北是土地肥沃、物产丰富、工业建设又比较内地发达的一个区域，许多喽罗们都想在苏联军队击退日寇侵略者之后，分到一碗现成饭。于是僧多粥少，争食者众，各方奔走活动几乎无法应付。"[3]这

---

[1] 杜聿明：《蒋介石破坏革命、进攻东北始末》，《文史资料选辑》第42辑，文史资料出版社，1964年版，第5页。

[2] 熊式辉日记，1945年9月18日。原件藏美国哥伦比亚大学，承日本西村成雄教授提供复印件。

[3] 杜聿明：《蒋介石破坏革命、进攻东北始末》，《文史资料选辑》第42辑，文史资料出版社，1964年版，第2页。

又涉及派系利益。熊式辉日记中有这样的记载:"温晋城来,因邀其赴东北政委会为秘书主任。伊答俟与(陈)果夫、(程)天放等一商,并慨言人事上力量对消之害,隐隐指党内同志不能互相协力。""(蒋)经国又告日来各方对东北人事颇多议论,询予曾闻今日(中)常会争论否,谓其内容颇不简单。""韩主席(韩俊杰,当时宣布为黑龙江省政府主席。——引者注)来家相告,今日东北同乡会纪念会演说,有三五人从中责难,谓你(指韩。——引者注)何以不准我们回乡,'显有人指使'云云。"[1]这些,使熊式辉感到焦头烂额,得把相当多的时间和精力放在对付这些事上。

在人事纠纷中,最大的问题是东北军事长官人选由于高层内部矛盾重重,迟迟无法确定下来。蒋介石原来考虑的对象是张治中。8月14日,熊式辉随宋子文在苏联谈判时,日记中就说:"黄昏时,子文告东北行政长官事,已奉电复由余任之,军事代表文白(张治中字。——引者注)任之,伊未到以前由余兼。"熊对张十分不满,不愿同他合作,在23日的日记中说:"如文白往东北,余愿任西北。嘱达铨(引者注:指吴鼎昌,时任国民政府文官长)代陈。"当晚,他又记道:"知今午达(铨)所转陈事,已蒙总裁决定,余等任东北,文白任西北(即新疆)事,数日来飘摇未定之局乃告一结束。西北之意,为余昨夜久思未寐而得之结果。"[2]确定张治中不去东北后由何人接替,这个问题又延搁了半个月。到10月8日,才发表关麟征为东北保

---

[1] 熊式辉日记,1945年9月18日。
[2] 熊式辉日记,1945年8月14、23日。

安司令长官。但熊式辉"对关的自高自大、目中无人的态度极表不满"[1]。关麟征也还没有上任。恰好当时蒋介石要担任昆明防守总司令的杜聿明用武力逼迫云南省政府主席龙云下台，龙云对此十分不满。为了安抚龙云，蒋介石在16日发表命令，将杜聿明撤职查办，调关麟征为云南警备总司令。隔了几天，宣布杜聿明为东北保安司令长官，国民党在东北的军事长官之争才算告一段落，开始着手军事工作的具体部署。这时离日本宣布无条件投降已经两个多月了。

前面说到，中国共产党在进入东北时特别注意派出东北民众感到亲切的原东北军和东北籍人士。熊式辉在宣布就任东北行营主任前几天，曾应邀与原东北军高级将领和上层人士万福麟、刘多荃、莫德惠等谈东北工作。莫德惠代表在座者提出："同人希望多用本籍者。"熊式辉本来要任命原东北军将领何柱国为东北行营参谋长，何因眼疾未能就职。关麟征在准备就任东北保安司令长官时，就"言东北军人之旧派，用之颇有顾虑。意指何君言也"。更值得注意的是，熊式辉日记中记载蒋介石当面嘱咐他："毋使尽用前汉卿（引者注：张学良字）旧人，免将来指挥不灵。"[2]抗战期间任国民党东北党务办事处代主任委员的栗直也说："中央将东北划分九省，为的是安插中央之大员，排除东北军之原有势力。"[3]尽管张学良已被软禁多年，蒋介石的疑虑依然很深，担心东北光复后原东北军势力重新抬头，以致"指挥

---

[1] 杜聿明：《蒋介石破坏革命、进攻东北始末》，《文史资料选辑》第42辑，文史资料出版社，1964年版，第4页。

[2] 熊式辉日记，1945年8月28日、9月29日、10月18日。

[3] 李云汉：《栗直先生访问记录》，近代中国出版社，1992年版，第67页。

不灵"。这一点，朱德看得很清楚。他对出发去东北工作的干部说："他又不要东北人如张学良等人回去，只有服从他的人，他才让去。"[1]

国共两党在东北地区的较量已经开始：一边是起步早，动作快，行动起来便全力以赴，并且注意发挥原东北军和东北籍人士的作用；一边是行动迟缓，内部矛盾重重，对原东北军人士更疑心极大。这些，不能不对以后的东北局势产生重大影响。

苏联对东北问题的态度

抗日战争结束时，东北地区处在苏联红军的控制下。苏联的态度如何，自然对局势发展有着举足轻重的作用。但他们的行动充满矛盾，往往前后不一，反复多变，步调也不十分统一，有时会做出使中国共产党或国民党吃惊的事情来。对这种微妙复杂的现象，不能用简单的绝对肯定或否定的方法来评判，需要放眼当时整个国际环境，具体分析。

《雅尔塔协定》，实际上是美、苏、英于战争结束前夜共同划分势力范围，初步确定战后世界政治基本格局的结果。根据这个协定签订的《中苏友好同盟条约》规定，苏联在中国东北地区取得大连、旅顺和中长铁路的特权，承诺撤军后将他们控制的地方只移交给国民党政府接收。这是它必须遵行的国际条约。战争结束后，苏美矛盾很快上升，相互疑忌并提防。它们争夺的重点更突出地表现在欧洲，包括德国和东欧问题的争执

---

[1] 朱德对出发东北工作干部的报告记录，1945年8月28日。

上,对亚洲一时不能有太多力量顾及,都不希望在这个地区将矛盾激化。苏联在苏德战争中损失巨大,更迫切需要休息和恢复,需要一个和平的环境,因此,不愿同美国和国民党政府发生大的冲突。还要看到,当时苏联对中国共产党并不完全放心,有时担心它成为"铁托第二"。《徐永昌日记》载,中苏条约签订前,据宋子文称,斯大林曾表示:"支持国民党与蒋先生领导中国,而协助我新疆及东三省完整,不承认与延安有关,并可助我解决之,对延安提议之联合政府尤表示反对,且谓延安非共产主义者。"[1] 转述的话未必准确,但苏联当时对中国共产党不很信任确是事实。在这种情况下,希望苏方全力支持中共力量进入东北,是不可能的;他们坚持将苏军控制的地区移交给国民党政府接收,有时甚至对中共负责人采取十分粗暴的态度,并不奇怪。

但事情还有另一方面。随着苏美矛盾在战后的急速上升,苏联十分担心美国势力随着国民党军队而渗入东北地区。国民党方面又有种种反苏表现。因此,苏方在10月5日以"自由商港不能作运兵之用"为理由,断然拒绝美国军舰运载国民党军队驶入他们控制下的大连港登陆,有时表示支持中共军队用武力遏阻国民党军队进入东北,这些在很大程度上是出于此种考虑。时任国民党政府东北行营经济委员会主任委员的张公权在10月29日日记中写道:"马林诺夫斯基一再提及美军舰驶入大连港,及舰长登陆之事,可见其对于我方借助美国力量,运送军队进入东北之

---

[1] 徐永昌:《徐永昌日记》第8册,"中央研究院"近代史研究所,1992年手稿影印本,第136页。

不满。更显见苏联不愿见美国势力侵入东北。马氏怀疑东北党部有反苏色彩，且疑及行营。可见苏联对于我政府，尚未能深信可与苏联亲善。因此尚不愿见我方军队迅速顺利运入东北。"[1]时任外交部驻东北特派员的蒋经国在11月6日给蒋介石的信中也说："苏方恐我国军队进入东三省后，将支持美国在东北利益，甚至在未来战争中，我军有被美国所用之可能，故不愿我国大军开入东北；但根据条约，苏方不得不撤兵，同时亦无法禁止我军开入东北，故决定造成混乱局面，使我中央一时不能顺利接收东北，此乃苏联最近一切设施之主要原则。"[2]他们两人当时都已来到东北，这种近距离的观察使他们对苏方的真实态度看得比较清楚。何况苏方和中共毕竟都是共产党，在不明显违背《中苏友好同盟条约》的情况下，苏军常对中共军队采取"睁一只眼，闭一只眼"的态度，还给以一定的便利，包括一度把某些军械仓库让冀热辽部队看守，也是很自然的事情。这一点，在苏联红军下层官兵中表现得更明显。双方语言不通，但一唱起《国际歌》，彼此就亲近起来。还有一个情况也不能忽视：苏军所控制的其实只是一些较大城市和主要交通线，广大农村、一些中小城市和次要交通线不是他们控制力量所能及的，也使中共军队便于在这些地区自由展开活动。

把这两个方面综合起来考察，可以说苏联在东北对中共实行的是"有限度的帮助"。它是"有限度"的，特别是不能公开违反《中苏友好同盟条约》，如果中共对它抱过大的期望，肯定不

---

[1] 姚崧龄编：《张公权先生年谱初稿》上册，传记文学出版社，1982年版，第537页。
[2] 秦孝仪总编纂：《蒋介石大事长编初稿》卷5（下），1978年版，第876页。

可能实现。但它确实给了"帮助",这也很重要,否则,中共大部队能抢在国民党前面迅速进入这个地区,并适当改善了装备,是难以做到的。这对东北局势的发展有着深远的影响。彭真这样分析:"苏联在此次反法西斯战争中胜利很大,牺牲也很大。为了避免冲突、战争,订立了中苏条约,要把东北政权交给蒋介石。但是,苏联真的是愿我们胜利的。""一个是党,一个是国家外交,一个是布尔什维克感情,一个是政策。看到这几个问题,我们就明白了,我们的工作是在矛盾中进行的。"[1]

此外,还有一个因素需要谈到,那就是长期在东北各地浴血苦战的东北抗日联军。他们是中国共产党领导的队伍,在当地群众中有着不小影响。1940年冬,在极端困难的条件下,周保中、李兆麟等率领抗日联军余部进入苏联境内,后来被改编为国际第八十八独立步兵教导旅。1945年7月,为了准备回国作战,改选了中共东北委员会,由周保中任书记。苏联红军进入东北时,由于需要有熟悉东北情况并且语言相通的人一起行动,抗日联军便组成许多工作组,分别随苏军进入五十七个据点。"周保中等经与苏军商定,我们的各个工作组长将以苏军的卫戍司令部副司令员的公开身份出现"[2],如周保中、冯仲云、李兆麟分别担任长春、沈阳、哈尔滨的卫戍副司令(司令员是苏联军官)。他们虽然有责无权,但身穿苏军军装,有着公开的领导职务,在当地初步开展工作和沟通苏军同中共的关系中仍发挥了重要作用。

---

[1] 中共中央文献编辑委员会编:《彭真文选》,人民出版社,1991年版,第103、104页。

[2] 彭施鲁:《回到日夜思念的祖国》,《东北解放战争纪实》,长征出版社,1988年版,第60页。

中共中央"向北发展，向南防御"战略方针的确立

冀热辽部队进入沈阳，引起不小震动，特别是消息外传后受到西方国家指责。曾克林回忆道："当部队进入沈阳后，路透社、合众社、法新社、美联社等西方通讯社纷纷发出消息，指责苏联政府违背波茨坦三国联合公告，允许中国共产党的正规部队进入沈阳。沈阳卫戍司令部成立后，苏军曾一度把军火仓库交给我军看守。我军借看守仓库机会，打开仓库，拿出一批武器，迅速扩大队伍。美国得到消息，又向苏联提出交涉。"这些指责，使苏方感到很有压力。苏军要求曾克林部退出沈阳。曾克林、唐凯断然拒绝，说："我们是奉中国共产党中央委员会主席毛泽东和朱德总司令命令来的，只有中央下令才能撤走，你们命令我们走是不行的。"[1]

这时，苏联驻东北的红军还没有同中共中央取得任何联系。前面所说这类问题，不同中共中央取得联系是难以处理的。周保中向驻在长春的远东苏军总司令华西列夫斯基建议派飞机去延安，同中共中央联系。华西列夫斯基也有这个意思，便派苏军总司令部一名懂中文的上校卫斯别夫和曾克林在9月14日乘苏联军用飞机到延安。[2]

尽管曾克林部进入沈阳已近十天，中共中央对东北的具体

---

[1] 曾克林：《我的戎马生涯》，解放军出版社，1992年版，第226、227页。
[2] 王一知：《"八一五"前后的东北抗日联军》，《辽沈决战》上册，人民出版社，1988年版，第164页。一说是马林诺夫斯基元帅派遣的。

情况仍不清楚。曾部没有大功率电台，不但不能同中共中央联系，就是同冀热辽军区的李运昌也无法联络。《中苏友好同盟条约》的消息传到延安，中共中央原来完全没有想到，感到十分为难，但他们没有放松对东北工作的部署。8月26日，中共中央在一份电报中说："东北三省为中苏条约规定的范围，行政权在国民党手里，我党是否派军队进去活动，现在还不能断定。但是派干部去工作是没有问题的。中央决定派千余干部由林枫同志率领去东北。万毅同志所率军队仍须进至热河边境待命。"[1] 28日，毛泽东、周恩来等去重庆谈判，中央工作由刘少奇代为主持；首批从延安赴东北工作的干部也在当天出发。朱德对出发的干部做了报告，说："讲到东北，昨天条约一看，很多人灰心不愿去了。但是要知道，虽然有此条约，工作还大得很。苏联三个月撤兵，中国归中国人自己管，那很明显，谁在就归谁管，东北归东北人管，大家都是东北人，可以管。""这一次去，大有文章可做。东北他（引者注：指国民党）没有军队在，他怎么去？坐飞机去？就说去十万人吧，东北十万人摆不满。""你们去，大有工作可做。"[2] 第二天，中共中央对晋察冀分局等发出指示，要求他们迅速派人进入东北，控制广大乡村和中小城市。电文说："我党我军在东三省之各种活动，只要他不直接影响苏联在外交条约上的义务，苏联将会采取放任的态度并寄予伟大之同情。同时国民党在东三省与热、察又无基础，国民党派军队去尚有困难，现在道路还不通，红军将于三个月内全部撤退，这样我党还有很好的机

---

[1] 中共中央致各局、各区党委电，1945年8月26日。
[2] 朱德对出发东北工作干部的报告记录，1945年8月28日。

会争取东三省和热、察。""晋察冀和山东准备到东三省的干部和部队,应迅速出发,部队可用东北军及义勇军等名义,只要红军不坚决反对,我们即可非正式的进入东三省。"[1] 9月13日,中共中央初步拟议派彭真、康生、程子华去东北,组织东北中央局。但这时他们对东北的具体情况和苏方态度仍不清楚,所以主要是抽调干部去东北展开工作,暂时没有派更多部队前往。

9月14日,曾克林和卫斯别夫到达延安。上午,朱德同苏军代表会面。卫斯别夫转达马林诺夫斯基元帅的口头通知:苏联红军退出东北前,国民党军队和八路军不得进入东北,请朱德命令已进入沈阳、长春、大连等地的八路军部队退出苏联红军占领的地区;红军不久即行撤退,我们不干涉中国内政,中国内部问题由中国自行解决。

当天下午和晚上,中共中央政治局听取曾克林汇报并讨论东北问题。由于对东北情况有了进一步了解,会议下了更大决心,把全国的战略重点放在东北,把原来准备南下的部队和干部转向挺进东北,并决定建立以彭真为书记,陈云、程子华、林枫、伍修权为委员的中共中央东北局,随前来延安的苏联军用飞机飞往东北,加强对东北工作的领导。

第二天,中共中央致电各中央局:"目前我党对东北的任务就是要迅速的坚决的争取东北,在东北发展我们党强大的力量。""山东、晋察冀、冀鲁豫及太行准备开入东北之部队,应迅速继续前进。但在进入满洲边境时,绝不可被红军及英、美、国

---

[1] 中央档案馆编:《中共中央文件选集》第15册,中共中央党校出版社,1991年版,第257、258页。

民党人发现，决不要经过红军驻扎的地方。""干部集中一批即走一次，不要等齐，各自寻找最迅速到达的路线前进。不带武器经海道和铁路走是安全的。"[1]

17日，刘少奇起草电报向赴重庆谈判的毛泽东、周恩来报告，主张："我们必须在冀东、热河控制重点，除现在派去东北部队外，并须屯集至少五万军队在冀东，以备红军撤退时能抢先进入东北。因此，现在必须立即计划调集十万至十五万军队到冀东（冀东富足可以屯兵并开辟热河工作）、热河一带。否则将会来不及，对东北与热河的控制，均将没有保障。""为了实现这一计划，我们全国战略必须确定向北推进、向南防御的方针。否则我之主力分散，地区太大，处处陷于被动。"[2] 19日，毛泽东、周恩来复电，完全同意以上战略部署。当天，刘少奇起草并发出一份党内指示："全国战略方针是向北发展，向南防御。只要我能控制东北及热、察两省，并有全国各解放区及全国人民配合斗争，即能保障中国人民的胜利。"[3]

"向北发展，向南防御"战略方针的确定，是一个大动作。随后，中共军队向东北进军的规模比原来迅猛扩大，步伐大大加快。各根据地奉令后，都能从全局的利益出发，不计局部得失，坚决按照中共中央的部署行动。在两个多月时间里，我们可以看到这样宏大的场面：由山东军区司令员兼政委罗荣桓和政治部主

---

[1] 中共中央致各中央局电，1945年9月15日。
[2] 中央档案馆编：《中共中央文件选集》第15册，中共中央党校出版社，1991年版，第279页。
[3] 中共中央文献编辑委员会编：《刘少奇选集》上卷，人民出版社，1981年版，第372页。

任萧华率领的山东军区部队五万多人（包括原东北军万毅部），从9月下旬起到12月中旬，从海陆两路，陆续抵达东北。由新四军第三师师长兼政委黄克诚率领的部队三万五千人，9月28日启程，从苏北出发，经长途跋涉，于11月下旬抵达锦州附近。陕甘宁晋绥联防军吕正操、黄永胜、文年生、刘转连等部，冀鲁豫军区曹里怀部，晋察冀军区沙克、周仁杰部等也陆续到达东北。10月31日，中共中央决定，将进入东北的部队与抗联统一组成东北人民自治军，林彪为总司令，彭真为第一政治委员，罗荣桓为第二政治委员。中共中央还曾考虑过调叶飞、杨得志、陈赓等部去东北，后来因为关内作战形势的发展，没有实行。

兵贵神速。在十分短促的时间内，下如此大的决心，对部队进行这样规模的大调动，在中国共产党历史上还没有先例，也是国民党完全没有料到的。

从争取"掌握全东北"到"让开大路，占领两厢"

彭真、陈云率东北局在9月18日抵达沈阳。他们最迫切需要的是立刻同苏方取得沟通，但事情却远不像预期那样顺利。到延安的卫斯别夫只是一个校级军官，不能代表苏方做出任何重大决定和承诺。彭真、陈云一到沈阳，就要求会见苏军当时在东北的最高统帅马林诺夫斯基元帅（驻在长春）面商，但沈阳卫戍司令卡夫通少将通知他们：远方尚未答复，暂时勿去。一些干部本来抱很大希望，以为可以立刻从苏方得到各方面的帮助，特别是期待能得到比较充分的武器装备。不料，苏军却严令已到沈阳的冀热辽部队要在两天内退到沈阳三十公里以外。苏军对银行、工厂、仓库一律派兵监守,运走物资,不准中共方面搬运。中共方面从自己发现的仓库内搬运物资时,只要被苏军看见,立刻派兵监守,不准搬运。通过各种非正规途径得到的枪支,只有一万多支。9月23日,彭真、陈云在致书记处的电报中说:"现尚无把握取得大批武器、枪枝。修理坏枪,收缴民枪,均需时日。在无法取得大批武器前,出动部队必须携带适当的武器,以便发展。"[1]30日,他们又致电中共中央并转山东的罗荣桓、黎玉、萧华:"近几天来友方对我限制更严,我之部队均将移至沈市以外二三十公里处。""基于以上情况,由山东来此之部队,在出发前、行驶及到达目的地后,都应特别注意隐蔽目标,避免张扬。尽量做到不为美方所发现,否则对我争取东北之任务将发生严重影响。"[2]

国民党政府对中共大规模抽调军队进入东北,发觉得很迟。9月8日,曾克林部已进入沈阳,蒋介石在日记中还只说到中共军队已占领张家口、山海关、秦皇岛,"不能不从速筹备,以防万一"[3]。张公权在9月14日日记中说:中苏之间"对于我军如何进入东北,行政人员如何接收政权,及经济事业如何移交,并无协议。良以我政府认为我军队一到东北,一切可以迎刃而解"[4]。10月1日,军令部部长徐永昌才在日记中写道:"中共正抽调大批军队开赴东北。下午各部业务联席会议,熊天翼(熊式辉

---

[1] 彭真、陈云致书记处并即转万毅、罗、黎、林电,1945年9月23日。
[2] 彭真、陈云致中央并转罗、黎、萧电,1945年9月30日。
[3] 秦孝仪总编纂:《蒋介石大事长编初稿》卷5(下),1978年版,第828页。
[4] 姚崧龄编:《张公权先生年谱初稿》上册,传记文学出版社,1982年版,第513页。

字。——引者注）亦至，商讨赴东北问题。"[1]

熊式辉和张公权、蒋经国等在10月12日一起飞抵长春，比彭真、陈云等到达沈阳迟了将近一个月。第二天，他们就同马林诺夫斯基会谈。熊式辉提出的问题主要是：询问苏军撤兵计划；要求国民党接防部队在大连、营口、葫芦岛等地登陆；恢复交通；行政交接事宜；希望苏方借给船舶、飞机，以便向后方接运接防部队。熊式辉在日记中写道："会谈殊未得完满结果。"那时，国民党在东北仍无一兵一卒。"行营人员外出，必有苏军保护始得安全。"熊式辉原来把希望寄托在收编伪军上，但"在沈阳北大营之伪满部队金钝所率领者三团中，被苏军缴械者二团，金钝等被拘，闻之殊为懊恼"。因此，他要求国民党当局注意的第一件事就是"接防部队之及时来到"[2]。

蒋介石准备运往大连登陆的，也不是国民党军队的精锐主力。由于无法在大连和营口登陆，10月20日，蒋介石决定将已由美机空运天津的军队开入东北。他致电陆军总司令何应钦："我空运天津之一军，应集中天津暂驻，不必接美军之防务，并将此军准备于本月杪由铁路经山海关，先入东北接防地。"[3]31日，国民党第十三军由美舰海运，在冀东秦皇岛登陆。

11月13日、14日，蒋介石连续两天召开会议讨论东北问题。第一天有何应钦、熊式辉、程潜、白崇禧、陈诚、徐永昌、刘斐参加，第二天又增加了张群、王世杰。这是一次重要的决策会议。

---

[1] 徐永昌：《徐永昌日记》第8册，"中央研究院"近代史研究所，1992年版，第170页。

[2] 熊式辉日记，1945年10月12、13、17日，11月17日。

[3] 秦孝仪总编纂：《蒋介石大事长编初稿》卷5（下），1978年版，第853页。

会上，蒋介石决定将无所作为的东北行营从长春撤出，转移至山海关内，并由外交部通知苏方。这是对苏方施加一定的外交压力。同时，先用两个军的兵力，开始对东北采取军事行动。14日晚，杜聿明下令已从九龙和越南先后运抵秦皇岛的第十三军和第五十二军全力向驻守山海关的冀热辽部队发起猛烈进攻。这是在中共中央预料之内的。国民党军队无法在大连、营口登陆后，毛泽东早就判断："蒋军从秦皇岛登陆，向山海关、锦州攻击前进，是必然的。"[1]

怎样应对国民党将要向东北发动的大规模进攻？中共中央在决策上前后有过几次变化，有过一个"之"字形的曲折过程。这个曲折，以后曾引起许多争论。

本来，中共中央要求东北部队采取分散发展的方针，而且要求"高度分散发展"。分散，才便于发动群众和扩充军队。10月2日，它在给东北局的电报中曾要求他们："不是首先将主力部署在满洲门口，抵住蒋介石，而是首先将主力部署在背靠苏、蒙、朝鲜边境，以便立稳脚跟之后，再争取大城要道。"[2] 9日，在另一电报中更明确地指出："部队必须迅速摆开分散，每县一连一排，迅速发展扩大。""只有在目前高度分散发展之后，下一时期才有大量部队集中作战。将来作战即使采取抵住蒋军进入东北方针，山海关至锦州一线以及沿海地带亦完全可能被蒋军占领，我不能在沿海到处抵住蒋军。我只有吸引蒋军深入内地一二百里之

---

[1] 毛泽东致彭真电，1945年10月16日。
[2] 中央档案馆编：《中共中央文件选集》第15册，中共中央党校出版社，1991年版，第309页。

后，才能进行主力决战歼灭之，不可作到处防御的想法。"[1]以上主张是以往中共在开辟新根据地时的通常做法，是符合当时东北实际情况的。

这个分散发展的方针在一个星期后却改变了。10月16日，刘少奇起草的中共中央致东北局彭、陈、程、伍电中说："蒋军在东北登陆，及从任何方面进入东北之蒋军，须坚决全部消灭之。凡我到东北之曾克林、万毅、萧华等部，须迅速集中，加以补整，全力消灭蒋军。除早已分散者外，不要再分散。此刻我军须集中作战，暂时不能分散。如能消灭蒋军前头部队，即可使蒋军后续部队有所畏惧，方可争取时间。"[2]19日，毛泽东在中央关于集中主力拒止蒋军登陆给东北局的指示中，又加写了一段话："我党方针是集中主力于锦州、营口、沈阳之线，次要力量于庄河、安东之线，坚决拒止蒋军登陆及歼灭其一切可能的进攻，首先保卫辽宁、安东，然后掌握全东北，改变过去分散的方针。"[3]23日，中共中央在接到东北局对工作部署的电报后复电："本月底、下月初，你们可收到大批军队及干部，请按辽热两省及安东省为第一位，北满、东满为第二位之次序，部署力量。""二十一日电所提方针甚好。总之，竭尽全力，霸占全东北，万一不成，亦造成对抗力量，以利将来谈判。"[4]这就是以后

---

[1] 中共中央致东北局电，1945年10月9日。
[2] 中央档案馆编：《中共中央文件选集》第15册，中共中央党校出版社，1991年版，第351页。
[3] 中共中央文献研究室、中国人民解放军军事科学院编：《毛泽东军事文集》第3卷，军事科学出版社、中央文献出版社，1993年版，第64页。
[4] 中共中央致东北局电，1945年10月23日。

所说的争取"独占东北"。

为什么中共中央在这时改变了原来的分散发展的方针而提出这样的方针呢？他们大体上有这样几点想法：

第一，当时国共之间正在进行和谈，重庆谈判的《双十协定》刚刚签订。从东北来说，东北人民自治军到10月底已经有三万军队、六千干部到达这个地区，11月更将增加到六万军队、两万干部，而国民党军队一直没有进入这个地区，更谈不上有效的控制。在他们看来，如果能把国民党进攻部队阻挡在山海关、锦州一线，就有可能在和谈中处于较有利地位，对争取"掌握全东北"有极大帮助。11月4日，中共中央军委在一份电报中说："没有更大的胜利，特别是东北的胜利，武装斗争是不易停止的。十一月至十二月中旬将是蒋与我武装争夺东北的另一次高峰，战场是在辽宁南部、锦州、热河、冀东地区。我必须集中可能的力量，争取这战略性质的决战胜利，奠定我巩固的大根据地。"[1]

第二，蒋介石这时注意力的重点仍在关内，能用于进攻东北的兵力有限。11月16日，他在重庆军事委员会的讲演中提出"安定关内，再图关外"的方针，说："我决定将东北行营移驻山海关，而以原来准备开入东北的五个军，加入华北方面，首先来肃清华北方面的土匪，先安关内，再图关外。这种由近及远的政策，我想一定不会错误的。否则，如果我们舍近而图远，不先除腹心之患，以求华北之安定，而孤军深入东北，则东北名存而实亡，同时华北方面土匪的力量，必将一天天的膨胀，清剿的时间就更须延长了。"蒋介石还曾寄希望在东北境内还有十多万日军

---

[1] 中共中央军委致聂、萧、刘、罗并告林彭电，1945年1月4日。

和十多万伪军。他自己这样讲："这二十余万部队，皆已向中央投诚，只等我们国军去缴械。现在国军不能入境，他们自然要保持武器，为他们自身的生存而奋斗。所以共匪纵令受外面力量的培植，在东北发展，但它一二年之内，决不能消灭这二十余万武装的部队，将东北平安占领下去。"[1] 由于国民党的军队主要用于关内，能够用以进攻东北的只有第十三军和第五十二军。前者在11月3日刚全部从香港运抵秦皇岛，"当初换美械时，只领到训练用弹药三个月"，"登陆之后，在秦皇岛附近等待弹药及运输工具补充"[2]。后者有两个师在发动攻击令前后刚集中到那里，还有一个师约两天后才能到达。在中共中央看来，他们"孤军深入，军民不和，弹药不继"，如果用全力坚决打击，是有可能把它打败以至歼灭的。[3] 这以前不久，晋冀鲁豫军区在9月10日至10月12日的上党战役中歼灭国民党军三万五千万余人；这时又正在邯郸战役中阻击沿平汉铁路北上的国民党三个军，胜利在望。这些，更增强了中共中央的乐观估计。

第三，最初估计苏联红军将在11月全部撤出东北。10月初，苏方忽然向中共东北局负责人表示，支持中国共产党争取东北，甚至赞扬"你们气魄很大"，说："你把南边、特别是山海关方向抓住，北面自然是你们的。"[4] 到10月下旬，仍向东北局表示：

---

[1] 秦孝仪主编：《蒋介石思想言论总集》第21卷，中国国民党中央委员会党史委员会，1984年版，第189、190页。

[2] 石觉口述，张力记录：《石觉先生访问纪录》，"中央研究院"近代史研究所，1986年版，第207页。

[3] 中共中央致彭、罗并林、李、沙并黄、刘、洪电，1945年11月2日。

[4] 中共东北局致中共中央电，1945年10月8日。

下月 15 日前，如国民党军进攻，苏联红军可协同打击。[1]他们的这一表态也相当重要，也使中共中央容易产生过于乐观的估计。

但中国共产党这次对东北局势的估计并不完全符合实际，战局的发展并没有如预期那样顺利。"从热河方面开进东北的中共部队，仅持有少数武器，而从烟台渡海的中共部队，那都是徒手过去的。"[2]新扩充的部队成分复杂，缺乏训练，战斗力差。防守山海关正面的冀热辽部队和山东第七师，共六个团万余人，由于兵力少、武器装备差、战线长、防御几乎没有纵深，同当面国民党军约八万人相比，双方实力悬殊。"黄（永胜）、梁（兴初）两部四万二千远道新到，官兵疲劳，地形不熟，目前开至义院口、驻操营，必无好仗可打，即使歼敌一部，不过战术胜利而兵力暴露，不得休整，势将处于被动。"[3]而前来进攻的第十三军是汤恩伯的起家部队，全部美械装备，经补充后火力强大，还由美军拨给卡车数十辆，机动性强；第五十二军是关麟征的起家部队，半美械装备，火力中等。他们的补给依靠秦皇岛和北宁铁路，秦皇岛有美国海军陆战队驻守，运输便利。11 月 16 日拂晓，国民党军队向山海关发起总攻击。山海关守军虽然顽强抵抗，因装备简陋，寡不敌众，阵地被突破，只得在当晚放弃山海关。

山海关失陷后，国民党两个军继续向锦州推进，但冀热辽部队的实力并没有受很大损伤。国民党方面编写的战史写道："该

---

[1]《彭真传》编写组编：《彭真年谱》上卷，中央文献出版社，2002 年版，第 302 页。
[2] 秦孝仪主编：《中华民国重要史料初编——对日抗战时期》第七编（一），中国国民党中央委员会党史委员会，1981 年版，第 76 页。
[3] 中共中央文献研究室、中国人民解放军军事科学院编：《毛泽东军事文集》第 3 卷，军事科学出版社、中央文献出版社，1993 年版，第 143 页。

两军只是沿交通线正面交互跃进，将匪驱逐而已，未见有将匪压迫于海岸，或包围于战场而击灭之构想。有之，亦因部署不当，而未能获致决定性战果。"[1]

11月19日，林彪率领东北人民自治军总部赶到锦州附近指挥。"此时，东北人民自治军在辽西兵力分散，参战部队均极疲惫，新兵甚多，缺乏训练，战斗力甚弱；出关主力虽正陆续到达，但远途初到，武器弹药不足，棉衣单薄，衣鞋缺乏，极需休整；特别是群众没有发动，土匪甚多，地理、敌情不易了解。"依据以上情况，林彪于11月21日向东北局和中央军委建议："目前我军应避免被敌各个击破，应避免仓惶应战，应准备放弃锦州以及以北二三百里，让敌拉长分散后，再选弱点突击。"[2]中央军委和东北局同意这个建议。26日，锦州被国民党占领。

这时，苏方态度又发生很大变化，不仅原来所说的并未兑现，而且斩钉截铁地采取了相反态度。他们对自己态度的变化并没有做出说明，其实，这又同苏美关系有关。伍修权曾说："他们所以出尔反尔，其主要原因是苏联在第二次世界大战中打得很苦，害怕因支援我军再引起战争，结果造成了我们的被动局面。"[3]彭真在11月间为东北局起草的一份批示中讲道："美、蒋于本月中旬，对苏联发动外交攻势，东北问题已引起中、苏严重的外交纠纷。苏联为条约所限制，将把长春路沿线各大城市交给

---

[1] "三军大学"编：《国民革命军战役史第五部——戡乱》第2册（上），"国防部"史政编译局，1989年版，第750页。
[2] 第四野战军战史编写组编：《中国人民解放军第四野战军战史》，解放军出版社，1988年版，第56页。
[3] 伍修权：《我的历程》，解放军出版社，1984年版，第170页。

蒋介石。在苏军驻防之地，我军不仅不能与蒋军作战，且必须退出。"[1]国民党军队已攻下山海关，正向锦州推进，国民党政府并宣布将东北行营撤出长春，这对苏方态度的变化也起着影响。在外交压力下，苏方突然以十分粗暴的态度对待中共东北局负责人。20日，东北局电告中共中央：苏方在19日要求他们必须全部退出长春铁路沿线和各大城市，并表示"必要时不惜武力将我驱散"[2]。苏军驻沈阳卫戍司令会见彭真和伍修权时甚至无礼地说："如果你们不走，我就用坦克来赶你们走。"[3]这又是中共中央和东北局原来没有想到的。

情况既然有了这样大的变化，原有的部署不能不做出相应的改变。11月22日，中共中央给中共驻重庆代表团的电报中说："彭（真）林（彪）电，戌皓（引者注：即11月19日）友方通知他们，长春各沿线及城市全部交蒋，有红军之处不准我与顽作战，要我们退出铁路线若干里以外，以便蒋军能接收，他们能回国。彭、林未答应。我们已去电要他们服从彼方决定，速从城市及铁路沿线退出，让开大路，占领两厢。"[4]这就是"让开大路，占领两厢"提法的来历。

从提出"改变过去分散的方针""掌握全东北"，到要求"让开大路，占领两厢"，时间不长，中间共一个月零六天。这个不大的曲折和反复，反映出当时东北的情况是何等复杂，变化是

---

[1] 中共中央文献编辑委员会编：《彭真文选》，人民出版社，1991年版，第106页。

[2] 彭真：《东北解放战争的头九个月》，《辽沈决战：续集》，人民出版社，1992年版，第8页。

[3] 伍修权：《往事沧桑》，上海文艺出版社，1986年版，第162页。

[4] 中共中央致中央驻重庆代表团电，1945年11月22日。

何等剧烈。无论是中共中央还是刚到东北不久的东北局,对他们相当陌生的东北地区情况最初很难全面弄清,只能逐步了解。一个正确的方针,在如此复杂的环境中,需要经过在实践中反复摸索,才能弄得清楚。

"建立巩固的东北根据地"的提出

明确"让开大路,占领两厢"的战略方针,不等于所有问题都解决了。"让开大路"有没有下最大的决心,是权宜之计还是一段较长时间的方针?"占领两厢"指的是离"大路"多远的地方?"让开大路,占领两厢"以后,又怎样才能站稳脚跟,最终扭转东北的战局?这些,都需要在实践中继续摸索,寻求答案。

建立巩固的东北根据地的任务,便是在这种情况下提出来并逐步酝酿成熟的。

刘少奇在11月20日致电东北局负责人,指出:"退出大城市后,我们在东北要取得对国民党斗争的胜利,除开竭力巩固一切可能的战略要点外,主要决定于东北人民支持及我党我军与东北人民的密切联系。""你们应迅速在东满、北满、西满建立巩固的基础,并加强热河、冀东的工作。"[1]

刚从苏北率部三万多人长途跋涉赶到锦州附近的黄克诚,对东北前方极为困难的实际情况进行认真观察后,在11月26日写信给毛泽东,谈到他们"七无"的艰难处境说:"部队五十多天

---

[1] 中共中央文献编辑委员会编:《刘少奇选集》上卷,人民出版社,1981年版,第373、374页。

行军，极疲劳，因自华中，沿途动员均说从坐火车汽车，到东北装备等乐观心理出发，现遇到极为困难之情况，无党、无群众、无政权、无粮食、无经费、无医药、无衣服鞋袜等，部队士气受到极大影响，锦州、山海关以西北地区土匪极多，少数人不能通行，战场极坏，而敌人已占锦州，将直到沈阳、长春。""在上述情况下，我提议：我军应暂不作战，进行短期休整，恢复疲劳，再进行作战，并以一部主力去占领中小城市，建立乡村根据地，作长期斗争之准备。"[1]

这时，中心问题是如何对待沈阳、长春、哈尔滨等大城市，如何对待城市和农村的关系。东北和关内地区确有很不相同的特点，就是人口和工矿业几乎密集于这几个大城市和它周围地区。那里产业工人数量多，铁路四通八达。黄克诚在给毛泽东的电报中讲道："东北农村人口太少，百分之六十人口在城市。"[2] 看起来，似乎谁拥有这些大城市和周围地区，谁就拥有了东北；而农村和中小城市仿佛只是一片人烟稀少、气候寒冷、经济文化落后、土匪横行的地区，不需要用主要力量去经营，就连想进入这些地区也非易事。而一部分干部从延安和其他根据地来到东北大城市后，生活条件有很大改善，又滋长了贪图安逸心理，舍不得离开。有些干部对依然驻扎在这些大城市的苏联军队的帮助还抱有过高的期望。因此，不少人仍把主要注意力放在几个大城市上，没有下最大的决心退到离这些大城市较远的广大乡村、中小城市和铁路支线去，建立巩固的东北根据地。

---

[1] 黄克诚：《黄克诚军事文选》，解放军出版社，2002年版，第385页。
[2] 同上书，第417页。

陈云在 11 月 2 日前往哈尔滨，兼任中共北满分局书记。那时，东北人民自治军主力集中在东北地区的南部，北满几乎没有老部队，还没有立住脚跟。苏军哈尔滨卫戍司令卡扎科夫中将通知陈云，说国民党军队将到哈尔滨，要他们立刻退出哈市，并且不容商议地说："你们退也得退，不退也得退。""这是我们上级的命令。"[1]哈尔滨市内，"一般群众中间势力，工商业资本家，都对国民党中央抱很好的幻想，认为国民党政府是正统，能解除他们的痛苦，能降住毛子兵，故在任何场所听到中央军中央政府来了就好了，工人生活没办法也说中央来了就有办法了。国民党乘机宣传中央接收人员来迟，是八路军共产党之故，形成当时一般人的反共反八路军的空气[2]。"处在这种情况下，陈云不得不在 22 日晚率北满分局等机关撤出哈尔滨，转移到哈尔滨以东约六十公里的宾县。他在那里，对广大农村和中小城市，对东北后方土匪势力十分猖獗和民众尚未充分发动起来等严重情况，比别人有了更准确的了解，也已取得初步的工作经验。

29 日、30 日，陈云同刚来到那里的高岗、张闻天充分讨论后，由他起草分两天发出给东北局并转中共中央的电报。电报首先说："根据三个月的经验，我们已可看出，苏联对满洲的政策基本上包括两方面：一方面，把沈阳、长春、哈尔滨三大城市及长春铁路干线交给国民党，另一方面，援助我党在满洲力量的发展。""苏联除要我们军队退出大城市外，现在更要我们交还已接

---

[1] 钟子云：《哈尔滨解放前后几件往事的回忆》，《中共中央北满分局》，黑龙江人民出版社，1998 年版，第 168 页。

[2] 李兆麟、杨维：《国民党接收哈尔滨时社会情况》，《中共中央北满分局》，黑龙江人民出版社，1998 年版，第 36 页。

收的政权，禁止我们在三大城市中一切足以妨碍他们公开执行中苏协定的措施。"电文明确地得出结论："根据以上情况，我们必须承认，首先独占三大城市及长春铁路干线以独占满洲，这种可能性现在是没有的。因此，当前在满洲工作的基本方针，应该不是把我们的全部注意力集中于这三大城市，而是集中必要的武装力量，在锦州、沈阳前线给国民党部队以可能的打击，争取时间。同时将其他武装力量及干部，有计划地主动地和迅速地分散到北满、东满、西满，包括广大乡村、中小城市及铁路支线的战略地区，以扫荡反动武装和土匪，肃清汉奸力量，放手发动群众，扩大部队，改造政权，以建立三大城市外围及长春铁路干线两旁的广大的巩固根据地。"[1] 12月8日，东北局才向中共中央转报他们11月29日来电。中共中央立刻复电表示同意。

中共中央在11月28日也给东北局发出电报："近两个月来我在东北虽有极大发展，但我主力初到，且甚疲劳，不能进行决战，而国民党已乘虚突入，占领锦州，且将占领沈阳等地。又东北问题已引起中、美、苏严重的外交纠纷，苏联由于条约限制，长春铁路沿线各大城市将交蒋介石接收，我企图独占东北，无此可能，但应力争我在东北之一定地位，长春铁路沿线及东北各大城市我应力求插足之外，东满、南满、北满、西满之广大乡村及中小城市与次要铁路，我应力求控制。目前你们应以控制长春路以外之中小城市、次要铁路及广大乡村为工作中心。"[2]

---

[1] 中共中央文献编辑委员会编：《陈云文选》第1卷，人民出版社，1995年第2版，第299、300页。

[2] 中央档案馆编：《中共中央文件选集》第15册，中共中央党校出版社，1991年版，第447页。

要扭转原已形成的指导思想，谈何容易。12月5日，彭真、罗荣桓曾就苏军撤出后夺取沈阳、长春的部署请示中共中央军委。[1] 7日，中共中央复电东北局："我们企图独占东北一切大城市，已经是肯定的不可能。因为苏联为了照顾美国的关系，不能完全拒绝蒋军进入东北和接收大城市，我们亦不能完全阻止蒋军进入东北。"[2] 24日，刘少奇又致电东北局负责人："东北情况我不会比你更清楚，但我对你们的部署总有些不放心，觉得是有危险性的。你们主力部署在沈阳、长春、哈尔滨三大城市周围及南满，似乎仍有夺取三大城市的态势，而在东满、北满、西满的许多战略要地（如通化、延吉、密山、佳木斯、嫩江、洮南等），并无坚强部队和有工作能力的领导机关去建立可靠的根据地。你们屁股坐在大城市附近，背靠有很多土匪的乡村，如果顽军一旦控制大城市，你们在城市附近不能立足时，主力以至全局就不得不陷于被动。你们今天必须放弃争取东北大城市的任何企图。在东北今天的情况下，没有大城市即没有优势。但你们不要在自己立足未稳之前，去企图建立在东北的优势。你们今天的中心任务，是建立可靠的根据地，站稳脚跟。然后依情况的允许去逐渐争取在东北的优势，这应作为下一阶段的任务。你们只有这样做才是稳当的、没有危险的、不会陷于被动的，否则恐有一时陷入被动之危险。"[3] 这些意见是尖锐的，

---

[1]《彭真传》编写组编：《彭真年谱》，中央文献出版社，2002年版，第330页。

[2] 中央档案馆编：《中共中央文件选集》第15册，中共中央党校出版社，1991年版，第465页。

[3] 中共中央文献编辑委员会编：《刘少奇选集》上卷，人民出版社，1981年版，第374页。

也是切合实际的。

毛泽东在结束重庆谈判回到延安后,因疲劳过度,从11月中旬起,休息了一个月。休养中,他仔细研读这个时期中共中央和东北之间的来往电报,在12月28日为中共中央起草了给东北局关于建立巩固的东北根据地的指示。指示一开始就用明确的毫不含糊的语言写道:"我党现时在东北的任务,是建立根据地,是在东满、北满、西满建立巩固的军事政治的根据地。建立这种根据地,不是轻而易举的事,必须经过艰苦奋斗。建立这种根据地,需要三四年。但是在一九四六年一年内,必须完成初步的可靠的创建工作。否则,我们就有可能站不住脚。"

这种根据地应该建立在哪里?指示同样讲得很明确:"建立这种根据地的地区,现在应当确定不是在国民党已占或将占的大城市和交通干线,这是在现时条件下所作不到的。也不是在国民党占领的大城市和交通干线的附近地区内。这是因为国民党既然得了大城市和交通干线,就不会容许我们在其靠得很近的地区内建立巩固的根据地。这种地区,我党应当作充分的工作,在军事上建立第一道防线,决不可轻易放弃。但是,这种地区将是两党的游击区,而不是我们的巩固根据地。因此,建立巩固根据地的地区,是距离国民党占领中心较远的城市和广大乡村。"

怎样在这些地区建立巩固的根据地?指示突出强调要做好群众工作:"在确定建立巩固根据地的地区和部署力量之后,又在我军数量上已有广大发展之后,我党在东北的工作重心是群众工作。"它要求从发动群众斗争、替群众解决问题、一切依靠群众这一点出发,并动员一切力量从事细心的群众工作。"群众工作的内容,是发动人民进行清算汉奸的斗争,是减租和增加工资运动,是生产运动。"[1]

这样,中国共产党内对东北的战略方针在认识上基本取得了一致。三天后,东北局在31日做出《对东北发动群众建立根据地之指示》,提出:目前创造根据地工作的中心一环,是首先肃清土匪,发动群众,肃清敌伪残余,进一步减租。

提出把整个工作的重心转到创建巩固的东北根据地上来,这是中国共产党在东北工作指导思想上的又一次重大转折,为以后的工作指明了方向。

四平街保卫战

实现这个重大转变,确实"不是轻而易举的事情",而且需要有一段时间,不能一下子就做到。

这是当时东北的实际情况所决定的。陈云在1946年1月的一次报告的提纲中写道:"独占东北改为创造根据地,原因有二:苏美关系,苏联必守和平;我们的力量。"对苏联的"和平政策",他这样分析:"与国党订约,不允我来。""办法:实行条约(让国民党)来兵来政。但对国不助,有限制。对共:暗助,要求适合其外交可能。"应该在哪里建立巩固的根据地?他说:"不能中心城市,也非其附近(游区),靠后。也非山林——广大农村,中小城市,次要铁路。"[2]

---

[1] 中共中央文献编辑委员会编:《毛泽东选集》第4卷,人民出版社,1991年,第1179—1182页。

[2] 陈云在中共松江省工委和松江军区直属队干部会上的讲稿(手稿),1946年1月28日。

事情越来越明显：在东北地区建立巩固的根据地，主要应放在其北部的农村。陈云在北满省委书记座谈会上说："城市对农村的作用，（东北）比关内更大，但并不是农村离开城市不能生活。发动群众，农民为主，这一条恐也无争论。""城市开路可以，根本问题在农村。"[1]

要在广大农村和中小城市建立巩固的根据地，面对着许多严重困难，比关内的根据地更艰苦：那时，老部队多在南满；北部主要是新部队，大多尚未巩固，缺乏战斗力，还有一部分不可靠的分子，先后叛变的有一万八千人。东北土匪猖獗，东、西、北满更甚，他们人数甚至超过当地部队，占据好些县城，或者藏匿山林，四处袭击新部队，对民众无恶不作，有不少还接受了国民党加委的"先遣军""地下军"等番号。当地民众中相当多人主要痛恨的是日本人，对国民党抱有"正统"观念，不希望再发生战争，处于观望状态，没有充分发动起来。这种状况在农村更为突出。陈云、高岗在1945年12月6日给东北局的电报说："二三月来，我们工作上很少接近农民，除少数城市进步分子及某些地方派外，东北一般人民绝少是有抗战初期敌后人民的斗争情绪，而是普遍要求和平。"[2]从关内来到东北的干部，对东北的艰苦环境缺乏足够的精神准备，有的人还有抱怨情绪，需要进一步统一思想。有些干部做群众工作时还遇到语言不通的困难。总之，可以说是立足未稳。

---

[1] 陈云在北满省委书记座谈会上的发言记录，1946年3月3日。
[2] 中共哈尔滨市委党史研究室、中共宾县县委党史研究室编：《中共中央北满分局》，黑龙江人民出版社，1998年版，第33页。

因此，摆在这些地区面前有四大任务：剿匪，发动民众，练出新部队，统一干部思想。其中，剿匪是关键，民众是靠山，本地干部是宝贝，老部队和干部是行动的骨干。如果不做好这些工作，就谈不上建立巩固的东北根据地。而这些都需要有一段时间。

但是，面对的局势却异常严峻。国民党当局在攻占锦州后，投入更多兵力，决心要在关外大打。1946年1月10日，在政治协商会议开幕的同一天，国共双方公布停止军事冲突与恢复交通协议。由于中苏条约的约束，协议中规定："本命令第二节，对国民政府军队为恢复中国主权而开入东北九省，或在东北九省境内调动，并不影响。"[1]19日，蒋介石致电熊式辉、杜聿明："凡我军已入东北之部队，无论其兵力大小，亦无论行军驻宿，皆须随时完成作战之准备，千万勿息。"[2]他们得到美国政府支持，集中美太平洋舰队的运输舰，从中国上海、广州和越南等地大举运兵到秦皇岛登陆，转往东北扩大内战。东北战场上的力量进一步发生变化。2月上旬，国民党军新一军和新六军相继进入东北。这两个军是国民党军的精锐主力，全部美式装备，在缅甸战场取得过重大战绩，此刻都投到东北战场上来。3月，国民党军第七十一军（原为警卫军）、第六十军和第九十四军一个师又相继进入东北。东北地区国民党正规军的兵力，已由1月份的十三万四千多人增加到二十八万五千人，积极沿北宁铁路向北推

---

[1] 秦孝仪主编：《中华民国重要史料初编——对日抗战时期》第七编（三），中国国民党中央委员会党史委员会，1981年版，第69页。
[2] 秦孝仪总编纂：《蒋介石大事长编初稿》卷6（上），1978年版，第21页。

进，力图夺取整个东北。东北地区一场更大规模的作战已无可避免。

中国共产党领导的东北人民自治军在1月14日改称东北民主联军，仍由林彪任总司令，彭真、罗荣桓分别任第一、第二政治委员。这时，老部队已得到适当休整，新部队继续扩大并得到一定训练。部队又进行了整编："以老部队为基础，将新改编的部队的人、枪编入，进行重点补充。这样老部队就新部队武器装备的优势，新部队就老部队人员素质和作战经验的优势，两方面互为补充，相得益彰，成为确有战斗力的主力部队。"[1]在这种情况下，如果不能给向北推进的国民党军队以一定打击，建设巩固的东北根据地的目标将难以实现。26日，中共中央指示："由于蒋军在进攻锦州、阜新、热河时，我未能给以有力打击，使蒋轻视我在东北力量，相信杜聿明报告，认为可以不费大力即能击溃东北我军，控制东北。因此蒋现拒绝与我谈判和平解决东北问题的建议，不想承认我在东北地位，而仍想武力解决。在此情形下，东北的武装冲突，暂时还难避免。"[2] 2月13日深夜，东北民主联军六个团在法库县秀水河子突然包围并歼灭北进中远离主力的国民党军第十三军一个加强团，共一千六百余人。这是东北民主联军在国民党军队步步进逼的严重局势下取得的第一个歼灭战胜利，这个胜利不能小看。它"不但初步打击了敌人的猖狂气

---

[1] 萧劲光：《萧劲光回忆录》，解放军出版社，1987年版，第334、335页。
[2] 中央档案馆编：《中共中央文件选集》第16册，中共中央党校出版社，1992年版，第57页。

焰，而且消除了我们一些人对美械装备的恐惧心理"[1]，大大鼓舞了东北民主联军的士气。但国民党倚仗兵力上的优势，继续向北推进。

3月上旬，苏联军队开始从沈阳及其附近地区撤兵。国民党政府外交部长王世杰12日日记载："苏联自沈阳撤退时，事前未通知我方，仅于撤退将完之时口头与我方接洽。"[2]这时，国民党北上的军队已推进到沈阳附近。中共中央东北局在12日开会讨论要不要乘此夺取沈阳。会上认为不宜冒险进攻沈阳。林彪说："不是需要不需要，而是可能不可能。沈附近火车汽车运输都很迅速，抄我后路也快。打不进，占不住，也退不出，很可能失败的。"彭真最后说："攻沈的行动是冒险的。"[3]13日，中共中央也致电东北局、林彪："苏军退出沈阳后，我军不要去进攻沈阳城。我军进去在军事上必会陷于被动，在政治上亦将处于极不利。不仅沈阳不必去占，即沈阳到哈尔滨沿线，在苏军撤退时，我们都不要去占领，让国军去接收。"[4]同日，国民党军顺利开入沈阳。

东北行营和东北保安司令部也进驻沈阳。东北人口最密集和经济最富裕的沈阳附近地区已处在国民党的控制之下。那时，杜聿明因患肾结核，在北京治疗。熊式辉随即在3月15日下达命

---

[1] 梁必业：《第一个歼灭战》，《东北解放战争纪实》，长征出版社，1988年版，第106页。

[2] 王世杰：《王世杰日记》第5册，"中央研究院"近代史研究所，1990年手稿影印本，第284、285页。

[3] 林彪、彭真在东北局会议上的发言记录，1946年3月12日。

[4] 中共中央致东北局、林彪并告驻重庆代表团电，1946年3月13日。

令，兵分两路，对南北两个方向发动猛攻：南线，由新六军、第五十二军和第九十四军一个师向本溪方向进攻，以保障沈阳侧后的安全；北线，由新一军、第七十一军（欠一个师）计划在4月8日攻占四平街，随后继续北上。当时代理东北保安司令长官的郑洞国回忆说："我们的方针大致是：乘（国共停战）三人小组未到东北之前，尽可能扩大占领地区，首先要控制铁道沿线的重要城市，造成既成事实，以便将来进行停战谈判时，使我方处于有利地位。"[1] 熊式辉并在3月29日致电蒋介石，建议继续增兵："我军有12至15个军来东北，可次第收复全境。"[2] 但国民党军队在关内正酝酿发动全面内战，难以抽调更多兵力前来东北。4月6日，蒋介石致电熊式辉："如我军决心向北挺进，则对南除收复本溪湖以外，不必再求发展，应暂取守势，而用全力向长春挺进。""应抽调新六军及其他有力部队向北推进，集中全力击破其四平街以南之一股，而消灭之，则大局定矣。"[3]

这时，苏联也正加快从中国东北撤军。王世杰3月23日日记载："昨日午后苏联大使彼得罗夫持一照会来，谓苏军决定于4月底自东北撤退完毕。"苏军马林诺夫斯基总部在4月5日离长春回国，全军如期在4月底撤完。王世杰5月7日日记载："顷据董彦平（国民党东北行营副参谋长。——引者注）自伯力来电，谓苏方声明已于4月30日全撤。"[4] 这样，东北战场完全形成国

---

[1] 郑洞国：《我的戎马生涯》，团结出版社，1992年版，第408页。
[2] 秦孝仪总编纂：《蒋介石大事长编初稿》卷6（上），1978年版，第88、89页。
[3] 同上书，第100、101页。
[4] 王世杰：《王世杰日记》第5册，"中央研究院"近代史研究所，1990年手稿影印本，第290、317页。

共双方对峙和交锋的局面。

四平街保卫战便是在这种背景下发生了。

四平街位于南满平原的中心，连接三条铁路线，是东、西、南、北满间的交通枢纽，正当国民党军从沈阳北上长春、哈尔滨、齐齐哈尔的咽喉要冲。苏军撤走时，国民党军队还没有开到那里，只是收编了一些伪军和土匪部队防守。东北民主联军在3月18日歼灭那些伪军和土匪部队，解放四平街。29日，东北局根据中共中央25日来电，进一步指示各部队："我们必须迅速完成一切准备工作，于友方撤退时，及时以敏捷迅速手段，进占长、哈、齐三市，争取在一个月内全部干净消灭各该市顽匪。此举关系东北及中国革命前途甚大，望亲自负责，周密部署。"[1]长、哈、齐三市的状况和四平街差不多。4月下半月，东北民主联军在苏军撤退后，用类似解放四平街的方式，先后解放了这三个城市。以哈尔滨为例，当时出任市长的刘达回忆："除了那200多名伪军改编的保安队外，所说的国民党地下军多少多少，只不过是写在纸上的数字。而且那200多名保安队现在已开始脱掉军衣，陆续向东北逃跑，根本没有抵抗的可能性。"所以，"未放一枪，解放了哈尔滨"[2]。

中共中央和东北局对四平街保卫战极为重视。3月26日，彭真为东北局起草给中共中央和林彪的电报："根据中央指示，我之方针是全力控制长、哈两市及铁岭以北之长春路与中东路全部。

---

[1] 军事科学院军事历史研究部编：《中国人民解放军全国解放战争史》第1卷，军事科学出版社，1993年版，第283页。

[2] 刘达：《我在哈尔滨工作的前前后后》，《中共中央北满分局》，黑龙江人民出版社，1998年版，第187页。

完成此任务的关键在于集中全东北一切可能调用之兵力，在沈阳与长春之间铁路沿线上进行反复的争夺战，大量消灭敌人，力争阻止敌人于四平以南地区，以便确保以哈长为中心的北满全部于我手中。""此次作战为决定我党在东北地位之最后一战，望空前动员全党全军以最大的决心，不惜任何牺牲，争取这次作战的决定胜利。"[1]

四平街保卫战前后持续一个月。

4月18日，国民党新一军在飞机、大炮、坦克掩护下，开始向四平街发动猛攻。第七十一军（欠一师）等相继投入作战。东北民主联军在装备差的情况下，依托工事，顽强抗击。双方进入僵持状态。国民党编写的战史评述在这个阶段中作战指导的缺失有三："一，兵力分散，忽视优势作为"；"二，习于正攻，缺乏包围构想"；"三，再衰三竭，战略构想欠当"。对第三点，它这样说明："长官部因侦知四平、长春之俄军即将北撤，在迫不及待之状况下，拟乘匪军尚未进据以前，抢先接收；就政治观点言，容有必要，但就军事立场言，似嫌轻敌躁进。""北上之新一军与第七十一军，进抵四平市郊时，攻势已达极限，致战况陷于胶着。"[2]

5月14日，原在南线的新六军等部队攻占本溪后，根据蒋介石的要求，大举北上增援。这一来，四平战场的局势发生重大变化。国民党军在东北的精锐主力几乎倾巢出动。南北两路国民

---

[1] 中共中央文献编辑委员会编：《彭真文选》，人民出版社，1991年版，第124—126页。

[2] "三军大学"编：《国民革命军战役史第五部——戡乱》第二册（上），"国防部"史政编译局，1989年版，第535、536页。

党军队集中在四平街地区的总兵力已猛增至十一个师，约十六万人，交通运输快捷，并有大量坦克、重炮和飞机配合作战，对东北民主联军实行夹击，企图在此决战。《徐永昌日记》5月14日载："据杜聿明派来参谋称，一月来攻四平街无进展，近调新六军两个师及七十一军之八十八师加入我右翼，希望一举攻下四平街结束对东北之攻势云云（原正面为新一军，左翼为七十一军）。"[1] 18日晚，林彪在东北民主联军处于严重不利局势下断然下令撤出四平街。国民党军队占领四平街后乘势北上。长春附近地形平坦，东北民主联军兵力不足，又已十分疲惫，难以固守，主动撤出。国民党军在23日不经战斗，进占长春。但他们由于战线拉长，兵力分散，在关内又难以抽出增援兵力，无法继续向松花江以北冒进，双方形成隔江对峙的局面。

　　四平街保卫战的得失，一直存在着争议。这里，确实存在着一个两难的选择。时任西满军区司令员、中共西满分局副书记的黄克诚，在1月29日曾致电林彪、彭真："我们在东北军事上的一个困难问题是集中与分散的矛盾。我们没有根据地很难打胜仗，但没有胜仗又建立不起来；故需要分散兵力，发动群众，肃清土匪，创造根据地；又需要集中兵力，打破敌人进攻，来掩护创造根据地。二者不可得兼，二者又必须得兼。在东北若不适当解决这个矛盾，军事上有继续遭受挫折，甚至失败的危险。"四平街保卫战展开后，他曾多次致电林彪，建议适可而止，不能与敌硬拼。5月12日，当南线国民党军开始向四平街大举增援时，

---

[1] 徐永昌：《徐永昌日记》第8册，"中央研究院"近代史研究所，1992年版，第276页。

他直接致电中共中央,建议撤出四平街和让出长春。电文说:"由关内进入东北之部队,经几次大战斗,战斗部队人员消耗已达一半,连、排、班干部消耗则达一半以上。目前虽尚能补充一部新兵,但战斗力已减弱。""如停战短期可以实现,则消耗主力保持四平、长春亦绝对必要。如长期打下去,则四平、长春固会丧失,主力亦将消耗到精疲力竭,不能继续战斗。故如停战不能在现状下取得,让出长春可以达到停战时,我意即让出长春,以求得一时期的停战,也是好的,以求得争取时间,休整主力,肃清土匪,巩固北满根据地,来应付将来决战。"[1]后来,他在《黄克诚自述》书中写道:"敌人在一开始进攻的时候,打它一下子,以挫敌锐气,是完全必要的。现在的情况是敌人倾巢出动,与我决战,而我军暂时尚不具备进行决战的一切条件。因此,应当把四平及其他部分大城市让出来,让敌军进来,我们则到中小城市及广大乡村去建设根据地,积蓄力量,等到敌军背上的包袱沉重得走不动了的时候,我们再回过头来去逐个消灭它。那时候我们就主动多了。"[2]

事情看起来似乎有点反常:中国共产党领导的军队在敌强我弱的情况下打阵地防御战,在遵义会议以后几乎没有过。为什么这时中共中央却在一段时间内要求坚守四平街,甚至一度提出"化四平街为马德里""死守四平、寸土必争"这样的口号?这同"让开大路"的方针是不是相矛盾?看来,这是当时东北局势面对的特殊条件造成的。它有几个原因:

---

[1] 黄克诚:《黄克诚军事文选》,解放军出版社,2002年版,第400—412页。
[2] 黄克诚:《黄克诚自述》,人民出版社,1994年版,第204页。

第一，当国民党新一军开始向四平街发动猛攻时，长春、哈尔滨、齐齐哈尔三市尚未解放，北满后方根据地更远未巩固，这两个问题都没有解决。如果在此时此刻听任国民党军长驱北上，势必造成极大混乱，中共能否在东北站稳脚跟也难逆料，至少会陷入严重困境。这里，时间极端宝贵，甚至需要以付出相当代价来换取。3月27日，中共中央致电东北局和林彪，提出："目前时机，对蒋对匪（指后方的土匪猖獗。——引者注）两项任务中，第一是对蒋。为了阻止蒋军北进，力争由我军占领长、哈、齐及中东全线（是否可能，主要由友人决定，但我应力争），必须使用主要力量，并须迅赴事机，迟则无用，这是完全正确的。""同时在乡区留下次要力量，配合地方党政，迅速剿匪。你们须下两个通令，一个给主力军，规定他们的任务是对付蒋军，如你们近日所下者。一个给地方兵团与地方党政，规定他们的任务是剿匪，发动民众，巩固后方。"[1] 4月19日，即解放长春的第二天（哈尔滨、齐齐哈尔尚未解放），中共中央又致电彭真、林彪："要战胜顽敌保卫长春，必须准备对付飞机、坦克（参加过抗日的将士有办法对付之），并集中绝对优势兵力，于四平南北地区举行数次大的战役决战，才能解决问题。"[2] 从这里，可以看到中共中央下决心举行四平保卫战很重要的着眼点在为后方建立巩固根据地争取时间。但是，过去中共军队没有同全副美式配备的新一军、新六军交过手，缺少这种经验，因而对它们的实力有估计不

---

[1] 中央档案馆编：《中共中央文件选集》第16册，中共中央党校出版社，1992年，第104页。

[2] 中共中央文献研究室、中国人民解放军军事科学院编：《毛泽东军事文集》第3卷，军事科学出版社、中央文献出版社，1993年版，第173页。

足之处。

第二，自从国民党军队向山海关发起攻击以来，夺锦州，占沈阳，又大举增援，汹涌北进，很有点骄横不可一世的气势；而东北民主联军除秀水河子一役外，没有打过什么大仗，没有取得令人鼓舞的胜利。如果听任国民党军顺利北进，而东北民主联军却一退再退，过分示弱，将在人们思想上造成错觉，产生不利影响。东北民主联军副司令员萧劲光曾讲过："群众对国共不清楚，看到国民党来，势如破竹，政治影响对我不利。"[1]如前引黄克诚所说："我们没有根据地很难打胜仗，但没有胜仗又建立不起来。"四平街一战，已引起万众瞩目。中共中央十分重视并需要在这次战役中挫损敌军的锐气，动摇他们的信心，鼓舞己方的民心和士气。最初，国民党在北线出动的主要是新一军和第七十一军，而全副美式配备的军队对补给依赖很大，东北前线同国民党统治区后方之间的补给线又很长。这些也使中共中央认为有此可能。4月29日，中共中央致东北局等电称："国民党方面以为我军只能打游击，不能作正规战，尤其不能守城。此次本溪、大洼两次正规战，四平街顽强固守，出于他们意料。许多国民党人表示不能打了。蒋介石虽想再打，企图打至长春，但亦焦虑无把握。"[2]5月1日，毛泽东致电林彪："东北战争，中外瞩目，蒋介石已拒绝马歇尔、民盟和我党三方同意之停战方案，坚持要打到长春。因此，我们必须在四平、本溪两处坚持奋战，将两处顽军打得精疲力竭，消耗其兵

---

[1]萧劲光在东北局会议上的发言记录，1946年1月4日。
[2]中共中央致东北局、林、李黄、程萧罗、高陈并转各方面电，1946年4月29日。

力，挫折其锐气，使其以六个月时间调集的兵力、武器弹药受到最大消耗来不及补充，而我则因取得长哈，兵力资财可以源源补充，那时，便可能求得有利于我之和平。"[1]3日，毛泽东为中共中央起草的致正在防守本溪的南满军区萧华等的电报中又强调："只要你们能在本溪地区坚守十天至半月时间，敌之锐气必受挫折，我之胜利就有希望。"[2]可见，中共中央对挫敌锐气这个问题是看得很重的。

第三，当时国共之间的和平谈判仍在继续，没有完全破裂。美国总统特使马歇尔返国述职后将回中国。中共中央对达成和平协议仍抱有期待，认为东北停战有可能很快实现，希望东北前方能不惜牺牲，打一两个胜仗，以便在谈判时处于更加有利的地位。如果在和平协议达成时控制的地区多一些，这些地区就可能保存下来。苏方也向东北局表示：你能在四平以南解决问题，三市自是你们的。到四平街保卫战将要全面爆发前，中国共产党内有过小的不同意见。4月11日，林彪致中共中央和东北局电说："根据目前东北形势及蒋介石继续增兵东北的情况，我固守四平和夺取长春、迅速实现东北和平的可能性均不大。"[3]同一天，正在重庆谈判的周恩来致电中共中央并转东北局等说："陈诚昨日犹坚持非接收长哈段铁路不能停战，今日见东北人士，忽改口赞成先停战维持现状，然后谈整军及政治。我估计部队可能由于四

---

[1] 中央档案馆编：《中共中央文件选集》第16册，中共中央党校出版社，1992年版，第149页。

[2] 中共中央文献研究室、中国人民解放军军事科学院编：《毛泽东军事文集》第3卷，军事科学出版社、中央文献出版社，1993年版，第200页。

[3] 同上书，第164页。

平打不过去，十五日前不能到长春，始赞成先停战以保长、哈现态势。""请中央速令东北在两三日内抢先开兵入长，与国军和平共居，并以优势压倒之，惟不伤人，不无故捕人。本溪已稳住，四平街及其东西翼宜给以重击。"当时正处于全面内战能否制止的关键时刻。周恩来的电文说："蒋之大打大斗政策，东北如能打进长、哈，必打；如受些打击被阻四平街，或进入长春已受打击，还可能与我谈判。""如东北冲突能停，和平有望，则关内问题有法解决，否则很难孤立解决。"[1] 13日，中共中央致林彪并告彭真电说："马歇尔有于文日（指12日。——引者注）来华说。马到华后东北可能停战，国方必于数日内尽力攻夺四平、本溪。望注意在可能条件下击退其进攻，守住四平、本溪，以利谈判。"[2]可见，"以利谈判"和尽力争取达成和平协议是中共中央决定在四平街打这一仗的重要因素。

第四，最初国民党军兵分两路，能够北上进攻四平街的只有新一军和第七十一军（欠一个师），兵力有限，而东北民主联军主力已得到一定程度的休整，战斗力有所加强。在南线的新六军等北上增援前，新一军等一时尚难突破东北民主联军在四平街的防御线。这也是中共中央和东北局在新一军等北上进攻时能实施四平街保卫战的一个原因。

东北民主联军在四平街同装备优良并受到严格军事训练的新一军等进行很长时间的对峙，挫损了国民党军北上的锐气，也积

---

[1] 中共中央文献研究室、中共南京市委员会编：《周恩来一九四六年谈判文选》，中央文献出版社，1996年版，第240、241页。

[2] 同上书，第163页。

累了一些同这类军队作战的经验,但东北民主联军的损失也不小。中共中央有鉴于此,逐渐采取比较慎重的态度。28 日,中共中央军委致电林彪:"我们意见,只在有充分把握能击溃新一军并歼灭一大部,根本改变战争局面这样的条件下,才应当使用生力军,否则不宜轻易使用,留待将来使用为有利。"[1]等到南线的新六军等攻占本溪、大举北援,这时双方力量对比已发生重大变化,再在四平街打下去显然已十分不利。5 月 15 日,中共中央致电林彪、彭真:"请你们考虑军事全局再打下去是否有利,应否考虑有条件地让出长春,换得其他地区的合法,并取得时间整补军队,以便将来之用。"[2] 18 日,林彪乘两路国民党军尚未形成合围之际,不等中央回电,断然决定撤出四平街。中共中央在第二天复电批准。吕正操回忆道:"林彪和罗荣桓从四平回到长春,我即将长春周围地形作了汇报。林彪讲,部队疲惫不堪,损失很大,不能再打了,要立即撤出长春,退到哈尔滨。"[3] 23 日,东北民主联军又撤出长春,主力退据松花江北岸,同国民党军隔江相峙。国民党方面编写的战史评论道:东北民主联军"警觉性高,避免在不利态势下被迫决战"[4]。

四平街保卫战,是为阻止国民党军扩大在东北全境军事进攻和在最后关头力争达成和平协议而进行的一次较大规模的城市防

---

[1] 中共中央军委致林彪电,1946 年 4 月 28 日。

[2] 中共中央文献研究室、中国人民解放军军事科学院编:《毛泽东军事文集》第 3 卷,军事科学出版社、中央文献出版社,1993 年版,第 218 页。

[3] 吕正操:《吕正操回忆录》,解放军出版社,1988 年版,第 536 页。

[4] "三军大学"编:《国民革命军战役史第五部——戡乱》第二册(上),"国防部"史政编译局,1989 年版,第 594 页。

御战。东北民主联军在兵力处于劣势，又缺少同全副美械装备的国民党精锐主力作战经验的条件下，顽强抗击达一个月，歼灭国民党军万余人，在全国引起震动，并且迟滞了国民党军队的进攻，为建设巩固的东北根据地赢得了宝贵的时间。但在战斗中，东北民主联军的伤亡达八千人，而且大部分是从关内调赴东北的骨干力量。因此，这是一场特殊条件下的战斗。5月27日，中共中央在致各战略区的电报中说："东北四平街之所以能久守，主要是因敌未料我军有防线，故逐次增兵，便于为我各个击破，使敌遭受我军重大打击。故四平防御战为一时特殊条件所致，不能成为我一般的作战方针。"[1]

"七七决议"

国民党军在5月23日攻占长春后，蒋介石十分兴奋，当天就飞往沈阳，企图乘势北上，控制整个东北。他在25日日记中写道："东北共军主力既经击溃，应速定收复东北全境之方针，令杜聿明长官部向哈尔滨兼程挺进，必先占领该战略据点，东北军事方得告一段落，然后再策定第二期计划。"[2] 蒋的亲信、内政部政务次长、军统局帮办唐纵在24日日记中也写道："我军昨日收复长春，此一战役，关系国际、国内军事政治影响巨大。""可见军事之影响有决定性的作用。"[3]

---

[1] "三军大学"编：《国民革命军战役史第五部——戡乱》第二册（上），"国防部"史政编译局，1989年版，第236页。

[2] 秦孝仪总编纂：《蒋介石大事长编初稿》卷6（上），1978年版，第151页。

[3] 唐纵：《在蒋介石身边八年》，群众出版社，1991年版，第619页。

事实上，他们对形势的估计是错误的：东北民主联军尽管撤出了长春，但主力仍然保存着，而国民党军由于战线拉长，兵力分散，部队疲惫，在关内又难以抽出更多增援兵力，后勤补给也将面临困难，继续向松花江以北冒进已力不从心。毛泽东早就看清："蒋占长春后兵力分散，补给线甚长，再要前进必感困难。"[1] 5月26日和28日，留在南京的国民党政府行政院院长宋子文两次致电蒋介石，转告马歇尔的提醒。前一次说："钧座对东三省军事似不愿至此告一段落，惟据其所闻，此次共军死伤一万二千，俘虏仅四百余人，如是共党主力并未击散，共军现在避战，如国军跟踪而进，则必延长战线，予共军以处处可以截击之机会。"后一次说："我军如再由长春跟踪北进，则运输线愈长，地位愈感困难，危险亦愈甚。"[2] 马歇尔是第二次世界大战期间的美国陆军参谋长、五星上将。他的这些看法是有军事眼光的。从国民党方面说，继续北上确非力所能及，而且也不能不考虑美方的意见。时任军令部次长的刘斐说：蒋介石"暗中的主意是：能争回到如何程度，即争到如何程度"[3]。他确实也只得如此。

这样，国共双方在6月6日共同发表东北暂时停战声明，自第二天正午起，于东北地区休战十五天。这是双方当时在东北力量对比的实际状况决定的。以后，双方又达成协议，延长停战期限。6月26日国民党军大举围攻中原解放区，以此为起点对各解

---

[1] 毛泽东致周恩来电，1946年5月23日。
[2] 秦孝仪总编纂：《蒋介石大事长编初稿》卷6（上），1978年版，第153、161页。
[3] 郭汝瑰：《郭汝瑰回忆录》，四川人民出版社，1987年版，第203页。

放区发起全面进攻，解放军在各个战场奋起抗击，全面内战由此正式开始。蒋介石的注意力不得不更多地集中在关内战事上，无力他顾，原拟再调往东北的三个军不得不留在关内，东北的国民党军队一时无法得到新的增援。在这种情况下，东北停战，实际上延续了四个多月。

这四个月，由于战事暂时停止下来，东北根据地紧紧抓住这段有利时间，集中力量实行工作方针的根本转变。6月3日，中共中央致电东北局及林彪，要求他们："实行中央去年12月对东北工作指示，作长期打算，为在中小城市及广大乡村建立根据地而斗争。"[1] 16日，对东北局领导机构做了调整，以林彪为东北局书记、东北民主联军总司令兼政治委员，彭真、罗荣桓、高岗、陈云为东北局副书记兼东北民主联军副政委，并由他们五人任东北局常委。

那时，在抗住国民党军队的大举进攻后，东北解放区保住了包括哈尔滨、齐齐哈尔在内的整个北满并连接东满、西满一部分的大块根据地（面积占东北总面积的五分之三）及南满几块根据地或者游击根据地，已具有相当规模。但根据地还不很巩固。

7月3日至11日，东北局在哈尔滨召开扩大会议，根据中共中央指示，分析形势，总结经验教训，统一认识。会议通过了委托陈云起草的《东北的形势和任务》的决议，也就是以后通称的

---

[1] 中央档案馆编：《中共中央文件选集》第16册，中共中央党校出版社，1992年版，第185页。

"七七决议"[1]。它标志着党在东北地区的战略重心真正全力转到建设巩固的东北根据地上,并且使各级干部在思想上明确起来。这是一个带有根本意义的转折,对整个东北局势的发展产生了深远影响。

"七七决议"的基本精神是什么?陈云在西满干部会上的报告做了鲜明而生动的说明,谈得很透彻。他的报告分为四个部分:

第一,东北形势很复杂,但也可以概括成"敌强我弱"四个字。脑中所想的与实际不相符就发生混乱。把情况看得一致才能谈政策。这种敌强我弱的形势,不仅在现在,而且在今后的形势中仍会这样。因此,不夸大敌人力量,但也不轻敌。我们自己则应准备最坏的斗争,争取最好的斗争,不侥幸从事。

第二,改变敌强我弱情况,使我力量增加,敌人力量减弱,有充分可能。依靠什么改变?增加群众(农民)的力量,即可使人们力量增加。群众会不会起来?如果做工作,一定会起来。现在是"万事俱备,只欠东风",只欠群众没发动起来。现在决定抽1/3军队下乡帮助群众工作,一般干部无论男女老少一律下乡去做群众工作。过去也提出过把干部抽下去做群众工作,但今天应确定农村的群众工作比重应占80%。下去工作可以不分什么等级。下乡时要决心吃苦,汽

---

[1] 中共中央文献编辑委员会编:《陈云文选》第1卷,人民出版社,1995年版,第307—313页。

车不要，皮鞋取消，苦他一年半载。

第三，我们的任务，建立长期战争的观点，肃清对战争、和平问题上的混乱思想，现在是边打边谈，以打为主。我们是主张和平的，但和平是双方力量对比达到一定程度的表现。和平是打出来的，决不是主观的愿望。现在根据地、大城市两种工作中，根据地工作是第一位。根据地的群众基本上是农民。东北城市对农村作用大，但主要还是农村。过分强调城市作用，否定农村工作是不合事实的。中央五四决定是发动农民最好的工具，农民是要土地。对群众各种组织都要，特别是群众武装更重要。干部派下去后工作好坏的标准，第一个标准，这是最重要的标准，就是地方干部产生了。如果地方干部产生得多又好，那个地区的工作就不坏，不然，就是其他工作很好，没地方干部也会垮台。

第四，东北的斗争是艰苦的，但斗争的前途是光明的。现在与今后一个时期，敌我力量对比上是敌强我弱。现在我与敌力量相差不远。由于我们存在许多优点及他们的困难，加上我们的工作，力量是一定会变化的。目前是"万事俱备，只欠东风"，如果有东风则有恃无恐，要注意"欠东风"，也要注意"万事俱备"[1]。

"七七决议"使中国共产党在东北真正把工作重心集中到发

---

[1] 陈云在西满干部会上关于东北局"七七决议"的传达报告记录，1946年7月13日。

动群众、建立巩固的东北根据地这个根本上来。这项工作在此前已经开始,东北局还在4月19日发出过切不要忽略根据地建设的指示,但工作的规模还不很大。"七七决议"传达贯彻后,中国共产党在东北的工作局面同以前相比,有了巨大的改变。这时,广大干部离开城市,不管原来是哪一级,都换上农民衣服,掀起一个轰轰烈烈的下乡热潮。他们和当地贫苦农民打成一片,真心实意地为他们办事。东北民众长期处在日伪残酷统治下,民族意识更强,因此,前一阶段发动群众时把主要斗争矛头指向为民众痛恨的汉奸,大力开展反奸清算斗争,把占东北全部耕地面积三分之一、长期为日伪占有的开拓地、满拓地、军用地分配给无地、少地的农民,同时实行减租减息。从1946年7月至11月,东北局又根据中共中央的"五四指示",开展土地改革运动,将三千万亩土地分配给四百二十万无地、少地的农民。这比原来又大进了一步。广大贫苦农民生平第一次感到有人这样地关心和资助他们,逐渐改变了最初对共产党所持的观望和疑虑态度。这就大大提高了农民的政治积极性和生产积极性,增强了党的影响。在农村中很快出现一派欣欣向荣的新气象。农民们踊跃参军和支援前线。东北民主联军主力部队迅速扩充到二十三万人,并初步建立起炮兵、装甲兵、工兵等兵种。基层政权、地方武装和各种群众团体普遍建立起来或得到巩固。与此同时,进行大规模的剿匪斗争,采取灵活机动的战略战术,把军事打击同政治瓦解相结合,到这年12月,共剿灭多年来骑在民众头上横行不法的大小股匪约两万人,抓获三大匪首谢文东、李华堂、张雨新,消除了后方的心腹之患,使民众的生命财产得到保障,并且对巩固根据地和土改成果增强了信心。

经过这一系列紧张的工作，东北根据地终于建立起一个安全的战略后方，得以从容地集结并壮大自己的力量，以令人吃惊的新姿态出现在后一阶段东北解放战争的战场上。它的力量源泉从哪里来？是深深地植根在人数众多的广大贫苦农民中。中国共产党把发动群众的工作放在当时全部工作的第一位，并给以正确的组织和领导，就把这股以往不受人注意甚至被瞧不起的巨大能量充分释放出来、组织起来、化为谁也阻挡不住的力量。没有这个变化，东北解放战争胜利到来是无法想象的。

再看国民党统治区，那是形成鲜明对照的另一番景象。国民党军队在占领沈阳、四平街、长春、永吉，直抵松花江边的时候，它的力量已近用尽，它所控制的地域已达到巅峰状态，以后就要从隔江相峙到走下坡路了。国民党方面编写的战史也承认：国民党军队此时"攻势已达顶点，以五个军之兵力，转战历一周年，战力之发挥已至极限"，"过此则渐步入衰退之困境"[1]。

更重要的是，在他们进占这些大城市后，自身和内部原来存在的各种问题便加速暴露出来，同东北民众的矛盾恶性发展。这种状况，国民党一些在东北的高级将领也感觉到了。时任东北保安副司令长官的郑洞国坦率地回忆道："在国民党统治区，情况却是每况愈下。早在进攻东北之初，许多国民党官员就是抱着抢肥缺、发横财的目的来到这里的。随着战争初期国民党军队占领

---

[1] "三军大学"编：《国民革命军战役史第五部——戡乱》第二册（上），"国防部"史政编译局，1989年版，第643页。

区域的扩大，吸引了更多的人涌入东北。这些大大小小的国民党官员，置东北人民的生死于不顾，采取贪污、受贿、营私、敲诈等种种手段，拼命吮吸人民的血汗。一些地方豪绅也在国民党政府的纵容下，欺压百姓，雄霸一方。至于官场上，则更是乌烟瘴气。各派系之间角逐激烈，纷纷任用私人，排斥异己，上下沆瀣一气，纲纪荡然。更糟的是军队中的腐败现象也更加严重了。""当时在东北国民党占领区流传着一句话：'想中央，盼中央，中央来了更遭殃。'人民对国民党政权的强烈不满，由此可见一斑。现在回顾起来，应该说，从那个时候起，国民党政权在东北就已开始走下坡路了，它在东北的最后失败，不是偶然的。"更能说明问题的是，当时郑洞国和杜聿明一次酒后的深夜长谈。郑洞国回忆道："谈话中，我坦率地提醒他，目前东北国民党政权的腐败现象，远比当初我在北平见他时预想的严重得多，倘不及时设法，终要失尽民心的。杜将军闻言沉默了半晌，突然张大了眼睛愤愤地说：'人家共产党自有一套主张，懂得发动民众，争取民心。我们懂得什么？还不是大家都想着发财！'停了一下，他又神色凄凉地说：'你说我们在东北腐败，其实全国又何尝不是如此？这样下去，我们的天下不会有几天了。'"[1]后来历史的发展果然应验了他的预言。

较量，并非只表现在战场上。战争的胜败，归根结底，取决于人心的向背，取决于谁能得到最大多数民众的支持。这是一种无形的力量，却是最终能左右一切的决定性力量。当然，主观的指导是否正确，是否合乎实际，也很重要。东北解放战争的最初

---

[1] 郑洞国：《我的戎马生涯》，团结出版社，1992年版，第436—438页。

阶段结束了，开始跨入下一个阶段。前面所说这个阶段中双方力量对比的消长和人心向背的鲜明对照，实际上已清楚地预示了东北全局未来发展的走向。